Harald Schukraft

Wie Stuttgart wurde, was es ist

Harald Schukraft

Wie Stuttgart wurde, was es ist

Ein kleiner Gang durch die Stadtgeschichte

Silberburg-Verlag

Für
Michael Kühler

1 2 3 4 5 03 02 01 00 99

Druck: Ernst Uhl, Radolfzell am Bodensee.
Printed in Germany.

ISBN 3-87407-222-3

Inhalt

Vorwort

Jeder Ort hat eine Geschichte – auch Stuttgart. Bei einem Spaziergang durch das historische Zentrum zwischen Eberhard- und Königstraße könnte man jedoch schnell den Eindruck gewinnen, als ob diese Geschichte kaum weiter als bis zum Jahr 1900 zurückreichen würde. Abgesehen von den Residenzbauten an Schiller-, Schloß- und Karlsplatz ist in dem Areal, das Stuttgart im 13. Jahrhundert eingenommen hat, heute kein einziges Haus älter als 100 Jahre. Nur in den später entstandenen Vorstädten gibt es im Bereich Calwer Straße sowie im Leonhards- und im Bohnenviertel noch einige bürgerliche Bauten, welche aus der Renaissance- oder Barockzeit stammen.

Leider war es in Stuttgart bisher nicht möglich, im Stadtzentrum auf historischen Siedlungsflächen archäologische Grabungen durchzuführen – wie dies beispielsweise in Heidelberg und Konstanz mit großem Erfolg stattfand. Aus diesem Grund wissen wir über das Alltagsleben der Stuttgarter im Mittelalter fast gar nichts.

Vorliegende Darstellung, die teilweise auf früheren Vorarbeiten des Verfassers aufbaut, will die Leser dazu anregen, in der heutigen Stadt auf Spurensuche zu gehen und sich mit der Stadtgeschichte zu beschäftigen. Es war ein gemeinsames Ziel von Autor und Verlag, dem an Stuttgart interessierten Laien ein Buch in die Hand zu geben, das die Entwicklung der Stadtgeschichte in den wesentlichsten Punkten nachzeichnet und Lust macht, sich noch intensiver mit dieser Stadt auseinanderzusetzen. Aus diesem Grunde sind in einem Nachwort weiterführende Veröffentlichungen sowie Institutionen, Bibliotheken und Archive genannt, die bei speziellen Fragen zur Stuttgarter Geschichte konsultiert werden können.

Auf ein Register wurde bewußt verzichtet, da das Inhaltsverzeichnis zu Beginn detailliert auf die einzelnen Zeitabschnitte und die behandelten Gegenstände hinweist.

Da jede Geschichtsdarstellung ein mehr oder weniger subjektives Werk seines Verfassers ist, werden manche Leser die eine oder andere Begebenheit, ein Ereignis oder gar eine historische Entwicklungslinie vermissen. Da das Buch »klein« und überschaubar bleiben sowie für den allgemein interessierten Leser verständlich sein sollte, mußte vieles leider unerwähnt bleiben. Ein paar für die Stadtgeschichte wichtige Zeitabschnitte wurden dabei etwas ausführlicher abgehandelt, so zum Beispiel die Reformation, die Epoche der Renaissance, der Dreißigjährige Krieg sowie die Jahre des »Dritten Reiches« mit dem Zweiten Weltkrieg und der anschließende Wiederaufbau der zerstörten Stadt.

Die Geschichte der heute eingemeindeten Stadtteile konnte im vorliegenden Band aus Platzgründen nicht berücksichtigt werden. Es ist jedoch beabsichtigt, die Entwicklung der Vororte in einem zweiten Band ausführlich darzustellen.

Stellvertretend für alle Personen, die mir mit Rat und Tat, Anregungen und Hinweisen hilfreich zur Seite standen, möchte ich diejenigen namentlich erwähnen, welche das Manuskript einer kritischen Lektüre unterzogen haben. Es waren dies Hannes Bok, Wolfgang Kress, Dr. Giesela Riehm und Märit Schütt. Ihnen sowie allen anderen bin ich zu großem Dank verpflichtet.

Meinem Freund Michael Kühler, der das Entstehen des Buches von Anfang an kritisch begleitet und in vielfältiger Hinsicht tatkräftig unterstützt hat, sei diese Stadtgeschichte mit dem Ausdruck besonderer Dankbarkeit gewidmet.

Harald Schukraft

Kapitel 1

Von den Anfängen bis zur Gründung des Stutengartens

Die frühesten Hinweise auf menschliches Leben im heutigen Stuttgarter Stadtgebiet fanden Archäologen 1980 in einem Travertinsteinbruch beim Kraftwerk Münster unweit des Neckars. Neben Abfällen menschlicher Nahrung konnten Zahnreste und Steinklingen aufgedeckt werden, die eine Datierung in die Zeit um 250 000 v. Chr. ermöglichten. Obwohl die Kultur damit etwa ebenso alt ist wie die Fundschicht, in welcher der berühmte Schädel der Ur-Steinheimerin gefunden wurde, hat es wohl keinen direkten Zusammenhang zwischen den beiden Lebensräumen gegeben, wie die unterschiedlichen Formen der Gerätschaften beweisen. Die Stuttgarter Spuren sind – abgesehen von einer Fundstelle in Thüringen – die ältesten Belege urmenschlicher Kultur in Mitteleuropa!

Etwas jünger – um die 100 000 Jahre alt – waren Knochen und Geweihe, die 1930 in Untertürkheim ans Tageslicht kamen und von einem weiteren Lagerplatz einer Urmenschengruppe zeugten. Auch auf dem Birkenkopf wurden Tausende von Steinklingen gefunden, was auf einen längeren Aufenthalt einer Gruppe von Jägern der Mittleren Steinzeit hindeutet. Die Höhen beim Frauenkopf, beim Bopser und beim Burgholzhof dienten ebenfalls als Rastplätze, wie Funde zeigen.

Sensationell waren die im Bereich von Cannstatt in größerer Zahl aufgefundenen Mammutstoßzähne. Schon im April 1700 hatte ein Soldat bei der Uffkirche Elfenbein entdeckt, und als dann Herzog Eberhard Ludwig nachgraben ließ, kamen 60 Mammutzähne zum Vorschein. Allerdings war man damals noch der Ansicht, es handle sich um Überreste des geheimnisumwitterten Einhorns, weshalb die Zähne der Hofapotheke zur Herstellung von Medikamenten mit vermeintlich wundersamer Wirkung übergeben wurden. Als dann im Herbst 1816 in einer Lehmgrube am Cannstatter Seelberg erneut Stoßzähne sowie Backenzähne und Knochen vom Mammut gefunden wurden, war der württembergische König Friedrich überzeugt, hier ein von Menschen geschaffenes Lager vor sich zu haben. Die Wissenschaft gab ihm damals noch nicht recht, später aber bestätigten neu entdeckte Bearbeitungs- und Brandspuren die Auffassung des Königs.

Kupferstich des 1816 am Cannstatter Seelberg gefundenen Mammutzahnlagers

Der Monarch, der von dem Fund derart fasziniert war, daß er immer wieder zu der Grube zurückkehrte, überlebte die Sensation nur wenige Tage: Am 30. Oktober starb er an einer Erkältung, die er sich am Seelberg bei der Besichtigung der Mammutreste zugezogen hatte. Es ist dies wohl der einzige Fall, daß ein König aufgrund seiner wissenschaftlichen Interessen zu Tode kam.

Leider haben die Fundstücke von 1816 die Zerstörung des Naturalienkabinetts im Zweiten Weltkrieg nicht überstanden; nur wenige Trümmer und die im Auftrag König Friedrichs angefertigte Zeichnung der Fundlage sind uns geblieben.

Die Höhen des Stuttgarter Tals sowie der Lauf des Neckars gehörten also seit Urzeiten zu den bevorzugten Rastplätzen in dieser Gegend. Besonders die zahlreichen Mineralquellen sind schon früh von Mensch und Tier aufgesucht worden, was die Fundschichten in den Quellenablagerungen, dem Travertin, beweisen. Das eigentliche Stuttgarter Tal, durch das der Nesenbach als bescheidenes Rinnsal dem Neckar zufließt, war in früherer Zeit wahrscheinlich weniger einladend, denn wir müssen uns die Talsohle als eine sumpfige Niederung vorstellen, die kaum eine Lebensgrundlage bot.

Als man 1991 beim Viesenhäuser Hof, im nördlichsten Zipfel des Stuttgarter Stadtgebiets, eine neue Trabantenstadt mit 4500 Wohnungen plante, wurde ein großer Teil des 30 Hektar umfassenden Gebiets zwei Jahre lang archäologisch untersucht. Dabei stieß man auf etwa 200 bandkeramische Gräber aus dem 6. Jahrtausend vor Christus. Insgesamt fand man über 4000 Siedlungsspuren aus verschiedenen vorgeschichtlichen Perioden. Diese Stelle war also durch alle Zeiten ein bevorzugter Aufenthaltsort.

In der Späthallstatt-Zeit um 550 v. Chr. besaßen die Häuser in diesem Bereich schon Kellergruben. In ihnen wurden nicht nur Skelette von Opfern eines offensichtlichen Überfalls gefunden, sondern auch aus dem Mittelmeerraum importierte Gegenstände. Die Handelsbeziehungen gingen damals also schon weit über die Region hinaus.

Die ersten Besiedlungsspuren im Nesenbachtal sind etwas älter; sie stammen aus der Hallstatt-Zeit um 600 v. Chr.: ein Grab mit Beigaben in der Nähe des Hauptbahnhofes. Bei dessen Bau zu Beginn des 20. Jahrhunderts sind auch die Reste eines römischen Gutshofes verschwunden, von denen es eine ganze Anzahl im Stuttgarter Raum gegeben hat, wie zum Beispiel an der Ecke Heusteig- und Bopserstraße.

Die Römer im Stuttgarter Raum

Zentrum der römischen Besiedlung war das um 90 n. Chr. zunächst als Erdanlage erstellte Kastell auf der sogenannten Altenburg, die ungefähr 25 Meter über dem Neckar steil emporragt. Hier war der Knotenpunkt für den Verkehr, der von den Rhein- zu den Donauprovinzen führte. Straßen aus Straßburg, Mainz, Rottweil, Wimpfen und Augsburg trafen aufeinander. Der Neckarübergang lag nur wenige hundert Meter entfernt und war leicht kontrollierbar.

500 Reiter waren in Cannstatt stationiert. Schon um 100 n. Chr. wurde für sie ein Steinkastell errichtet. Es lag im Bereich der Rommelstraße und der nördlich daran anschließenden Reiterkaserne.

Als um 150 n. Chr. der Militärstützpunkt aufgegeben beziehungsweise nach Welzheim verlegt wurde, breitete sich die nördlich und westlich gewachsene

Merkur-Heiligtum und Jupiter-Gigantensäule vom Grundstück Brückenstraße 8 in Cannstatt, Rekonstruktionszeichnung von Oscar Paret

Terra sigillata aus Cannstatt mit römerzeitlicher Einritzung

Zivilsiedlung im Gebiet der Straße »Hallschlag« und des Sparrhärmlingwegs über das Kastellgelände aus. Nun wurden hier die Waren für die am Limes stationierten Truppen umgesetzt.

Zweimal wurde das Kastell großflächig ausgegraben: von 1894 bis 1896 und 1908, dann wurde die Fläche jedoch mit einer modernen Reiterkaserne überbaut. Die Ausgrabungen zeigten, daß das Kastell von 20 Türmen gesichert war und eine Fläche von 37 400 Quadratmetern bedeckte. Es war damit größer als die berühmte Saalburg im Taunus! Während der Zeit um 1900 waren die Fundamente der Einfriedungsmauern sowie des steinernen Stabsgebäudes offen sichtbar, auch die Reste einer Jupiter-Gigantensäule waren im Lagerbereich aufgestellt. In der Zivilsiedlung waren die Wohnhäuser meist unterkellert und mit bis zu 15 Meter tiefen Brunnen versehen, wie die Grabungen gezeigt haben.

Der Friedhof, der bisher etwa 3000 Gräber freigab, liegt nördlich des Siedlungsbereichs im Gebiet der Rostocker Straße. Westlich des heutigen Steigfriedhofs gab es ein regelrechtes Töpferviertel. 1929 wurden fast 50 zum Teil wohlerhaltene Töpferöfen aufgefunden, und etwas entfernt stieß man auf eine Gießwerkstätte für Eisen und Bronze.

Die Römerfundstätten im Stuttgarter Stadtgebiet sind so zahlreich, daß sie hier nicht alle aufgezählt werden können. Erwähnt werden sollen nur noch Funde in Münster, im Marktplatzbereich von Cannstatt sowie ein Merkurtempelchen im Hinterhof des Gebäudes Brückenstraße 8, ebenfalls in Cannstatt. Der Stubensandstein, der dem Bildhauer dabei als Arbeitsmaterial diente, wurde wahrscheinlich an der Geroksruhe gebrochen. Dort fand man 1881 auch die Reste einer Steinhauerwerkstatt. Am Rand des Kräherwalds im Feuerbach-Tal stieß man am Anfang des 19. Jahrhunderts auf Reste einer größeren Töpferei aus römischer Zeit. Man entdeckte zahlreiche Bruchstücke von Formschüsseln der namentlich bekannten Töpfer Reginus, Domitianus und Marinus.

Die Römerstraßen sind noch heute im Straßengrundriß der Stadt zu verfolgen, und bereits 1834 hat der Topograph, Archäologe und Dichter Eduard Paulus (1803–1878), der Vater des gleichnamigen Archäologen, Dichters und Kunsthistorikers, ihr Pflaster ausgegraben und aufgezeichnet. Typisch für Römerstraßen ist ihr gerader Verlauf.

Der Sparrhärmlingweg und die alte Bundesstraße 10 hinaus in Richtung Schwieberdingen fallen beim Blick auf den Stadtplan ebenso ins Auge wie die Stuttgarter Straße und in ihrer Fortsetzung die Hohewartstaße in Feuerbach, die in das durch den Wald führende Steinsträßle übergeht.

Ein alemannischer Herzogssitz in Cannstatt

Eine Urkunde, die der alemannische Herzog Gottfried um 700 ausgestellt hat, überliefert zum erstenmal den Ortsnamen »Chanstada« (Cannstatt). Damals schenkte Gottfried seinen am Neckar gelegenen Weiler »Biberburg« dem Kloster Sankt Gallen. Der Name des Herzogs deutet darauf hin, daß er höchstwahrscheinlich schon kurz nach der Geburt als Christ getauft worden war, und möglicherweise stehen die Anfänge der Urkirche Sankt Martin auf der Altenburg in Zusammenhang mit dem alemannischen Herzogshof.

Nur ein halbes Jahrhundert später, im Jahre 746, wurde auf einem nach Cannstatt einberufenen Gerichtstag der Selbständigkeit der Alemannen endgültig ein Ende gesetzt. Wie in den Metzer Annalen geschildert, war es der fränkische Hausmeier von Alemannien, Karlmann, der damals beim Cannstatter Herzogshof die Anführer des alemannischen Widerstandes gegen die fränkische Herrschaft gefangennehmen und bestrafen ließ. Ob dabei Todesurteile vollstreckt wurden oder ein Gemetzel stattgefunden hat, wissen wir nicht. Jedenfalls wurde in der Überlieferung später vom

»Blutgericht von Cannstatt« gesprochen. Unzweifelhaft ist jedoch, daß Cannstatt in der ersten Hälfte des 8. Jahrhunderts eines der herausragenden politischen Zentren im südwestdeutschen Raum war.

Etwas später, wahrscheinlich in der Zeit Karls des Großen, muß von jenem Herzogssitz aus ein Tiergarten in den nassen Auen des unteren Nesenbachs – also zwischen Neckar und heutiger Innenstadt – angelegt worden sein. Nach mehreren Zwischenerben gelangte Herzog Liutolf von Schwaben, ein Sohn Kaiser Ottos des Großen, um 950 in den Besitz des Geländes, auf dem er nach mündlicher Überlieferung einen »Stutengarten« eingerichtet haben soll. Dieses Gestüt, von dem sich unzweifelhaft der Ortsname Stuttgart herleitet, ist in Zusammenhang mit den Ungarneinfällen jener Zeit zu sehen, denn der Kaiser brauchte kräftige Pferde, um den Reiterscharen aus dem Südosten ernsthaft entgegentreten zu können.

Kapitel 2

Die Entwicklung Stuttgarts bis zur Inbesitznahme durch die Württemberger

Gilt dieses Gestüt zwar als Keimzelle der heutigen Landeshauptstadt, so gab es im Stuttgarter Tal doch schon ältere Siedlungen. Ein wahrscheinlich in der Merowingerzeit gegründeter Ort Frankenbach beim Charlottenplatz wurde wohl bereits zur Zeit des Stutengartens wieder aufgegeben. Von einem Weiler Immenhofen ist schriftlich nichts überliefert. Man konnte ihn aber anhand von Flurnamen und Wegverläufen eindeutig in der Gegend des Stuttgarter Wilhelmsplatzes lokalisieren. Ein Dorf Tunzhofen ist bis 1372 als bewohnte Siedlung in Urkunden genannt, wurde dann aber wahrscheinlich nach den großen Pestepidemien verlassen.

Alle drei Siedlungen gingen im Laufe der Zeit in Stuttgart auf, das heißt, die Bevölkerung siedelte in die neue, aufstrebende Ortschaft um. Die Immenhofer Straße und die Tunzhofer Straße erinnern noch heute an diese frühen Wohnplätze im Tal des Nesenbachs.

Eine Burg im Stuttgarter Tal

Ob der Stutengarten in irgendeiner Weise befestigt war, wissen wir nicht. Ein erster Burgenbau als Vorgänger des Alten Schlosses soll nach 1089 von Bruno von Calw, dem aus Metz vertriebenen Bischof, errichtet worden sein, dessen Vater, Graf Adalbert von Calw, im Stuttgarter Tal reich begütert war. Erst kürzlich entdeckte man bei Umbauarbeiten unter dem Alten Schloß Mauern mit einer Dicke von 3,50 Metern, die in keinerlei Verbindung mit dem jetzigen Schloßbau stehen. Möglicherweise stehen diese soliden Fundamentmauern in Zusammenhang mit einer Burg des 11. oder 12. Jahrhunderts. Es ist dies der erste steinerne Beweis für eine außerordentlich wehrhafte Anlage, die in dieser Art und Weise im Stuttgarter Tal bisher nicht vermutet worden war.

Konrad von Württemberg hat etwa gleichzeitig mit dem vermu-

Darstellung der Burg Württemberg aus dem frühen 17. Jahrhundert. Deutlich erkennt man die drei Mauerringe der Burg.

teten Stuttgarter Burgenbau des Bruno von Calw eine Burg hoch über dem Neckartal errichtet, an deren Stelle sich heute die Grabkapelle des Hauses Württemberg bei Rotenberg erhebt.

König Wilhelm I. hat die Burg 1819 abbrechen lassen, um auf dem Hügel seiner bereits im Alter von 30 Jahren verstorbenen Ehefrau Katharina einen Grabtempel errichten zu lassen. Angeblich hatte sie einmal den Wunsch geäußert, auf dem Berg begraben zu werden, den sie so oft besuchte.

Burg Württemberg vollendet

Der Abbruch der Burg wurde damals allgemein bedauert, ja sogar bekämpft. Denn ein Fund im Jahre 1790 hatte eindeutig das ehrwürdige Alter des württembergischen Stammsitzes bestätigt. Man hatte auf der Burg einen Stein eingemauert gefunden, der als Weihedatum der ehemaligen Kapelle den 7. Februar 1083 angab. In lateinischer Sprache hieß es auf dem Stein: »Im Jahre der Fleischwerdung des Herrn 1083,

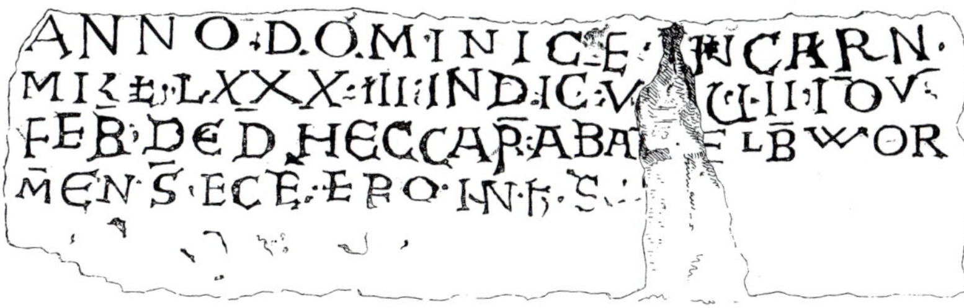

Umzeichnung der Weiheinschrift der Burgkapelle auf dem Württemberg aus dem Jahr 1083

im sechsten Jahr der Steuerperiode, am 7. Februar, ist diese Kapelle geweiht worden von Adalbert, der Wormser Kirche Bischof, zu Ehren des Heiligen ...« Der Name des Heiligen ist nicht lesbar, jedoch geht man allgemein davon aus, daß es sich um den Heiligen Nikolaus gehandelt hat. Denn in einer am 8. Februar 1291 ausgestellten Urkunde wird sein Name in Verbindung mit der Burgkapelle genannt. Damals verkaufte die Gräfin Adelheid von Sigmaringen, eine Cousine des Grafen Eberhard von Württemberg, an einen Esslinger Bürger namens Hugo einen Weinberg und entband dabei den neuen Besitzer von dem bisher an die »Capelle sancti Nykolai in Wirtenberc« abzuliefernden Jahreszins.

Interessant ist, daß die Weihe von Bischof Adalbert von Worms vorgenommen wurde, der gar nicht für diese Gegend zuständig war, denn die Burg lag damals im Bereich der Diözese des Bischofs von Konstanz. Dieser war jedoch im Jahre 1080 vom Papst seines Amtes enthoben worden und ein Nachfolger noch nicht eingesetzt. Bischof Adalbert, von Kaiser Heinrich IV. im Zuge des Investiturstreites zwischen Kaiser und Papst 1077 aus Worms vertrieben, hatte später im Kloster Hirsau bei dem mit ihm befreundeten Abt Wilhelm Zuflucht gefunden. Die Weihe der Burgkapelle auf dem Württemberg fällt in diese Zeit der Vertreibung. Da die Wahl des Württembergers auf den Wormser Bischof fiel, kann man davon ausgehen, daß der Burgherr ebenfalls gegen den Kaiser und für den Papst sowie dessen Gegenkönig Rudolf von Schwaben Partei ergriffen hatte.

Der Name Württemberg wird erstmals im Jahre 1081 in einer Urkunde erwähnt. Im August

Die Eisen- und Metallwarenhandlung von Zahn und Nopper war neben der Stiftskirche im Alten Stuthaus, der Keimzelle der Stadt, untergebracht. Das Gebäude wurde 1944 zerstört, die Reste hat man später beseitigt.

dieses Jahres schenkte ein gewisser Diemer von Trifels dem Kloster Hirsau einige Güter. Unter den Zeugen dieses Rechtsaktes wird ein »Conradus de Wirdeberch« genannt. Dieser Konrad taucht später noch in weiteren Urkunden des Diemer auf, wird aber nie mit einem Titel bedacht, weshalb er noch nicht als Graf bezeichnet werden kann.

Der Einflußbereich dieses ersten Württembergers beschränkte sich damals höchstwahrscheinlich auf die Burg über dem Neckartal und deren unmittelbare Umgebung. Im Stuttgarter Tal hatten wohl andere Adelige das Sagen.

Die älteste bekannte Überlieferung des Namens Stuttgart findet sich ebenfalls auf einer Schenkungsurkunde: Um 1110 vermachte ein Geistlicher mit Namen Ulrich dem Kloster Blaubeuren Weinberge im Stuttgarter Tal. Eine weitere Nennung finden wir in einem der Jahrtagsverzeichnisse des Klosters Hirsau, das zwischen 1156 und 1164 verfaßt wurde. Darin ist ein Hugo de Stuokarten erwähnt, ein naher Verwandter des Calwer Grafenhauses, der damals wahrscheinlich Herr der Siedlung am Nesenbach war. Vielleicht sind die kürzlich unter dem Alten Schloß aufgefundenen Fundamentmauern auf ihn zurückzuführen.

Das alte Stuthaus: die Keimzelle der Stadt

Bis in die ersten Jahre nach dem Zweiten Weltkrieg gab es nördlich der Stiftskirche ein turmartiges Gebäude mit bis zu zwei Meter dicken Mauern. Es wurde das Alte Stuthaus genannt, und man vermutete in ihm den Verwaltungssitz des Gestüts im 10. und 11. Jahrhundert. Noch zu Beginn des 17. Jahrhunderts war seine Bedeutung bekannt, denn der Stuttgarter Chronist Johann Jakob Gabelkhover erwähnte die Lage des Gebäudes wie folgt: »... soll das ... allte Stuethaus gestanden sein uff zwanzig Schritt ungefahrlich von jetziger Stifftskürchen gegen Mitternacht ...«

Ein anderes steinernes Zeugnis aus dem 12. Jahrhundert ist bis heute in Gestalt der Erdgeschoßmauern des Südturmes der Stiftskirche erhalten geblieben. Seine soliden Stubensandsteinmauern sind ein Hinweis darauf, daß Stuttgart um 1175 nicht mehr nur eine kleine Häusergruppe bei einer Pferdekoppel war, sondern ein Adelssitz mit Kirche und einer offensichtlich größeren Siedlungsgemeinschaft.

Neben dieser ältesten Keimzelle um Kirche und Stuthaus hatte sich seit etwa 1130 ein Quartier von Kaufleuten um einen dreieckigen Platz entwickelt, der im

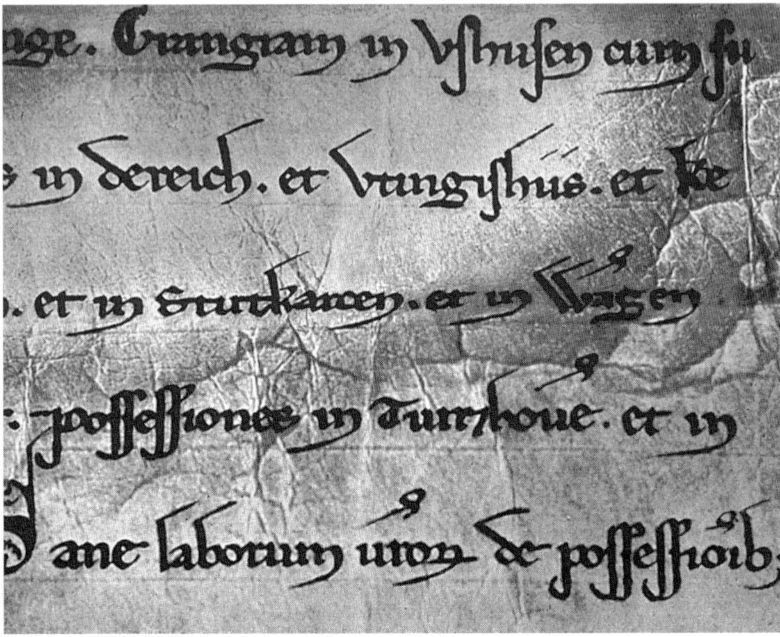

Die älteste Nennung des Namens Stuttgart von 1229. Man erkennt in der mittleren Zeile »Stutkarcen« und »Wa(n)gen«, darunter den Namen »Tunzhoue« für Tunzhofen.

Bereich der oberen Schulstraße lag.

Eine förmliche Erhebung zur Stadt im rechtlichen Sinne gab es für Stuttgart höchstwahrscheinlich nicht. Vielmehr ist davon auszugehen, daß im Laufe des 13. Jahrhunderts dem Gemeinwesen im Nesenbachtal Zug um Zug Einzelrechte zugestanden wurden, die dann letztlich eine »Stadt« ausmachen. Die schriftlichen Quellen sind auch in dieser Zeit noch äußerst spärlich, ja die erste exakt datierte Urkunde überhaupt, in der der Name Stuttgart erwähnt wird, wurde am 8. März 1229 von Papst Gregor IX. ausgestellt. Er bestätigte darin dem Kloster Bebenhausen seinen Besitz im Stuttgarter Tal.

Die erste Stadtmauer entsteht

Möglicherweise war es Markgraf Hermann V. von Baden, der irgendwann zwischen 1220 und 1240 Mauern um Stuttgart ziehen und die drei Hauptttore errichten ließ. Noch heute sind die damaligen Befestigungsanlagen im Verlauf von Königstraße, Eberhardstraße und Karlstraße mit Schnittpunkt beim Alten Schloß ablesbar. Diese auf einer ovalen Grundfläche von 450 auf 200 Metern eingefriedete Stadt bestand bis ins ausgehende 14. Jahrhundert. Erst dann wurde der Platz zu klein und der Siedlungsraum durch eine Vorstadt erweitert.

Die drei Tore lagen in der Marktstraße beim heutigen Kaufhaus »Breuninger«, am oberen Ende der Breiten Straße vor der Treppe neben dem Musikhaus »Lerche« sowie am Durchgang vom Schillerplatz zur Königstraße. Dieser auch »Kanzleibogen« genannte Verbindungsweg ist der einzige noch sichtbare Rest eines mittelalterlichen Stadttores im Gebiet von Alt-Stuttgart.

Gegen 1248 heiratete die Tochter des Markgrafen, Mechthild, den württembergischen Grafen Ulrich I., der wegen seines unnatürlich großen Daumens an der rechten Hand den Beinamen »mit dem Daumen« trug. Offensichtlich kam Stuttgart als Heiratsgut der Markgräfin Mechthild zu jener Zeit an Graf Ulrich und damit an das Haus Württemberg. Allerdings erscheint in einer Urkunde von 1259 der Bruder Mechthilds noch als »Oberherr« über die dem Klara-Kloster zu Pfullingen gehörenden Weingüter im Stuttgarter Tal. Graf Ulrich und seine Gemahlin Mechthild befreiten damals das Kloster von Steuerzahlungen für ihren Stuttgarter Besitz, und es war Markgraf Rudolf I. von Baden, der diesen Rechtsakt bestätigen mußte. Möglicherweise ging Stuttgart erst mit dem um 1260 erfolgten Tode Mechthilds endgültig in württembergischen Besitz über.

Der älteste erhaltene Innenraum Stuttgarts

Zu jener Zeit – zwischen 1240 und 1260 – wurde die wohl bedeutendste Vorgängerkirche der heutigen Stiftskirche errichtet. Es hat sich dabei um eine spätromanische dreischiffige Basilika gehandelt, deren letzte Bauteile in Gestalt der zwei mit Rundbogenfriesen versehenen Obergeschosse am kleinen Turm noch heute vorhanden sind. Man erkennt sowohl außen wie innen an einigen Stellen Tierdarstellungen im Bogenfries. Das wichtigste und schönste Architekturelement ist jedoch das Kreuzrippengewölbe im Erdge-

Kapitell im Erdgeschoß des Kleinen Turmes der Stiftskirche aus der Mitte des 13. Jahrhunderts

schoß jenes Turmes, das auf vier Ecksäulen mit schlichten Palmettenkapitellen ruht. Stilistisch lassen sich die gekehlten Palmblätter der spätesten Romanik zuordnen, während die Kapitellform bereits von der Gotik beeinflußt ist. Drei Kapitelle sind noch original erhalten, nur eines wurde 1890 in Gips ergänzt. Das Erdgeschoß des kleinen Turms der Stiftskirche ist damit der einzige Innenraum in Stuttgart, der nahezu unversehrt aus dem 13. Jahrhundert uns erhalten geblieben ist.

Die dort stehende Grabtumba von Graf Ulrich I. von Württemberg und seiner zweiten Gemahlin Agnes, einer geborenen Herzogin von Schlesien-Liegnitz, ist nach wissenschaftlichen Untersuchungen erst zwischen 1285 und 1290, also gut zwei Jahrzehnte nach dem Tod des Paares, von dessen Sohn Graf Eberhard dem Erlauchten in Auftrag gegeben worden. Beide starben kurz hintereinander im Frühjahr 1265 und wurden wahrscheinlich in der damaligen Hausgrablege in Beutelsbach im Remstal bestattet. Drei Jahrzehnte später wurden nicht nur die Gebeine, sondern auch das Grabmal von Beutelsbach in die neue Stiftskirche überführt.

Ulrich und Agnes sind in Lebensgröße dargestellt. Das Modell des Stiftschores, das Agnes in den

Händen hält, wurde erst im ausgehenden 19. Jahrhundert ergänzt – gut gemeint, aber historisch unrichtig, denn der Chor wurde erst nach 1320 in dieser Form errichtet! Die Löwen zu Füßen des Grafen verkörpern Macht und Stärke, die Hunde unter Gräfin Agnes stehen für eheliche Treue. Das Doppelgrabmal gehört heute zum Wertvollsten, was Stuttgart durch seine Geschichte bis auf den heutigen Tag retten und bewahren konnte.

Ein weiteres »Denkmal« aus dieser frühen Zeit Stuttgarts stellt die sogenannte Torglocke in der Stiftskirche dar. Sie wurde 1285 gegossen und hing mit großer Wahrscheinlichkeit von Anfang an im Glockenstuhl des kleinen Turms. Da im 20. Jahrhundert immer wieder Risse auftraten, wurde das über 700 Jahre alte Denkmal 1961 abgenommen und in der Stiftskirche aufgestellt. 1999 wurde sie geschweißt und anschließend wieder zum Läuten aufgehängt. Die Glocke wiegt über zwei Tonnen und zeigt an ihrer Schulter eine aus Wachsfäden modellierte Inschrift in romanischen Majuskeln:

+.ME.RESONANTE.PIA.PPLI [= populi] .MEMOR.ESTO.MARIA.ANNO.DNI [= domini] .M.CC.LXXXV.ALPHA.ET.Ω (auf Deutsch: Wenn ich, die Fromme, ertöne, gedenke des Volkes, Maria. Im Jahre des Herrn 1285. Anfang und Ende).

Obwohl die »Torglocke« in erster Linie als Betglocke gedient hat, hatte sie – wie der Name schon sagt – noch eine andere Aufgabe, nämlich die Öffnung und Schließung der drei Stadttore anzukündigen sowie im Brandfall Alarm zu geben. In mittelalterlichen Städten war der Glockenturm mit Türmerstube in der Regel der einzige Platz, von dem die Häuser überblickt und ein Feuer entdeckt werden konnte.

Kapitel 3

Von Graf Eberhard dem Erlauchten bis zum Münsinger Vertrag von 1482

Der Sohn von Ulrich und Agnes, Graf Eberhard der Erlauchte, stritt im Laufe seines 60 Jahre währenden Lebens mit sechs deutschen Königen.

Im Jahre 1286 belagerte König Rudolf von Habsburg Stuttgart, konnte die Stadt jedoch nicht einnehmen. Nach siebenwöchiger Belagerung schlossen der König und der Graf einen Vergleich, wonach Eberhard von Württemberg dazu verpflichtet wurde, die Stadtmauern niederzureißen.

Da dies nicht in der geforderten Weise geschah, erschien Rudolf im folgenden Jahr erneut vor der Stadt und verbrannte sieben Burgen in der Umgebung. An den Aufenthalt Rudolfs von Habsburg erinnert bis heute der Flurname »Wagenburg« zwischen Uhlandshöhe und Gänsheide, da dieser dort sein Heerlager aufgeschlagen und es durch entsprechend aufgestellte Wagen geschützt hatte. Eine Straße, ein Tunnel und ein Gymnasium sind nach der Wagenburg benannt.

Den wenigsten Stuttgartern dürfte bekannt sein, daß es früher im Bereich des heutigen Stadtgebietes etwa 40 Burganlagen gab. Dies erscheint für den kleinen Raum erstaunlich viel. Die meisten von ihnen sind nicht mehr zu sehen: Zerstörung, Abbruch und Verfall setzten den Mauern zu. Neben bekannten, häufig durch Grabungen gesicherten Anlagen gibt es auch solche, von denen man zwar den Namen, aber nicht einmal den Standort kennt. Abgesehen vom Alten Schloß gehört die Ruine der Burg in Hofen zu den eindrucksvollsten Überresten auf Stuttgarter Gemarkung. Ein großer Teil ihrer bis zu 20 Meter hohen Mauern ist noch vorhanden. Auch in Mühlhausen gibt es im Bereich der Walpurgiskirche noch stattliche Überreste. Von weiteren Burgen sind nach Ausgrabungen nun wieder Reste sichtbar, so von der Burg Frauenberg beim Killesberg, von den beiden Dischinger Burgen über Weilimdorf, der Engelburg bei Mühlhausen sowie von der Burg in Rohr.

Stuttgart erstmals als »Stadt« genannt

Von den Stadtmauern war in dem Vergleich zwischen König Rudolf und Graf Eberhard vom 10. November 1286 die Rede. Das weist darauf hin, daß Stuttgart damals – auch im rechtlichen Sinne – als Stadt galt. Einige Monate vorher, am 15. August 1286, wurden in einer Urkunde, die dem Kloster Bebenhausen den Bau einer Kelter in Stuttgart gestattete, erstmals ein Schultheiß sowie Richter und Stadtbürger genannt. Damit ist bewiesen, daß Stuttgart spätestens zu diesem Zeitpunkt kein Dorf oder Weiler mehr war, sondern eine richtige Stadt.

Wenn Stuttgart sieben Wochen der Belagerung durch ein königliches Heer widerstehen konnte, muß die Ummauerung damals schon recht wehrhaft gewesen sein. Bis in die Zeit nach dem Zweiten Weltkrieg stand im Bereich der verschwundenen Grabenstraße, zwischen Schulstraße und Stiftstraße gelegen, das sogenannte »Alte Steinhaus«, das wohl noch aus der Zeit um 1286 stammte und einen Eindruck vermittelte von Größe und Gestalt adeliger Wohntürme im Mittelalter. Seine wohlerhaltene Ruine mit meterdicken Mauern wurde 1953 zugunsten von Parkplätzen abgebrochen. Das Portal und ein frühgotisches Fenster befinden sich heute im Städtischen Lapidarium in der Mörikestraße.

Am 15. Juni 1290 hat Graf Eberhard der Erlauchte von Württemberg in Stuttgart eine Urkunde in lateinischer Sprache ausgestellt, in welcher der Marktplatz der Landeshauptstadt erstmals erwähnt wurde. In diesem Schriftstück – dessen Original im Zweiten Weltkrieg zwar verbrannt ist, das jedoch in einer Abschrift vorliegt – erfahren wir interessante Einzelheiten.

Auf dem sogenannten »forum mercatorium« stand damals die Behausung eines gewissen Meldelin und neben dieser die Wohnstätte eines vornehmen und wohlhabenden Priesters mit Namen Heinrich Kalterstein. Letzterer war kurz vorher gestorben, und Graf Eberhard sollte nun die Vergabe der Hinterlassenschaft regeln. Während die Äcker, Wiesen und Weingärten dem Kloster Bebenhausen zufielen, behielt Graf Eberhard das Kaltersteinsche Haus am Marktplatz für sich selbst. Es stand wahrscheinlich an der Ecke zur Schulstraße anstelle des jetzigen Hauflerschen Hauses.

Der damals erwähnte Platz war in seiner Ausdehnung noch viel kleiner als heute. Er erstreckte sich wohl als Straßenverbreiterung in Dreiecksform zwischen Hirschstraße, Kirchstraße und Münzstraße. Die Fläche wurde erst Mitte des 15. Jahrhunderts zu einem wirklichen Platz erweitert.

Stuttgart wird Reichsstadt

Auch im 14. Jahrhundert führte Graf Eberhard der Erlauchte (1265–1325) beinahe ununterbrochen Fehden und Kriege mit wechselnden Gegnern. Als sich die Reichsstädte – allen voran das benachbarte Esslingen – durch Eberhard in ihrem Bestand bedroht fühlten, klagten sie bei König Heinrich VII., der daraufhin über den württembergischen Grafen die Reichsacht verhängte und im September 1310 einen Reichskrieg eröffnete. Das Kriegsglück stand gegen Eberhard. Bald schon mußte er nach Besigheim zu seinem badischen Vetter fliehen, worauf nach und nach die Städte Württembergs kapitulierten, unter ihnen am 31. Juli 1312 auch Stuttgart.

In der Kapitulationsurkunde ergaben sich »der Schultheiß, die Richter und die Gemeinde der Stadt Stuttgart« dem Reich und der Stadt Esslingen. Für alle künftigen Untertanen und auf alle Zeit gelobten sie die Abkehr vom Hause Württemberg. Stuttgart war nun zu einer Reichsstadt minderen Rechts unter der Herrschaft Esslingens geworden. Der Wechsel von Württemberg zu Esslingen hatte jedoch durchaus auch Vorteile, denn die neuen Herren sprachen der Stadt aus dem nun herrenlos gewordenen württembergischen Besitz die Wälder um die im Krieg kurz zuvor niedergebrannte Burg Weißenburg, das Burgholz bei Heslach sowie die zur Berger Burg gehörenden Waldgrundstücke zu.

Und noch etwas Interessantes ist in Zusammenhang mit der Urkunde von 1312 zu erwähnen: Das anhängende Siegel ist das älteste Dokument für das Stuttgarter Stadtwappen. Im Schild erkennt man übereinander zwei schreitende Pferde, was als »redendes« Wappen seinen Ursprung in der zu jener Zeit wohl noch lebendigen Überlieferung vom Gestüt des 10. Jahrhunderts haben dürfte.

Die Unterwerfung Stuttgarts unter das benachbarte Esslingen hätte den Beginn eines völlig neuen Abschnitts seiner Geschichte bedeuten können. Esslingen hätte sich zur Großstadt entwickeln und Stuttgart ein idyllisch im Nesenbachtal gelegenes, bescheidenes Landstädtchen bleiben können.

Das erste Stuttgarter Stadtsiegel von 1312. Im Herzschild erkennt man zwei Pferde, eine Erinnerung an den Stutengarten 350 Jahre zuvor.

Doch den Tod Kaiser Heinrichs VII. im August 1313 und die ein Jahr später erfolgte Wahl zweier konkurrierender deutscher Könige – Friedrichs des Schönen von Österreich und Ludwigs von Bayern – nutzte Graf Eberhard, durch geschickte Parteinahme bis zum Spätjahr 1315 seinen ehemaligen Besitz zurückzuerlangen. War damit die kurze reichsstädtische Episode in der Stadtgeschichte überraschend schnell zu Ende, so bedeutete die Rückkehr des württembergischen Grafen dennoch eine Zäsur in der Entwicklung Stuttgarts zur Hauptstadt. Denn kurz darauf wurde die Stadt sowohl zum geistlichen wie zum weltlichen Zentrum der Grafschaft Württemberg.

Hauptstadt der Grafschaft Württemberg

Blicken wir noch einmal 250 bis 300 Jahre zurück. Das Geschlecht, aus dem später die Württemberger hervorgingen, war sehr wahrscheinlich eng mit dem salischen Königshaus verwandt und auch auf salischem Gebiet ansässig, nämlich in Beutelsbach im Remstal. Erst nach dem Bau der Stammburg über dem Neckar Ende des 11. Jahrhunderts nannten sich die bisherigen Beutelsbacher »von Württemberg«.

Wohl schon zuvor hatten die Beutelsbacher Adligen in ihrem Ort einen geistlichen Zusammenschluß gegründet, ein sogenanntes weltliches Chorherrenstift. Der Vater Eberhards, Graf Ulrich I., hatte dieses Stift, das den Namen »Zum Heiligen Kreuz« trug, im

13. Jahrhundert erweitert und neu geordnet und deshalb den Beinamen »der Stifter« erhalten. Die Beutelsbacher Kirche diente damals zugleich als Grablege der Württemberger – seit wann, ist unbekannt.

Bereits während seiner Zeit im badischen Exil muß nun Graf Eberhard, der Sohn des Grafen Ulrich, wegen der Bedrohung durch die Esslinger das Stift aus dem Remstal abgezogen und seine Verlegung nach Stuttgart beschlossen haben. Und tatsächlich plünderten die Reichsstädter 1311 das Stift in Beutelsbach.

In einer im Juni 1314 auf Burg Wolfsölden bei Backnang ausgestellten Urkunde ist ein Marquardt von Kaltental als Zeuge genannt, der als »Propst der Kirche in Stuttgart« bezeichnet wird. Die am 17. Juni 1320 in Avignon bei Papst Johannes XXII. erreichte kirchenrechtliche Genehmigung der Stiftsübertragung von Beutelsbach nach Stuttgart war demnach nur noch die Bestätigung eines längst vollzogenen Aktes. Gleichzeitig wurden die Pfarrechte von der Mutterkirche des Stuttgarter Gebiets auf der Altenburg bei Cannstatt an die neue Stuttgarter Stiftskirche übertragen, die wiederum nach dem »Heiligen Kreuz« benannt wurde, wie sie auch heute noch manchmal genannt wird.

Bereits vorher waren gewisse Rechte, die eigentlich nur einer Pfarrkirche zustanden, auf die Stuttgarter Kapelle übertragen worden. Offensichtlich war für den Pfarrer der Gang von der Altenburg zur aufstrebenden Siedlung im Stuttgarter Tal allzu oft erforderlich gewesen. Seit Anfang des 13. Jahrhunderts gab es in Stuttgart einen Begräbnisplatz, später wurde hier täglich die Messe gelesen. Nur noch an den hohen Feiertagen mußten die Gläubigen den Weg zur Martinskirche auf die Altenburg auf sich nehmen. Spätestens 1275 war die Stuttgarter Kapelle zu einer neben der Mutterkirche beinahe gleichberechtigten Kirche aufgestiegen, denn in jenem Jahr wird ein »Pfarrer von Altenburg und Stuttgart« genannt. Möglicherweise hängt dies mit dem schon unter Graf Ulrich I. erfolgten Neubau der Stuttgarter Kirche zusammen, die der romanischen Basilika von Faurndau in Größe und Gestalt ähnlich gewesen sein dürfte.

Stiftskirche und Altes Schloß werden gebaut

Bald nach 1316 wurde mit dem Bau des neuen, größeren Chores der Stiftskirche begonnen, dessen am Schillerplatz hoch auf-

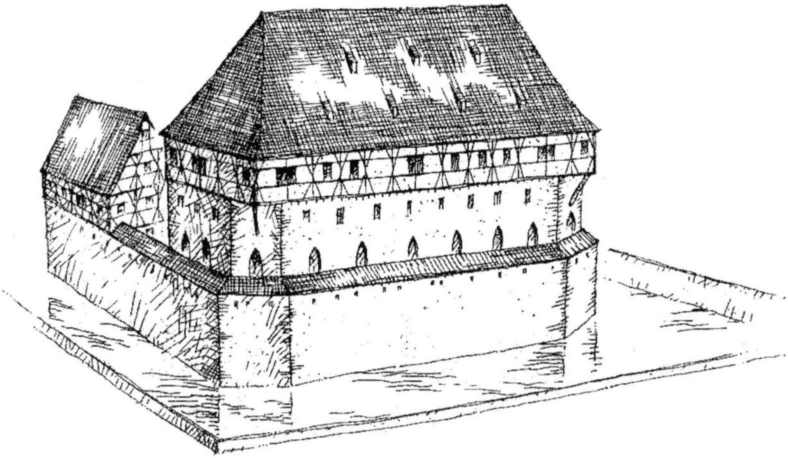

Die am Karlsplatz gelegene Dürnitz ist der älteste Teil des Alten Schlosses. Im 14./15. Jahrhundert mag dieser Kernbau mit Wehrmauer so ausgesehen haben.

ragende Mauern noch heute sichtbares Zeichen dieser damals für Württemberg zentralen kirchlichen Einrichtung sind. Die etwa 70 Jahre zuvor mit dem Kirchenneubau errichtete romanische Apsis wäre für die Gottesdienste der zwölf Chorherren und zwölf Vikare nicht groß genug gewesen. Mit dem Chorherrenstift war zudem auch das Erbbegräbnis nach Stuttgart transferiert worden; auch für die Grablegen wurde Platz benötigt.

Das Stift entwickelte sich rasch zur reichsten geistlichen Einrichtung in Württemberg, und die Chorherren, die anfangs ausschließlich von Adel waren, bekleideten hohe Ämter am Hof der Grafen. In der Umgebung der Kirche entstand ein regelrechter Stiftsbezirk mit den Wohnhäusern der Stiftsherren, von denen jedoch kein einziges mehr erhalten ist. Nur die Stiftstraße erinnert mit ihrem Namen und in ihrem Verlauf an diese wichtige mittelalterliche Institution.

Etwa gleichzeitig mit dem Chorbau der Stiftskirche begann ein Baumeister mit Namen Walther, die Dürnitz des heutigen Alten Schlosses zu errichten. Der nach 1555 erweiterte kastenartige Bau fiel 1931 einem Brand und später noch einmal den Bomben des Zweiten Weltkriegs zum Opfer. Bis 1970 wurde der zum Karlsplatz orientierte Flügel wiederhergestellt. Aus dem frühen 14. Jahrhundert ist noch der in seiner Art einmalige zweischiffige Keller von riesigen Ausmaßen erhalten. Im Zeitraum zwischen 1340 und 1350 waren sowohl der Stiftskirchenchor als auch die danebenliegende Grafenburg im wesentlichen fertiggestellt.

In den folgenden Jahrzehnten bildete sich in Stuttgart eine genau unterschiedene soziale Differenzierung heraus. Neben der bürgerlichen Kaufmannsstadt entstand um die Stiftskirche ein Viertel mit klösterlichen Niederlassungen und den Wohnhäusern der Stiftsherren, also ein geistlicher Bereich. Um die Burg gab es mit der Zeit ein herrschaftliches Quartier, wo sich die Kanzlei, Magazine und die Unterkünfte der Hofbediensteten befanden.

Um die Mitte des 14. Jahrhunderts entwickelte sich im Süden, vor dem Esslinger Tor, also außerhalb der schützenden Stadtmauer, eine kleine Judengemeinde. Sie war früher innerhalb der Stadtummauerung schon Diskriminierungen ausgesetzt gewesen und wurde 1486 des Landes verwiesen.

1343 ist erstmals ein Stuttgarter jüdischen Glaubens namentlich genannt. Er hieß »Loew«, war ein reicher Mann und stand unter dem Schutz des Grafen von Württemberg. Sogar Kaiser Ludwig der Bayer stand bei Loew in der Schuld, denn er verschrieb ihm in jener Zeit die von Esslingen an das Reich zu entrichtende Steuer. Bis 1894 erinnerte die »Judengasse« an dieses erste jüdische Viertel in Stuttgart. Auf Wunsch der Anlieger wurde sie in jenem Jahr in »Brennerstraße« umbenannt.

Um 1350 zählte Stuttgart etwa 3000 bis 4000 Einwohner. Steuerpflichtig waren etwa 600 Personen. Adelige waren in der Regel von der Abgabenlast befreit. Neben den Steuern mußten die Bürger noch Frondienste leisten: Drei halbe Tage im Jahr waren um die Mitte des 14. Jahrhunderts Pflicht.

Die zahlreichen Pestepidemien trugen das ihre dazu bei, daß die Bevölkerung nicht übermäßig anwachsen konnte. Dafür kamen manche Bauern vom freien Land in die ummauerten Städte und erhofften sich dort größeren Schutz vor den grassierenden Seuchen. Sie bildeten in der Folge eine kleine Ackerbürgerschicht.

Weinbau ist das wichtigste Gewerbe

Das Hauptgewerbe war aber damals schon – und sollte es auch noch in den folgenden Jahr-

Blick in die Kelter des Lorcher Klosterhofes. Zeichnung von Alfred Teuffel, 1907

hunderten bleiben – der Weinbau. In Stuttgart ist er erstmals 1108 urkundlich erwähnt, im Stadtteil Botnang bereits 30 Jahre früher. Waren die Berge der Umgebung zur Zeit des Gestütes noch bis in die sumpfige Niederung herab dicht bewaldet, so erklomm nach und nach Terrassenweinbau die Hänge. Um 1350 zählte man im Bereich Alt-Stuttgarts schon 500 Hektar zehntpflichtige Weinberge, und kaum 80 Jahre später war der Wein durch reichen Ertrag so billig, daß man zweimal ins Wirtshaus gehen mußte, um eine Zeche von einem Heller (der kleinsten Münze) zu machen.

Im 11. Jahrhundert war der Weinbau von weltlichen Herren im Stuttgarter Tal eingeführt worden – nach Flurnamen zu schließen, vermutlich von Mitgliedern des salischen Herrscherhauses (zum Beispiel Kornberg von König Konrad II.). Hundert Jahre später finden wir hauptsächlich Klöster in den Weinbergen begütert, allen voran das staufische Hauskloster Lorch sowie die Klöster Kaisheim und Bebenhausen. Die Straßennamen »Lerchenrain« (= Lorcher Rain) und »Im Kaisemer« (von Kaisheimer) tradieren Flurnamen, die auf die mittelalterlichen klostereigenen Weinberge zurückgehen. In der Stadt errichteten die Mönche sogenannte Kloster- oder Pfleghöfe zur Verwaltung ihrer Güter und zur Lagerung der Erträge.

Zwei klösterliche Niederlassungen gehen zweifellos auf das 13. Jahrhundert zurück, als Stuttgart den Markgrafen von Baden gehörte. Das Kloster Lichtental bei Baden-Baden ist eine Gründung der Frau des Markgrafen Hermann V., Irmengard, deren Tochter die Stadt Stuttgart durch Heirat mit dem Grafen Ulrich an das Haus Württemberg brachte. Damals, um die Jahrhundertmitte, erhielt das Zisterzienserinnenkloster Lichtental seinen Besitz im Stuttgarter Tal. 1304 sind im ältesten Urbar des Esslinger Katharinenhospitals drei Besitzeinträge in Stuttgart und Vaihingen für Lichtental zu finden. Schon bald jedoch bezeichneten die Nonnen des badischen Klosters ihren Stuttgarter Pfleghof als abgelegen, unsicher und schwierig zu bewirtschaften. Noch vor 1334, vielleicht schon 1317, gaben sie ihren Besitz am Nesenbach und auf den Fildern ihrem Schwesterkloster Heiligkreuztal ab, das bereits umfangreichen Grundbesitz im Gewann »Röte« und bei der Reinsburg hatte. Die Lage des Lichtentaler Klosterhofes innerhalb der Stadt ist nicht überliefert.

Das Gebäude des anderen unter der Schirmvogtei der badischen Markgrafen stehenden Zisterzienserklosters, Herrenalb im Schwarzwald, erlebte dagegen noch die Zerstörungen des Zweiten Weltkrieges. Als Grundbesitz von Herrenalb ist 1350 ein Weingarten im Gewann der »Herrenhalde« (daher auch der Name!) nachgewiesen. Ein erstes Haus des Klosters soll sich in der Sporerstraße befunden haben, über das aber nichts Näheres bekannt ist. Erst die zweite Niederlassung in der Turmstraße ist durch eine Urkunde von 1413 aktenmäßig belegt. Das Gebäude, das später im Besitz der Herren von Sachsenheim war, stand bis 1944 an der Stelle des Durchgangs hinter dem Kaufhaus Tietz (heute Karstadt), Ecke Schmale Straße und Turmstraße.

Da die Bodenverhältnisse im Stuttgarter Tal keinen bedeutenden Ackerbau zuließen, betrachteten immer mehr Bürger den Weinbau als Erwerbsquelle und trieben mit dem Rebensaft in ganz Süddeutschland Handel. Es gab Zeiten, da nahmen die Weinberge die hundertfache Fläche des Stadtgebietes ein. Natürlich waren die Menschen bei einer so einseitig aufgebauten Wirtschaftsstruktur von den jeweiligen jährlichen Ertragsverhältnissen existentiell ab-

Blick durch die Hauptstätter Straße zum Hauptstätter Tor. Kupferstich vom Ende des 18. Jahrhunderts

hängig. Fiel die Ernte in einem Jahr sehr reich aus, konnte es vorkommen, daß im folgenden Herbst die Fässer für den neuen Wein noch nicht geleert waren. In solchem Überfluß soll sogar beim Ausbau des kleinen Turmes der Stiftskirche der Mörtel mit Wein angerührt worden sein.

Die Stadt wächst über den ersten Mauerring hinaus

Im Jahre 1378 zogen wieder einmal Truppen der benachbarten Reichsstädte vor Stuttgart. Die Mauern hielten den Geschützen stand, jedoch wurden die Weinstöcke herausgehauen und die Umgebung der Stadt verwüstet. Wahrscheinlich wurde damals auch der Weiler Tunzhofen von den Bewohnern aufgegeben, die sich hinter die schützenden Mauern Stuttgarts flüchteten.

Vier Jahre vorher hatte Kaiser Ludwig der Bayer dem Grafen von Württemberg das Münzrecht verlichen. Seither gibt es in Stuttgart eine Prägestätte für Münzen und Medaillen.

Gegen Ende des 14. Jahrhunderts kamen durch die wachsende politische Bedeutung Württembergs auch fremde Einflüsse in die Stadt. 1380 heiratete Graf Eberhard der Milde eine Fürstentochter aus Oberitalien, Antonia Visconti von Mailand. Sie brachte südliche Lebensart an den Neckar und ließ unmittelbar neben dem Alten Schloß auf dem Gelände des Karlsplatzes einen

Graf Ulrich der Vielgeliebte und seine drei Gemahlinnen auf Altarflügeln aus der zweiten Hälfte des 15. Jahrhunderts

Garten mit Zierpflanzen anlegen, der bis in die Barockzeit hinein jeweils den Gemahlinnen des Landesherrn zustand.

Im Laufe der Zeit hatten sich im Süden vor den Toren der Stadt immer mehr Menschen angesiedelt. Es war vorhersehbar gewesen, daß eine Stadtanlage von nur zehn Hektar Grundfläche eines Tages erweitert werden mußte. Im Mai und Juni 1392 weilte Graf Eberhard der Milde in Prag, um aus der Hand von König Wenzel seine Reichslehen in Empfang zu nehmen. Während dieses Aufenthaltes lernte der württembergische Graf die unter Kaiser Karl IV. angelegte Prager Neustadt kennen. Er muß von ihr so beeindruckt gewesen sein, daß er gleich nach seiner Rückkehr in

Stuttgart den herrschaftlichen Fronacker zur Bebauung freigeben und nach dem Prager Vorbild in seiner Residenz eine Vorstadt anlegen ließ. Bis in kleinste Details findet man Parallelen zu Prag. Auch in Stuttgart war das Zentrum der Neustadt ein großer Straßenmarkt – die Hauptstätter Straße – wie der Prager Wenzelsplatz, mit dem er sogar das Verhältnis 11 : 1 der Platzseiten zueinander gemeinsam hatte. In Anlehnung an die Kirche Maria Schnee in Prag wurde eine kleine, dem heiligen Leonhard geweihte Kapelle errichtet.

In dieser sogenannten Esslinger oder Leonhardsvorstadt ließen sich hauptsächlich Handwerker wie Wagner, Gerber, Färber und Weingärtner nieder, die die Nähe des Nesenbachs nutzten.

Bei der nun immer stärker anwachsenden Bevölkerung war auch der Siedlungsraum dieser Vorstadt bald erschöpft. Um 1450 mußte erneut an eine Erweiterung gedacht werden. Zu jener Zeit war Graf Ulrich V., der Vielgeliebte genannt, Stadtherr von Stuttgart. Besonders seine dritte Ehe mit Margarethe von Savoyen mag befruchtend auf den Plan gewirkt haben, denn auch in diesem Falle vermutet man ein Vorbild: Turin, die Heimat von Margarethe. Ab etwa 1455 wurde nördlich der Stadt mit der Anlage begonnen, deren regelmäßiger, annähernd schachbrettartiger Grundriß außerordentlich modern war. Das Gelände bot sich auch aufgrund der Eigentumsverhältnisse an, denn zu seiner zweiten Hochzeit mit Elisabeth von Bayern-Landshut 1445 hatte Graf Ulrich hier einen Turnierplatz für Ritterspiele anlegen lassen, der nun brach lag.

Das Herzstück des Viertels war ein nach 1471 errichtetes Dominikanerkloster. Die aus Nürnberg stammenden Dominikanermönche kamen 1473 in die Stadt. Als Bettelbezirke waren ihnen die Ämter (Kreise) Markgröningen und Waiblingen zugewiesen. In Stuttgart war ihnen das Betteln untersagt. Sieht man von einigen Beginenhäusern wie dem Cannstatter »Klösterle« ab, deren Bewohnerinnen nicht den strengen Ordensregeln unterworfen waren, blieb das Dominikanerkloster das einzige jemals in Stuttgart eingerichtete Kloster. Nach der Reformation diente es als Hospital.

Das Chorgestühl der Dominikaner blieb erhalten

Aus der Klosterzeit sind je 22 Wand- und Vordersitze erhalten, die mit reichem Schnitzwerk versehen sind. Sie stehen heute im Schiff der Leonhardskirche und sind ein bedeutendes Dokument aus dem mittelalterlichen Stuttgart. Im Rücken des aus hartem Eichenholz gearbeiteten Chorgestühls sind die Namen jener Dominikanerklöster eingeschnitzt, mit denen Gebetsverbrüderung bestanden hat. Es sind dies von links nach rechts: Koblenz, Konstanz, Speyer, Löwen in Brabant, Rottweil, Antwerpen, Frankfurt am Main, Krems in Niederösterreich, Wimpfen, Neustadt, Kolmar im Elsaß, Muri im Aargau, Eichstätt und Ulm. In den letzten drei Stühlen steht in einem Spruchband als Signatur der Künstler: »1493 habend dieß werck gemacht bruder Conrad Zolner und Hanß Haß.« In den anschließenden Stühlen hinter der Tür sind noch weitere Klosterorte vermerkt: Worms, Zürich, Bechau, Esslingen am Neckar, Basel, Freiburg im Breisgau, Pforzheim und Tulln in Niederösterreich. Wir erhalten damit eine eindrückliche Vorstellung von dem Beziehungsgeflecht des Stuttgarter Dominikanerklosters.

Die Seitenwangen sind mit Reliefdarstellungen zweier Päpste aus dem Dominikanerorden verziert. An den Trennwänden der Sitze bemerkt man lustige kleine Scherzgestalten, sogenannte »Drôleries«. Neben einem Handorgel spielenden Chorherrn, einem Hahn, einem Schwein, einem betenden Hund und einem Äffchen finden wir auch Sirenen, Drachen und andere Unholde.

Im Chor der Leonhardskirche stehen weitere 13 nur mit Blattornamenten verzierte, um drei Jahre ältere Mönchsstühle aus der ehemaligen Dominikanerkirche. In der Füllung hat sich der Meister Hans Ernst von Böblingen verewigt: »1490 hat hanß ernst von beblingen diß werck gemacht.«

Da sich an der Stelle der zweiten Stadterweiterung zuvor der gräfliche Turnierplatz befunden hatte, wurde der Stadtteil Turnierackervorstadt oder auch – nach dem Kloster – Liebfrauenvorstadt, manchmal auch nur Große oder Neue Vorstadt genannt. Der Begriff »Reiche Vorstadt« kam erst im 17. und 18. Jahrhundert in Gebrauch, als sich hier wohlhabende Bevölkerungskreise etablierten. In einem riesigen Halbkreis umschlossen Befestigungen, die erst hundert Jahre darauf ihren Abschluß fanden, das Gebiet. Die Planung

Das Chorgestühl der Hospitalkirche, der ehemaligen Dominikanerklosterkirche, in einer historisierenden Darstellung von Christian Mali aus dem 19. Jahrhundert. Das Gestühl befindet sich heute in der Leonhardskirche.

stellte sich aber als zu großzügig heraus, denn erst um 1800 – also 350 Jahre später – war das Gelände vollständig überbaut.

Stiftskirchhof noch heute im Stadtbild sichtbar

Neben dem Neubau der Dominikanerkirche in den Jahren 1471 bis 1493 sowie des Langhauses der Leonhardskirche zwischen 1463 und 1474 war vor allem die Errichtung eines neuen Kirchenschiffs der Stiftskirche die wichtigste sakrale Bauaufgabe des 15. Jahrhunderts in Stuttgart. Bereits 1432 wurde der um die alte Stiftskirche gelegene Kirchhof geschlossen, weil im darauffolgenden Jahr mit den Fundamentarbeiten für das neue Langhaus begonnen wurde. Das neue Mittelschiff blieb mit einer Breite von 6,80 Metern unverändert, so daß die neuen spätgotischen Pfeiler auf den alten romanischen Sokkeln aufgestellt werden konnten. Die Seitenschiffe jedoch wurden um jeweils 3,50 Meter breiter geplant, weshalb die Fundamente ihrer Außenmauern im Friedhofsbereich gegründet werden mußten. Ein letztes Relikt des alten Kirchhofs ist die parallel zur Kirchstraße verlaufende Treppenanlage. Der noch heute vorhandene Niveauunterschied zeigt die historischen Verhältnisse von Straßenfläche zu Friedhofsgelände, denn die Treppe verläuft im Zuge der ehemaligen Kirchhofsmauer. Schon Matthäus Merians Vogelschaubild von 1638 stellt die Stufen dar. Nach dem Zweiten Weltkrieg wurden sie wieder errichtet.

Noch heute verläuft parallel zur Kirchstraße vor der Stiftskirche eine Treppe – ein Rest der alten Kirchhofeinfassung. Ausschnitt aus Matthäus Merians Vogelschauplan von 1638

Anfangs zeichnete der in Esslingen ausgebildete Baumeister Hänslin Jörg für die Baumaßnahmen an der Stiftskirche verantwortlich. Nach seinem Tod um 1450 wurden die Arbeiten von seinem Sohn Aberlin Jörg weitergeführt. Damals war das neue

Schiff beinahe bis zum Abschlußgesims vollendet, der große Turm jedoch gerade erst begonnen. 1456 konnten in der neuen Kirche neun Altäre geweiht werden, so daß man zu diesem Zeitpunkt von ihrer Fertigstellung ausgehen kann. Der Turm erreichte aber erst im Jahre 1531 seine heutige Höhe. In dieser Form war die Kirche bis zum Zweiten Weltkrieg erhalten, der folgende Wiederaufbau bewahrte nur mehr die äußere Gestalt, der Innenraum wurde modern ausgebaut.

Der Marktplatz wird erweitert

Das 15. Jahrhundert brachte auch bedeutende Veränderungen im Bereich des Marktplatzes. Im Zinsbuch von 1451 wird erwähnt, daß durch die Beseitigung von acht Häusern auf dem Stuttgarter Marktplatz künftig Einnahmen in Form von einem Huhn, elf Pfund Heller, zwölf Schilling und acht Heller wegfielen. Auch das Stuttgarter Stift hatte durch die Marktplatzerweiterung Graf Ulrichs des Vielgeliebten Schaden gelitten und durfte fortan die Erträge von freiwerdenden Pfründen ein Jahr lang in die eigene Kasse fließen lassen.

Die Fläche des Marktplatzes maß nun etwas mehr als 1400 Quadratmeter. Diese Erweiterung der Marktfläche zeigt, daß Stuttgart immer mehr zu einem wichtigen Handelsplatz für den Warenumschlag zwischen den Fildern im Süden und dem württembergischen Unterland im Norden geworden war.

Sofort ging man daran, die neu entstandenen Platzseiten mit repräsentativen öffentlichen Gebäuden zu bebauen. Den Anfang machte der württembergische Graf mit dem sogenannten Herrenhaus, das neben seiner Aufgabe als Kaufhaus mit Verkaufslauben im Erdgeschoß vor allem als Gerichtsgebäude und als Ort gesellschaftlicher Zusammenkünfte diente. 1455 war der riesige Fachwerkbau fertig. Als 1473 Kaiser Friedrich III. in Stuttgart empfangen wurde, hat Graf Ulrich der Vielgeliebte für den hohen Gast das »weite neue Haus« mit »schönen Tüchern« auskleiden lassen, damit dort ein Tanzfest veranstaltet werden konnte, das bis zehn Uhr abends dauerte, wie ein zeitgenössischer Bericht erwähnt.

Mit dem Bezug des Herrenhauses 1455 war das alte sogenannte »gräfliche Rathaus« aufgegeben und für 500 Gulden veräußert worden. Es stand an der Stelle des heutigen Hauflerschen Hauses an der Ecke zur Schulstra-

Der Stuttgarter Marktplatz mit dem Herrenhaus (Bildmitte) und dem Rathaus (ganz rechts). Die Szenerie zeigt die Abführung von Joseph Süß Oppenheimer (»Jud Süß«) zum Richtplatz bei der Prag 1738.

ße und war möglicherweise identisch mit dem bereits 1290 erwähnten Kaltersteinschen Haus. Neuer Besitzer wurde der Baumeister der drei alten Stuttgarter Kirchen Aberlin Jörg. Im Kaufbrief wird ausdrücklich erwähnt, daß »unser Hus zu Stuttgarten am Markt gelegen, ... man nampt das Kouffhus, das auch bißher zu einem Kouffhus gebrucht und gehalten ist.«

Im neuen Kaufhaus, dem »Herrenhaus«, boten vor allem die Bäcker, Metzger, Tuchmacher und Gerber ihre Waren an. Da der Landesherr die Hohe Gerichtsbarkeit inne hatte – das heißt, daß er in den Strafentscheiden über Leib und Leben urteilte –, befanden sich in der Nähe die notwendigen Strafinstrumente wie der Pranger und der Schnappgalgen. Nach dem damals üblichen Wort für »Missetat, Verbrechen« wurde das Herrenhaus auch »Malefiz-Haus« genannt.

Nur ein Jahr nach der Fertigstellung des Herrenhauses verlieh der württembergische Graf am 29. November 1456 der Stuttgarter Bürgerschaft das Recht, »das sie ein eigen Hus darzu bauen und bruchen mögen«. Außerdem erhielten die Bürger das Recht, in diesem Haus Salz zu lagern sowie Zölle und Waaggeld zu erheben, was bisher ausschließlich dem Grafen vorbehalten gewesen war. Das zeigt, daß auch dieses bürgerliche Rat- und Kaufhaus noch vornehmlich Markt- und Handelszwecken gedient hat, saß doch der Rat der Stadt lange im hinter dem Rathaus gelegenen Vogteibau. Bis zu seinem Abbruch 1901, also fast viereinhalb Jahrhunderte lang, stand es an der Stelle, wo sich seither der Rathausturm erhebt.

Durch die Anlage der beiden Vorstädte, durch die Baumaßnahmen an den drei Kirchen und die Umgestaltungen am Marktplatz hat Stuttgart sein Gesicht im 15. Jahrhundert so grundlegend verändert, wie es erst wieder nach 1800 und in der Zeit nach dem Zweiten Weltkrieg geschah.

Auch politisch hatte sich die Stellung Stuttgarts entscheidend gestärkt. 1397 hatten sich Graf Eberhard der Jüngere und Henriette von Mömpelgard verlobt, weshalb Württemberg für 400 Jahre in den Besitz der linksrheinischen Grafschaft Mömpelgard (französisch Montbéliard) kam. Vielfältige kulturelle und wirtschaftliche Einflüsse erreichten von da an die württembergische Hauptstadt aus der Burgundischen Pforte.

Stuttgart war bis zur Landesteilung von 1442 das Zentrum der Grafschaft Württemberg geblieben. Danach war die Stadt für 40 Jahre nur noch Hauptort eines relativ kleinen Territoriums, das von Graf Ulrich dem Vielgeliebten regiert wurde. Sein älterer Bruder, Ludwig, erhielt die andere Hälfte der Grafschaft mit Urach als Hauptstadt.

Zu jener Zeit war die Verwaltung an die Person des Grafen gebunden. Die Räte und Schreiber reisten im Troß des Herrschers umher, wie die wechselnden Orte beweisen, an denen Urkunden ausgestellt wurden. Anhand dieser Orte können sogenannte Itinerare zusammengestellt werden, das sind Listen der Aufenthaltsorte innerhalb eines bestimmten Zeitabschnitts.

Die hohe Gerichtsbarkeit in der Stadt lag in der Hand des vom Grafen eingesetzten Vogts, die niedere Gerichtsbarkeit in der Hand des Stadtgerichts. Stuttgart hatte in Rat und Gericht je zwölf Mitglieder, deren Vorsitz der Schultheiß führte.

Die Bürger hatten jedoch nicht nur Rechte, sondern auch Pflichten: Wenn Krieg herrschte, mußten sie aus Stadt und Amt 600 Mann sowie 30 Wagen bereitstellen. Erst wenn der Kriegszug länger als zwei Wochen dauerte, kam der Graf für die Verpflegung auf; vorher waren die Bürger selbst dafür verantwortlich.

Stuttgart wird »Hauptstadt« des Landes

Nach der Wiedervereinigung der beiden Landesteile am 14. Dezember 1482 trat eine wichtige Veränderung ein. Denn im berühmten Münsinger Vertrag beschlossen die beiden Grafen Eberhard im Bart und Eberhard der Jüngere: »Wir beide sollen und wollen auch in unser beider Land an einem bequemen Ort, als den wir Stuttgart ansehen, bequem sein, mitsamt unserer beiden Gemahlinnen zusammen einen Hof ... auch eine Kanzlei und einen Landhofmeister haben ...«

Welche Vorzüge Stuttgarts gegenüber den anderen Residenzen Urach und Tübingen zum Tragen kamen, weiß man nicht. Eine wichtige Rolle bei der Entscheidung spielte sicher die für das Gesamtland zentrale Lage und der Schutz in einem abgelegenen Talkessel. Die Erhebung Württembergs zum Herzogtum 1495 durch Kaiser Maximilian I. stärkte die Stellung der Stadt als Mittelpunkt des Landes noch mehr.

Hof und Verwaltung sollten nur noch bei besonderen Anlässen für begrenzte Zeit außerhalb Stuttgarts untergebracht werden. Solche Umstände waren zum Beispiel Kriege oder der Ausbruch von Seuchen, die in der Zeit zwischen 1494 und 1611 achtmal eine Verlegung notwendig machten.

Im Jahre 1502 zog der Hof mit dem jungen Herzog bis nach Blaubeuren, um vor der Seuche sicher zu sein. Etwa ein Zehntel der Bewohner Stuttgarts fand den Tod – bei 5000 bis 6000 Einwohnern eine beträchtliche Anzahl –, was durch Zuzug aus anderen Gegenden später wieder ausgeglichen wurde.

Kapitel 4

Stadtgeschichte von Herzog Ulrich bis zur Katastrophe von 1634

Nach dem Tode Eberhards im Bart im Februar 1496 versuchte der Nachfolger, Herzog Eberhard II., der Jüngere genannt, Urach, Tübingen oder sogar Nürtingen zu seiner Hauptstadt zu machen. Die Räte teilten ihm jedoch mit, seine Vorfahren hätten bisher ihren Sitz in Stuttgart gehabt, und es sei ihnen da so wohl gegangen, daß sie einen angemessenen Sitz hätten errichten können. Stuttgart sei die vornehmste Stadt im Herzogtum, die reichste an Leuten, Gut und Vernunft, es befinde sich hier die vornehmste Pfarrkirche und »Leichlege«. Ferner könne man in Stuttgart Gäste gut beherbergen, wie denn schon Kaiser, Fürsten und Herren dagewesen seien. Die Stadt sei darüberhinaus auch als Verwaltungsmittelpunkt bequem, weil man von allen Ämtern des Fürstentums mit geringen Kosten dahin kommen könne.

Gut 20 Jahre später beschloß der Landtag, die Regierung solle auch nach der Flucht von Herzog Ulrich weiterhin in Stuttgart bleiben und nur wenn »Sterbensläufe oder andere Zufälle«, das heißt Seuchen oder Kriegsereignisse, es notwendig machten, für einige Zeit anderswohin verlegt werden.

Als Bürger einer Residenzstadt hatten es die Stuttgarter ungleich schwerer, sich zu emanzipieren, als die Einwohner einer Reichsstadt. Der Stadtherr und Regent war fast immer anwesend; er ließ für einen Bürgermeister zunächst wenig Raum.

Während der Landesteilung hatten sich die Bürger der Städte zusammengeschlossen und im Sommer 1457 in Stuttgart den ersten württembergischen Landtag abgehalten. Seit dieser Zeit war die städtische Oberschicht, das reiche im Stadtgericht sitzende Bürgertum, zur tonangebenden Gruppe geworden. Daraus entwickelte sich die sogenannte Ehrbarkeit, eine dem reichsstädtischen Patriziat vergleichbare, in sich abgeschlossene Gesellschaftsschicht von hohem Einfluß. In Stuttgart gehörten ihr etwa 30 Familien an.

Der Gremppsche Familienaltar

Die reichste Familie Württembergs

Der Familienaltar Grempp im württembergischen Landesmuseum erinnert uns an eine Familie, die lange zu den reichsten und mächtigsten in Stuttgart, ja in ganz Württemberg gehört hat. Aus Vaihingen an der Enz stammend und dort bereits im ausgehenden 14. Jahrhundert in Rat und Gericht nachweisbar, ist sie gut 100 Jahre später nach Stuttgart gezogen und auch dort schnell zu hohem Ansehen gelangt. Noch in Vaihingen und später auch in Stuttgart haben die Grempps durch Fernhandel ein großes Vermögen aufgebaut und durch wohlüberlegte Heiraten ihre Stellung in der württembergischen Ehrbarkeit gefestigt. Eheverbindungen mit adeligen Familien bewirkten letztlich, daß sie um die Mitte des 16. Jahrhunderts selbst in diese Schicht aufgestiegen waren, obwohl nie eine formale Standeserhöhung erfolgt ist.

Onophrius Grempp (1487 bis 1554) hat 1508 Agathe Besserer aus dem berühmten Ulmer Patriziergeschlecht geheiratet. Entweder er selbst oder noch sein Vater Konrad (um 1459–1531) ist der Stifter des um 1510 entstandenen Altaraufsatzes, auf dem erstaunlicherweise eine ganze Anzahl von Familienmitgliedern dargestellt ist. Konrad Grempp war mit Cordula Widmann, der Tochter des herzoglichen Leibarztes, verheiratet und hatte bereits früher mit der Stuttgarter Niederlassung des Hans Besserer geschäftliche Verbindung aufgenommen. Er hinterließ seinem Sohn ein riesiges Vermögen.

In der Türkensteuerliste von 1545 wird der Stuttgarter Besitz des Onophrius Grempp, des neben dem Herzog damals reichsten Württembergers überhaupt, mit 16 800 Gulden angegeben. Der zweitreichste Mann, Dr. Konrad Steck, besaß mit 8000 Gulden nur knapp die Hälfte, der Durchschnitt im reichsten Stuttgarter Viertel lag gar nur bei 925 Gulden. Während der Herrschaft des Erzherzogs Ferdinand über Württemberg (1520–1534) war Onophrius Grempp dessen Kammermeister und damit der Finanzverwalter des Landes.

In diesem Zusammenhang muß auch die Familie der Herren von Sachsenheim genannt werden, welche seit der Mitte des 15. Jahrhunderts in Stuttgart ansässig war. Ein über die Stadtmauer erweitertes Haus an der Schmalen Straße, das sich früher im Besitz des Klosters Herrenalb befunden hatte, diente den Sachsenheimern als Stadtresidenz. Ein Mitglied der Familie, Hermann der Ältere, war einer der letzten Minnesänger, sein Sohn Hermann der Jüngere als Landhofmeister Stellvertreter des württembergischen Grafen. Der sogenannte »betende Ritter« in der Stiftskirche ist wahrscheinlich der letzte Rest vom Grab des Landhofmeisters und stellt diesen in Lebensgröße dar. Eine Stiftung seines Bruders Jörg ist in Gestalt des »Sachsenheim-Altars« in der Hospitalkirche erhalten geblieben. Der Stifter ist darauf mit ergreifend lebensechten Zügen zu sehen. Beide Brüder starben 1508.

1498 hatten die Bürger die wankelmütige und brutale Regierung des Herzogs Eberhard II. satt und setzten ihn – beispiellos im damaligen Deutschland – kurzerhand ab. Zum Nachfolger wurde sein Neffe, der elfjährige Ulrich, bestimmt. Die Hauptakteure dieses bemerkenswerten Vorgangs waren der Stuttgarter Bürgermeister Sebastian Welling, der Vogt Hans Gerstenberger sowie der Stiftspropst Ludwig Vergenhans. Später, besonders im Tübinger Vertrag von 1514, sicherte sich die Ehrbarkeit sogar ein Mitspracherecht an der Regierung.

Johannes Reuchlin in Stuttgart

Die Jahre um 1500 waren trotz allem von geistiger und kultureller Blüte geprägt. Von 1482 bis 1519 lebte in der Stadt der berühmte Humanist Johannes Reuchlin, zunächst als Jurist und Berater Eberhards im Bart, dann als Wissenschaftler und Verfasser der ersten hebräischen Grammatik. Sein Haus neben der Stiftskirche war ein Treffpunkt der geistigen Welt seiner Zeit, und seine dort untergebrachte Bibliothek suchte ihresgleichen in Deutschland.

Als Johannes Reuchlin am 30. Juni 1522 in Stuttgart starb, wurde er im Schiff der Leonhardskirche am nordöstlichsten Pfeiler begraben. Wenig später brachte man über seinem Grab ein Stuckepitaph mit einem lateinischen Text an, der von dem Dichter Johannes Alexander Brassicanus stammte. Seit dem 17. Jahrhundert ist das Denkmal verschollen, sein Grab ist seitdem unbezeichnet.

Bereits 1501 hatte Reuchlin im Dominikanerkloster für sich und seine Nachkommen eine Gedenktafel aus Stuttgarter Schilfsandstein setzen lassen, dessen Inschrift er selbst verfaßt hat. Sie lautet übersetzt: »Im Jahr Christi 1501 – für sich und die Capnionische Nachkommenschaft – Johannes Reuchlin von Pforzheim«

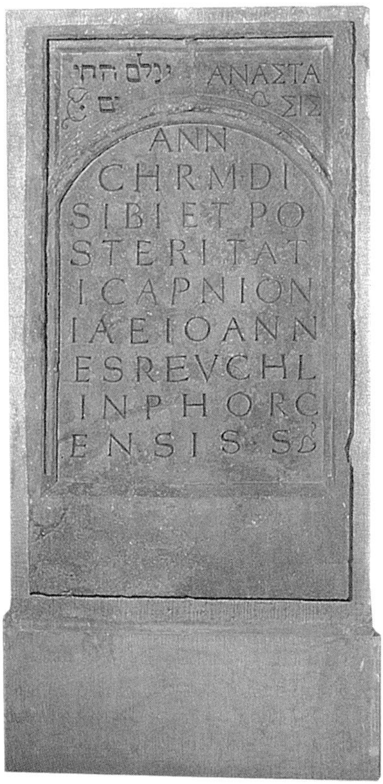

Grabmal Johannes Reuchlins im Chor der Leonhardskirche

(Capnion ist die Übertragung des Namens Reuchlin ins Griechische). Die hebräischen und griechischen Worte über dem Bogen bedeuten »Ewiges Leben« und »Auferstehung«.

Seinen ursprünglichen Plan, sich und seine Familie in der Dominikanerkirche (heute Hospitalkirche) bestatten zu lassen, gab er auf, als sich sein Streit mit dem Orden um die Freiheit der Wissenschaft und um das Ansehen hebräischer Bücher verschärfte und hinzog. Der Gedenkstein von 1501 verblieb jedoch im Kreuzgang des Klosters. Er wurde 1955 in den Chor der Leonhardskirche übertragen.

Unmittelbar vor dem Chor der Leonhardskirche erinnert die im Jahr 1501 von dem damals weitbekannten Bildhauer Hans Seyffer aus Heilbronn geschaffene Kreuzigungsgruppe an einen wohlhabenden Stuttgarter Bürger. Der Vogtsamtsverweser und Gründer der Stuttgarter Schützengilde, Jacob Walther, genannt Kühorn, und dessen Gemahlin Clara Mager sind die Stifter dieses Kunstwerks. Die in Lebensgröße geschaffene Gruppe zählt noch heute zu den hervorragenden Kunstdenkmälern in Stuttgart. Zu Füßen des gekreuzigten Christus kniet die zu ihm aufblickende Maria Magdalena, als Einzelfiguren stehen links davon die Mutter Maria und rechts der Lieblingsjünger Johannes. Das Entstehungsjahr ist auf der Rückseite des Kreuzes eingemeißelt. Bereits um die Wende zum 20. Jahrhundert hatte man das Original in die Hospitalkirche verbracht, da es deutliche Verwitterungsspuren aufwies. Bei der Leonhardskirche befindet sich heute eine Kopie.

Auch in Stuttgart selbst waren die Künste zu jener Zeit durch namhafte Meister vertreten. Der aus Ulm stammende Michel Bayer hatte hier seine Bildhauerwerkstatt, vor allem aber der Schöpfer des berühmten, heute in der Staatsgalerie aufgestellten »Herrenberger Altars«, Jörg Ratgeb. Nach der Ausbildung bei Hans Holbein d. Ä. und einigen Wanderjahren hatte sich Ratgeb in Stuttgart niedergelassen und später zusammen mit Herzog Ulrich eine Reise nach Italien unternommen. Infolge seiner politischen Aktivitäten während des Bauernkrieges wurde er auf dem Pforzheimer Marktplatz gevierteilt.

1508 ereignete sich im Nesenbachtal und um Vaihingen ein derartiges Unwetter, daß der Bach zu einem regelrechten Strom anschwoll. Als der Torwächter des Hauptstätter Tores die Wassermassen kommen sah, schloß er geistesgegenwärtig die Torflügel

Das Hauptstätter Tor in einer Darstellung aus dem frühen 19. Jahrhundert. Das Hochwasser von 1506 hatte einen der beiden Türme weggerissen.

in der Hoffnung, das Wasser fließe vor der Mauer um die Stadt herum. Statt dessen staute sich der Bach vor dem Tor zu einem riesigen See. Einer der Tortürme sowie ein Teil der Stadtmauer hielt dem Druck schließlich nicht mehr stand, und die Fluten gelangten in die Stadt. Auf dem Marktplatz stand das Wasser zwei Meter hoch, und es gab zahlreiche Todesopfer. Erst zehn Jahre später waren die Schäden vollständig behoben.

Der Name Hauptstätter Tor leitet sich übrigens nicht von der »Hauptstadt« Stuttgart her, sondern von der Enthauptungsstätte. Schon in der Mitte des 15. Jahrhunderts ist die Richtstatt im Bereich des heutigen Wilhelmsplatzes urkundlich nachweisbar. Nachdem zunächst etwa 150 Jahre lang die Enthauptungen zu ebener Erde stattgefunden hatten, wurde 1581 eine knapp einen halben Meter hohe kreisrunde Mauer errichtet und der Innenraum mit Erde ausgefüllt. Fortan konnten die Hinrichtungen erhöht wie auf einer Bühne stattfinden. Vom Volksmund wurde das runde Bauwerk wegen seiner Ähnlichkeit mit einem Käselaib nur »d'r Käs« genannt. Zu Beginn des 19. Jahrhunderts ließ König Friedrich die

Die Enthauptungsstätte, im Volksmund »D'r Käs« genannt, auf Matthäus Merians Vogelschauplan von 1638

Blutbühne entfernen. Hinrichtungen fanden von da an nur noch auf der Feuerbacher Heide statt.

Nicht nur Überschwemmungen, auch andere Naturkatastrophen suchten die Stadt immer wieder heim. 1517 verursachte ein Erdbeben zwar keine nennenswerten Beschädigungen, vor Schreck sollen aber einige Bürger »verrückt« geworden sein. 1603 gab es bei einem Beben große Schäden, und es stürzten einige Häuser ein.

Herzog Ulrichs Hochzeit: das größte Fest der damaligen Zeit

Herzog Ulrich heiratete 1511 die bayrische Herzogstochter Sabina. Noch nie vorher hatte in Deutschland ein größeres Fest aus solchem Anlaß stattgefunden. 16 000 Gäste – eine schier unvorstellbare Zahl – mit 6000 Pferden wurden damals im kleinen Stuttgart eine Woche lang bewirtet. Neben vielem anderen verzehrte man in diesen Tagen 136 Ochsen, 130 Schweine, 1800 Kälber, 5200 Hühner, elf Tonnen Salme, neunzig Tonnen Heringe und manches andere. Auch das Volk war dazu eingeladen. Für jedermann floß aus einem achtröhrigen Brunnen beim Schloß weißer und roter Wein. Das war der Höhepunkt der üppigen und verschwenderischen Jahre des jungen Herzogs. Seine Maßlosigkeit hatte das Land an den Rand des Ruins gebracht; die Schulden wuchsen ins Astronomische, die Währung verfiel immer mehr. Im Volk begann es zu gären.

Bereits drei Jahre später standen vor Stuttgart die aufgebrachten Haufen des »Armen Konrad«. Unter diesem Namen fanden sich 1514 Bauern aus dem Remstal östlich von Stuttgart zusammen, um mit Gewalt gegen vom Herzog verordnete indirekte Steuern und die Verminderung von Maß und Gewicht zu protestieren.

Doch schon bald hatten sie sich zum Ziel gesetzt, dem Herzog und der Ehrbarkeit die politische Macht ganz aus den Händen zu nehmen. Aber das Gegenteil trat ein: Auf einem Landtag im weniger bedrohten Tübingen schlossen die Ehrbarkeit und der Herzog einen Kompromiß. Die Ehrbarkeit erklärte sich bereit, die ungeheuren Schulden zu übernehmen, während sie sich gleichzeitig ein Mitspracherecht an der Regierung sicherte. Der Aufstand brach endgültig zusammen, als der Herzog am 9. August 1514 acht Rädelsführer auf dem Stuttgarter Marktplatz enthaupten ließ.

Herzog Ulrich von Württemberg

Ulrichs Verhalten wurde immer brutaler, weshalb ihn schließlich der Kaiser zweimal die Reichsacht gegen ihn verhängte. Eigenhändig hatte er seinen Freund Hans von Hutten ermordet, und am 11. Dezember 1516 ließ er seine Räte Konrad Vautt und Sebastian Breuning auf dem Stuttgarter Marktplatz wegen angeblicher »Majestätsverbrechen« öffentlich enthaupten.

Aus nichtigem Grund überfiel Ulrich im Januar 1519 die Reichsstadt Reutlingen und demütigte sie mit hohen Forderungen. Da versammelte der Schwäbische Bund, eine Vereinigung schwäbischer Reichsstädte und vorwiegend süddeutscher Fürsten- und Bistümer, ein Heer und zog von Ulm auf Stuttgart zu. Ohne es zu einer Schlacht kommen zu lassen, floh der Herzog aus der Stadt. Die Bürger unterwarfen sich nach einer Woche dem übermächtigen Bund. Alle anderen Städte und Festungen Württembergs folgten diesem Beispiel. In Stuttgart residierte nun ein Statthalter des Schwäbischen Bundes. Bereits im August kehrte Ulrich in seine Hauptstadt zurück, floh jedoch zwei Monate später abermals.

Stuttgart wird österreichisch

Auch die Ehrbarkeit wollte den Launen Ulrichs nicht mehr ausgeliefert sein und suchte nach einem neuen Herrn. Die Hoffnung richtete sich auf Habsburg, und der Stuttgarter Vogt lud Kaiser Karl V. ein, das Land Württemberg »zu sein selbs handen« zu nehmen. Schon im Februar 1520 war Kaiser Karl Stadtherr von Stuttgart und begann, die katastrophale Finanzlage zu sanieren. Als Statthalter sandte er zunächst den Niederländer Maximilian van Zevenberghen. 1522 übergab er Stadt und Land seinem Bruder, dem Erzherzog und späteren Kaiser Ferdinand, der am 25. Mai feierlich in Stuttgart einzog. Das ganze Land hatte sich in der

Hauptstadt versammelt, um dem neuen Herrn einen gebührenden Empfang zu bieten. »Hie Österreich Grund und Boden« hatte den württembergischen Wahlspruch »Hie gut Württemberg alleweg« abgelöst; Stuttgart war eine österreichische Stadt geworden.

1525 kam Herzog Ulrich mit einem Schweizer Söldnerheer wieder vor die Stadt, die von Truchseß Georg von Waldburg – dem »Bauernjörg« – verteidigt wurde. Auch diesmal hatte Ulrich keinen Erfolg, da ihn seine Truppen verließen.

Nur vier Wochen danach, im April, erreichte der »Bauernkrieg« die Stadt. Ein Heer aufständischer Bauern besetzte Stuttgart. Der Maler Jörg Ratgeb ging als Mitglied des Stuttgarter Rates und als dessen Unterhändler zu den Aufständischen, erkannte deren Forderungen als begründet an und wurde von den Bürgern und Bauern zu deren Kanzler gewählt. Mit der völligen Vernichtung des Bauernheeres durch den Truchsessen Georg in der Schlacht von Böblingen war der Erhebung dieser Untertanenschicht in Württemberg ein Ende gesetzt. Jörg Ratgeb wurde 1526 in Pforzheim hingerichtet.

Als Herzog Ulrich mit Hilfe der Truppen des protestantischen Landgrafen Philipp des Großmütigen von Hessen im Jahre 1534 Württemberg endgültig wiedererobern konnte, flohen die Habsburger Hals über Kopf und hinterließen ein schuldenfreies, wohlgeordnetes Land. In ihrer Eile vergaßen sie im Stuttgarter Archiv sogar das Original der päpstlichen Bannbulle gegen Martin Luther, die sich noch heute dort befindet.

Unmittelbar nach der Schlacht bei Lauffen, am 13. Mai 1534, sandte Herzog Ulrich einen Boten aus seinem Feldlager bei Brackenheim nach Stuttgart. Diese sollten der Stadt anzeigen, daß er über die Habsburger gesiegt habe und bald in Stuttgart eintreffen werde. Er hoffe, so ließ er wissen, die Einwohner würden sich nicht widersetzen, »vielmehr sich ihm gehorsam erweisen«. Da der Bote jedoch erst am Abend in der Stadt eintraf, konnte die Bekanntgabe des Schreibens nicht mehr am selben Tage erfolgen. Einen Tag später erreichte die Residenzstadt eine zweite Botschaft, diesmal aus Bissingen. Der Herzog forderte nun, man solle eine Abordnung mit »vollkommenen Befehl und Gewalt zu ihm schicken und sich ihm, als ihrem angeborenen Landesherrn, ergeben, auch mit gebührenden Pflichten gehorsam seyn, damit aller Schaden verhütet werde.«

Lange konnte es nicht mehr dauern, bis Herzog Ulrich vor den Toren stehen würde. Die Bewohner von Stuttgart wurden auf dem Marktplatz zusammengerufen und die herzoglichen Schreiben verlesen. Bei der Abstimmung über die Art und Weise, wie sich die Stadt verhalten solle, streckten viele aus Freude und Begeisterung gleich beide Hände hoch: Die Entscheidung für den angestammten Herzog war eindeutig.

Als Vertreter wurden der Stiftsdechant Johann Scheurer von Ofterdingen, der Bürgermeister Gregor Keller, die Gerichtsmitglieder Hans Lindlin und Georg Kienzer, die Räte Kaspar Ans, Konrad Bausch und Georg Greins sowie die Bürger Jörg Beihel und Hans Vischlin bestimmt. Sie begaben sich sofort ins Feldlager Herzog Ulrichs, das dieser bereits unweit der Hauptstadt, in Feuerbach, aufgeschlagen hatte.

Währenddessen zog auch der letzte Rest der habsburgischen Besatzung ab, und wer allzu eng mit den bisherigen Machthabern zusammengearbeitet hatte, floh aus der Stadt. Die Deputierten überbrachten dem Herzog ein Schreiben, in dem dieser gebeten wurde, allen zu verzeihen, die gegen ihn gehandelt hatten. Er solle die Besitzungen der Geistlichkeit, des Adels und derjenigen, die »aus Gehorsam oder Gedrang« noch in österreichischen Diensten oder bereits auf der Flucht seien, sowie das Hab und Gut der übrigen Bewohner »unvergewaltigt und ungeplündert« lassen. Ebenso solle Ulrich die Freiheiten und Rechte der Stadt Stuttgart, wie sie im Tübinger Vertrag von 1514 festgeschrieben worden waren, bestätigen. Es sollte also nach dem Willen der Stadt alles beim alten bleiben, ungeachtet des österreichischen Interregnums. Um so schnell und problemlos wie möglich in den Besitz seiner Residenz zu kommen, sagte der Herzog zu, den Wünschen der Stadt entgegenzukommen. Daraufhin leistete die Abordnung Ulrich den Treueeid.

Auf dem Gelände beim Hirschbad – in der Nähe des heutigen Stöckach – traf der Herzog auf die ihm entgegengeeilte Bürgerschaft, die ihm als Landesherrn huldigte. Nun konnte Herzog Ulrich zusammen mit Landgraf Philipp von Hessen und Graf Wilhelm von Fürstenberg unbesorgt in die Stadt einreiten. Ja, es erhob sich ein derartiges »Freudengeschrei von Jungen, Alten, Weib und Mann«, wie man es noch nie gehörte habe, berichtet Ambrosius Blarer glaubhaft. Aus jenen Tagen stammt der noch heute hier und da gehörte Reim »Bide, bide, Bomb! Der Herzog Ulrich kommt. Er liegt net weit im Feld und bringt en Sack voll Geld!«

An diesem 15. Mai 1534 war die österreichische Herrschaft endgültig vorbei, Stuttgart befand sich wieder in der Hand des Württembergers, allerdings mit erheblichen rechtlichen Einschränkungen und als Afterlehen Österreichs, wie es der wenig später geschlossene Vertrag von Kaaden festschrieb. Mit der Rückkehr Herzog Ulrichs war aber auch die Idee der Reformation, die »Neue Lehre«, in die Stadt gekommen. Gleich am nächsten Tag, einem Sonntag, fand auf der goldenen Kanzel in der Stiftskirche der erste offizielle evangelische Predigtgottesdienst statt, der vom späteren Hofprediger Konrad Oetinger gehalten wurde. Damit war endlich der Protestantismus legalisiert worden, der schon seit langer Zeit im Verborgenen seine Anhänger gefunden hatte.

Luthers Werk war schon lange populär

Nicht erst mit der ersten evangelischen Predigt in der Stiftskirche am 16. Mai 1534 war der reformatorische Gedanke nach Stuttgart gekommen. Die lutherischen Lehren hatten bereits seit 1520 in der Stadt zahlreiche Anhänger gefunden. Es ist bekannt, daß in jenem Jahr »Vogt und Gericht« von Stuttgart ausdrücklich den der neuen Idee nahestehenden ehemaligen Geistlichen der Leonhardskirche, den Nürnberger Johannes Mantel, aus Straßburg zurückriefen, wo dieser die Schriften Luthers studiert hatte.

1522 sah sich die Obrigkeit veranlaßt, in einem Erlaß das Kaufen, Verkaufen und Lesen der Schriften Martin Luthers und seiner Anhänger bei »der höchsten, schwersten Ungnade und Strafe« zu verbieten. Zur selben Zeit wurde der Buchdrucker Johann Erfurt aus der Stadt gewiesen: Man warf ihm heimliches Drucken ketzerischer Schriften vor.

Johannes Mantel predigte währenddessen gegen die Fürbitte der Heiligen und verstand den reinen Glauben als einzigen Weg zur Seligkeit. Von Ablaß hielt er überhaupt nichts. Die österreichische Regierung versuchte, ihn in seinen öffentlichen Äußerungen zu mäßigen. Dies steigerte seinen Eifer aber nur, so daß er schließlich im Sommer 1523 verhaftet wurde wegen »Anreizung zum Aufruhr«. Mantel war bereit, die Wahrheit seiner Äußerungen anhand der Bibel zu begründen und im Falle seines Irrtums jede Strafe zu akzeptieren. Darauf ging die österreichische Regierung jedoch nicht ein, vielmehr sollte er sofort bedingungslos widerrufen. Da dies für ihn unannehmbar war, wurde Mantel in schwere Kerkerhaft genommen, aus der er erst zwei Jahre später durch das Eingreifen der aufständischen Bauern befreit wurde. Er starb einige Zeit darauf in der Schweiz, »sehr blöd von großem, schwerem Gefängniß«.

Keine noch so massive Einschränkung von seiten der habsburgischen Verwaltung vermochte den protestantischen Geist zu unterdrücken, geschweige denn auszurotten. Am 24. September 1523 klagte der Stuttgarter Statthalter in einem Schreiben an den Schatzmeister Gabriel Salamanca, daß seit 100 Jahren kein solcher Ungehorsam unter den Untertanen gewesen sei und dies nur von der »verfluchten lutherischen Sekte« herrühre. Als wenig später Erzherzog Ferdinand mit einem Kardinal zu Besuch in Stuttgart weilte und aus diesem Anlaß ihre Wappen zusammen mit einem Ablaßbrief an der Stiftskirche angeschlagen waren, fand man kurz darauf das Kardinalswappen mit Kot beschmiert und daneben eine Schmähschrift angebracht.

Wenn auch in Stuttgart keine öffentliche evangelische Predigt gehalten werden durfte, so war doch die Reichsstadt Esslingen nicht weit, wo 1531 endgültig die Reformation eingeführt worden war. Schließlich wurde den Stuttgarter Bürgern der Besuch der Predigt in Esslingen streng untersagt. Wer geschäftlich dort zu tun hatte, wurde angehalten, sich jeder Diskussion über Glaubensfragen zu enthalten. Die vom Kaiser erlassenen Verbote gegen reformatorisches Gedankengut waren für das ganze Reich verbindlich. In seinen eigenen Ländern, wozu damals auch Württemberg gehörte, wurden sie jedoch besonders strikt und beispielhaft ausgeführt. Die Unterdrückung trug nur dazu bei, daß die neue Lehre im Verborgenen um so lebhafter gedieh.

Bereits 1525 hieß es in einem Bericht des Landtags: »Offenbar ist, daß die Gehorsame der Untertanen, so sie nit fließt aus der Lieb des Herzens, kein Bestand noch Langwürigkeit haben mag, läßt sich auch durch Zwang und Furcht mit keiner Gewalt von außen hineintreiben.« Der Gesinnungswandel der Untertanen hatte offensichtlich zur Folge, daß die katholischen Messen nicht mehr so zahlreich besucht wurden, ganz zu schweigen von der Opferbereitschaft für den Ablaß. Denn im Februar 1527 mußte dem Statthalter mitgeteilt werden, daß der Stiftskirchenturm nicht weitergebaut werden könne, da nur noch ein Zehntel des noch vor Jahren geopferten Geldes aufgebracht werde.

Besonders die einfache Bevölkerung, die unter der Kirchenpolitik schwer zu leiden hatte, erhoffte sich von einer Reform Erleichterung. So klagte einmal der Konstanzer Bischof, daß gerade »unverständige Laien« in den Wirtshäusern über »das heilige Evangelium, auch lutherische verführerische Lehren und Sekten«, diskutierten.

Immer mehr erinnerte man sich des vertriebenen Herzogs Ulrich, der inzwischen auf die Seite der Reformation getreten war. Er galt jetzt als Garant für das Ende der »pfäffischen Unterdrükkung«. Hatte die Bevölkerung 1520, froh über das Ende der unberechenbaren Herrschaft Ulrichs, die Habsburger mit offenen Armen als neue Herrscher begrüßt, so kehrte es sich nun ins Gegenteil um.

Im Jahre 1530 berichtete die Landesregierung dem Erzherzog, die Sorge wegen Ulrich sei groß, denn die meisten Untertanen seien heimlich Anhänger des Herzogs und der evangelischen Lehre. Zwei Jahre später konnte man lesen, »die lutherische und zwinglische irrsal« breche täglich mehr und mehr ein.

Die Entwicklung war nicht mehr aufzuhalten. Auch die österreichische Regierung scheint das gewußt zu haben, denn die Verbote wurden immer leiser. Eine Durchsetzung war kaum noch möglich. Dies ist wahrscheinlich mit ein Grund, warum die Habsburger schließlich Herzog Ulrich das Feld überließen. Der von Augenzeugen beschriebene Jubel in den Straßen Stuttgarts bei der Rückkehr des Herzogs am 15. Mai 1534 scheint vor diesem Hintergrund glaubhaft. Denn damit war nicht der einst so verhaßte »rote Bösewicht«, sondern vor allem der Garant einer neuen Zeit, der geistigen Freiheit, zurückgekehrt.

Die Reformation festigt sich

In Stuttgart bedeutete die Einführung der Reformation keine »Revolution«, alle Veränderungen gingen vergleichsweise langsam vonstatten. So gab es beispielsweise keine gewaltsame Vertreibung der Mönche vom Dominikanerkloster. Erst 1540 verließ der letzte die Stadt. Die Beginen behielten das Wohnrecht in ihren Häusern und widmeten sich weiter karitativen Aufgaben.

Einige Wochen nach der Rückkehr von Herzog Ulrich kamen die Reformatoren Erhard Schnepf und Ambrosius Blarer nach Stuttgart. Schnepf stammte aus Heilbronn und war Professor in Marburg gewesen, er stand der Lutherischen Glaubenslehre nahe. Blarer dagegen kam aus Konstanz, wo er mit der schweizerisch-oberdeutschen Reformation durch Zwingli in Kontakt gekommen war. Beide Männer sollten zwischen den beiden Auffassungen einen Kompromiß ausarbeiten. Dieser scheiterte zwar – dennoch bestimmten sie die reformatorische Entwicklung in Stuttgart und ganz Württemberg in der Folgezeit entscheidend. Schnepf war für die Reformation des nördlichen Landesteils (unterhalb der Weinsteige) mit Sitz in Stuttgart, Blarer für die südliche Hälfte »ob der Staig« zuständig und saß in Tübingen.

Nur wenig später zeigte sich, daß jeder nach seiner eigenen Auffassung reformierte, weshalb der Herzog noch im Spätsommer 1534 beide Männer ins Stuttgarter Schloß zusammenrief und von ihnen die Stuttgarter Konkordie ausarbeiten ließ. Diese legte für das ganze Land verbindlich die strittige Abendmahlsfrage fest: Den Leib und das Blut Christi verstand man als nach Wesen und Substanz, jedoch nicht als Materie gegenwärtig.

Die Reformatoren befragten nun jeden Geistlichen nach seiner Einstellung. Wer katholisch bleiben wollte, wurde seines Amtes enthoben, und nicht wenige verließen das Land. Waren es in Stuttgart vorher knapp 50 Priester gewesen, so gab es jetzt gerade noch sieben. Auch in der Bevölkerung war die Anhänglichkeit an die alte Kirche noch nicht ganz erloschen. Als am 2. Februar 1535 die letzte Messe in der Stuttgarter Stiftskirche gelesen wurde, fiel manchem der Abschied schwer. Es wird berichtet, daß »viel Volks in der Kirche gewesen, und viele Lichter und Kerzen gebrannt und das Volk sehr geweint« habe. Der letzte katholische Geistliche an der Stiftskirche nahm bei seinem Umzug ins katholisch gebliebene Hofen am Neckar die »Stuttgarter Madonna« aus der Stiftskirche mit. Sie steht bis heute in der Barbarakirche.

Über offenen Widerstand wird allerdings nirgends berichtet. Dennoch sah sich Herzog Ulrich zu der Bestimmung veranlaßt, niemand dürfe die evangelische Predigt ungestraft verunglimpfen, es solle vielmehr jedermann die Kirche besuchen. Es dürfe ebenso niemand »in andere Ort auslaufen«, um dort die Messe zu hören.

Innerhalb des Oberen Tores befand sich seit dem 14. Jahrhundert das Hospital (das große Giebelhaus rechts). Aus Platzgründen wurde es nach der Reformation von der Breiten Straße in das Dominikanerkloster verlegt.

Am 14. Februar 1535 fand schließlich das erste reformierte Abendmahl in der Stiftskirche statt: Stuttgart war endgültig evangelisch geworden. Herzog Ulrich ließ jetzt alle Bilder aus den Kirchen entfernen, am gründlichsten aus der Schloßkapelle.

Fast das gesamte Kirchengerät wurde verkauft und der Erlös der Armenfürsorge zugeführt. Allein aus der Stiftskirche holte man 54 silberne und goldene Kelche sowie über 100 Meßgewänder mit Goldstickerei.

Vor allem Erhard Schnepf soll es gewesen sein, der Herzog Ulrich zum schnellen Einzug der Kirchengüter bewogen hat, was »den Evangelischen einen Stoß« gab. Die Menschen standen der sich ausbreitenden Willkür mißtrauisch gegenüber. Deshalb mußte der Herzog im Mai 1536 verfügen, niemand solle die evangelischen Prediger verfolgen, und wer sich weigere, den Gottesdienst zu besuchen, solle aus der Stadt geschickt werden. Das Dominikanerkloster schenkte der Herzog der Stadt Stuttgart, die dort das Hospital unterbrachte, welches bereits 1366 von Gräfin Katharina in der Breiten Straße gestiftet worden war und bald unter Platzmangel gelitten hatte. Die Klostergebäude boten nun genügend Raum für diese traditionsreiche soziale Einrichtung. Sie besteht heute in Gestalt des Bürgerhospitals in der Tunzhofer Straße/Türlenstraße fort. Seit damals heißt die ehemalige Klosterkirche »Hospitalkirche«.

Bald wurde jedoch offenbar, daß Schnepf und Blarer ungeachtet der Stuttgarter Konkordie in ihren Wirkungskreisen unterschiedliche Liturgien eingeführt hatten. Um eine verbindliche Ordnung festzulegen, ließ Herzog Ulrich von Blarer eine Universitäts- und Klosterordnung, von Schnepf eine Gottesdienst-, Güter- und Eheordnung ausarbeiten. Der Haller Reformator Johannes Brenz vermittelte und führte die Übereinstimmung herbei. Der damit festgelegten württembergischen Kirchenordnung fügte Brenz noch seinen Katechismus an, der bis ins 20. Jahrhundert verbindlich blieb.

Trotzdem zeigte sich immer mehr, daß Schnepf und Brenz, die Vertreter der lutherischen Richtung, den Herzog für sich gewinnen konnten. Dieser entließ schließlich 1538 den Zwinglianer Blarer und beendete damit den Unionsversuch der beiden großen protestantischen Glaubenslehren.

Ein großer Reformator: Johannes Brenz

Es blieb Johannes Brenz vorbehalten, unter Ulrichs Sohn Christoph die Reformation in Württemberg endgültig zu festigen und die evangelische Landeskirche in verbindlicher Weise zu organisieren. 1499 in Weil der Stadt geboren, kam Johannes Brenz über das Kollegialstift der Heidelberger Heiliggeistkirche, wo er sich wegen reformatorischer Äußerungen unbeliebt gemacht hatte, 1523 als Prediger nach Schwäbisch Hall. Unmittelbar nach der Wiedereroberung Württembergs durch Herzog Ulrich trat Brenz als Ratgeber in dessen Umkreis. Seiner Gemeinde in Hall blieb er jedoch nach wie vor treu. Im Schmalkaldischen Krieg mußte er vor den kaiserlichen Truppen fliehen; in verschiedenen Verstecken in Württemberg fand er Unterschlupf. Unter anderem hielt er sich 1546 im Stuttgarter Landhaus, Ecke Lange Straße und Firnhaberstraße, versteckt, wo er nur deshalb überlebt haben soll, weil ihm ein dort eingesperrtes Huhn jeden Tag ein Ei legte.

Als Propst an der Stuttgarter Stiftskirche und im Auftrag des 1550 zur Regierung gelangten Herzogs Christoph erarbeitete er

Der Reformator Johannes Brenz

grundlegende Ordnungen für die evangelische Landeskirche, so zum Beispiel im Jahr 1559 die »Große Württembergische Kirchenordnung«. Dadurch wurde er zum eigentlichen Reformator Württembergs.

Als er 1570 starb, fand er wunschgemäß unter der Goldenen Kanzel in der Stiftskirche seine Ruhestätte. Noch heute wird allsonntäglich über seinen Gebeinen von der Kanzel gepredigt. Sein Epitaph von 1584 ist im Zweiten Weltkrieg zerstört worden, wurde aber später wiederhergestellt. Nur das Porträt ist original erhalten geblieben. Der lateinische Haupttext des an der Nordwand der Stiftskirche aufgehängten Epitaphs lautet in der deutschen Übersetzung:

»Johannes Brenz, von schwäbischem Geschlecht, beheimatet in Weil der Stadt, ein hochberühmter Theologe, Propst in Stuttgart, Rat der erlauchtesten württembergischen Herzöge, war einer der ersten Prediger der wiedergereinigten Kirche. Die Schriften der Propheten und Apostel hat er in Schulen, heiligen Versammlungen, bei Zusammenkünften des Römischen Reiches, in seinem nächtlichen Studium erläutert und verfochten. Um des Bekenntnisses willen hat er die Verbannung standhaft ertragen, mit Ratschlägen der Kirche und dem gemeinsamen Vaterland beigestanden, durch Unbescholtenheit seines Lebens hat er sein Amt geziert, und als er in seinem Lauf fünfzig und mehr Jahre zum großen Nutzen der Kirche gearbeitet hatte, ist er sanft in Christus entschlafen und wurde an dieser Stätte unter größter Trauer aller Frommen bestattet im Jahre 1570 im Monat September am 11. Tage, nachdem er 71 Jahre, 2 Monate, 17 Tage gelebt hatte.«

Eine Aussteuertruhe aus dem Besitz von Brenz, die später seiner Tochter Agathe übergeben wurde, steht heute als Leihgabe in der Sakristei der Stiftskirche.

Stuttgart wird zur glanzvollen Residenz ausgebaut

Von allen südwestdeutschen Residenzen des 16. und beginnenden 17. Jahrhunderts wiesen Heidelberg und Stuttgart die größte Fülle und Vielfalt an Renaissance-Bauten auf. Über einen Zeitraum von mehr als acht Jahrzehnten konnte sich in diesen beiden Städten eine bemerkenswerte kulturelle Kontinuität ausprägen.

Während sich in Heidelberg die architektonischen Zeugen der höfischen Renaissance im wesentlichen auf das hoch über der Stadt thronende Schloß mit seinen zahlreichen Nebengebäuden beschränkten, konnte sich das Residenzviertel in Stuttgart in unmittelbarem Anschluß an die Bürgerstadt nordöstlich der Stiftskirche entwickeln. Ausgehend vom Kernbau des Alten Schlosses aus dem 14. Jahrhundert sind hier Zug um Zug Parkanlagen und Einzelbauten entstanden, deren Gesamtanlage in ihrer Differenziertheit einzigartig in Europa war. Stuttgart besäße heute internationale Sehenswürdigkeiten ersten Ranges, wären nicht die meisten Bauten und der Garten im Laufe der Jahrhunderte aus dem Stadtbild verschwunden. Außer dem Arkadenhof des Alten Schlosses und dem sich davor ausbreitenden Schillerplatz mit seiner Randbebauung ist von der einstigen Pracht nicht mehr viel geblieben. Eine ganze Anzahl von zeitgenössischen Darstellungen erlaubt uns jedoch, uns von der Gestalt der Stadt am Vorabend des Dreißigjährigen Krieges ein genaues Bild zu machen.

An der Stelle eines bereits um 1450 errichteten Gebäudes hat Herzog Ulrich 1541 bis 1543 als ersten Renaissancebau der Stadt ein festes Steinhaus errichten lassen, das fortan zur Unterbringung der herzoglichen Verwaltung dienen sollte. Das Material zum Bau stammte von einer abgebrochenen Marienwallfahrtskirche in Heslach. 1566 verlängert und aufgestockt, bildet diese sogenannte »Alte Kanzlei« zwischen Schiller- und Schloßplatz noch heute einen wesentlichen Bestandteil des Stadtbildes. Bis 1776 waren hier sämtliche Regierungsbehörden des Herzogtums Württemberg untergebracht. Seine repräsentativen Türrahmen am Schillerplatz sind zwar teilweise 1879 restauratorisch ergänzt worden; dennoch geben sie einen guten Eindruck vom Aufbau und der Gestalt kunstvoller Portale in der Mitte des 16. Jahrhunderts.

Der Arkadenhof des Alten Schlosses entsteht

Der benachbarte Arkadenhof des Stuttgarter Alten Schlosses kann als Herzstück des wuchtigen Baus und als erster Höhepunkt der Renaissancearchitektur in Stuttgart bezeichnet werden. Er beeindruckt die Besucher durch seine Geschlossenheit stets aufs neue. Nach der jahrzehntelang unsicheren Herrschaft unter Herzog Ulrich hatte dessen Sohn Christoph 1550 die Regierung eines finanziell zerrütteten Landes übernommen. Dennoch ging er bald daran, die in weiten Teilen noch aus dem 14. Jahrhundert stammende Stuttgarter Burg zu einer großzügigen Schloßanlage der Renaissance umgestalten zu lassen. 1553 wurden erste Baumaßnahmen mit der Aufstockung des Ostturms durchgeführt. Am Dürnitzbau, der Front zum heutigen Karlsplatz, jenem mächtigen, kastenartigen Schloßtrakt aus dem Mittelalter, wurden die bisherigen Fachwerkaufbauten durch vier Geschosse in Stein ersetzt. 1560 konnte der riesige, noch heute durch seine Form das Stadtbild bestimmende Dachstuhl durch den Werkmeister Lienhard Bronner aufgerichtet werden. Gleichzeitig entstand als Anbau an die Dürnitz die Reittreppe nach Dillinger Vorbild.

Ein Wirtschaftshof, die sogenannte Vorburg, reichte ursprünglich bis in den Bereich des jetzigen Schillerplatzes. Ab 1557 ließ der Herzog auf diesem Gelände die drei Arkadenflügel errichten, die noch heute ganz wesentlich den Bau charakterisieren. Die Bauarbeiten begannen mit dem Gebäudeflügel an der jetzigen Planie. Im Erdgeschoß enthielt er die Küche und die Badestube, darüber den Tanzsaal. Nach und nach kamen die beiden anderen Flügel hinzu, zuletzt – nach dem Abbruch des Brunnenhauses – von 1560 bis 1562 die neue Schloßkirche.

Als erste streng an den Bedürfnissen der Protestanten orientierte Predigtkirche mit Rechtecksaal und zentralem Altar war sie Vorbild für eine ganze Anzahl weiterer evangelischer Kirchenbauten wie beispielsweise der etwas jün-

Der Arkadenhof des Alten Schlosses (Zustand vor dem Zweiten Weltkrieg)

geren Schloßkapelle von Heidenheim. Die Innenausstattung der Stuttgarter Schloßkirche hatte Herzog Christoph 1562 dem Bildhauer Sem Schlör aus Schwäbisch Hall übertragen, der für Altar und Kanzel 17 Relieftafeln mit Darstellungen der Glaubensartikel und der Evangelisten sowie ein ausdrucksstarkes Kruzifix anfertigte. Als Vorlage dienten Schlör Holzschnitte Lukas Cranachs d. J. zum Neuen Testament von Martin Luther aus dem Jahre 1541. Bis 1810 wurde die Schloßkirche nahezu unverändert als Gottesdienstraum genutzt, dann wurde sie profaniert. 1819 schließlich verschenkte man einen Teil der Schlörschen Werke an die katholische Kirchengemeinde in Neuhausen auf den Fildern. Als unter König Karl 1865 der Raum wieder als Kirche eingerichtet werden sollte, kaufte man nur die Reliefplatten zurück. Alexander Tritschler, der für die Neugestaltung der angestammten Schloßkirche verantwortlich zeichnete, hat die Platten mit den Evangelistendarstellungen in den neugotischen Altar einbauen lassen. Die übrigen Relieftafeln wurden an der Hoffassade angebracht. 1944 schwer beschädigt, schmükken sie seit ihrer Restaurierung im Jahr 1982 die Wand hinter der Empore.

Etwa gleichzeitig mit den Baumaßnahmen am Planieflügel hatte man im Oktober 1557 auch mit dem Bau der Laubengänge zum Schloßhof begonnen. Drei Jahre später waren sie in diesem Bereich fertiggestellt. Die gegenüberliegende Seite wurde erst zusammen mit dem Neubau der Schloßkirche bis 1562 errichtet. Architekt des Schloßbaus und der Arkaden war Aberlin Tretsch in Zusammenarbeit mit seinem Werkmeister Blasius Berwart.

Ein Vergleich des Stuttgarter Arkadenhofs mit anderen Anlagen führt nicht weiter. Die Einflüsse mögen von vielen Seiten gekommen sein. Die zeitgenössische Bezeichnung »welsche Gäng« weist nach Westen, jedoch gibt es dafür sonst keine Belege. Für die Großform haben wohl die Residenzen von Landshut und Neuburg an der Donau als Vorbild gedient; die Einzelformen stehen einzigartig da. Am ehesten sind Verbindungen zu Böhmen und zum österreichischen Raum zu vermuten. Die klassische Säulenordnung – wie sie etwa am Fürstenhaus (Maison des Princes) in Mömpelgard Anwendung gefunden hat – wurde hier nicht berücksichtigt. Statt dessen hat der Baumeister an allen Bauteilen eigenwillige Komposit-Kapitelle verwendet.

Der Südwestflügel des Alten Schlosses beherbergt die Schloßkirche. Zwischen den beiden Rundtürmen ist der Kirchturm über dem Chörlein zu sehen. Aufnahme um 1900.

Die heutige Gestalt des Arkadenhofs geht bis auf wenige originale Reste am Schloßkirchenflügel auf eine Rekonstruktion der Jahre 1947 bis 1958 zurück. Wie die Brüstungen im 16. Jahrhundert ausgesehen haben, wissen wir nicht.

In der Form, wie sie vor der Zerstörung während des Zweiten Weltkriegs vorhanden waren, stammten sie aus dem 19. Jahrhundert. Die jetzigen Säulchen sind eine freie Neuschöpfung der Wiederaufbauzeit.

Wie die ursprüngliche Wasserburg war auch das umgebaute und erweiterte Alte Schloß von einem tiefen Graben umgeben.

Noch im 16. Jahrhundert wurde der Graben an zwei Seiten trockengelegt und zum Teil für Schießübungen, zum Teil als Bärenzwinger, zu einem weiteren Teil als Hirschgarten benützt. Im Jahr 1777 wurde der Graben aufgefüllt.

Nach den Zerstörungen zunächst durch einen verheerenden Brand im Jahr 1931 und dann –

nach verändertem Wiederaufbau – ein zweites Mal im Zweiten Weltkrieg ist das Alte Schloß in seinen äußeren Formen im großen und ganzen wiedererstanden. Der Bau mit seinen beachtlichen Abmessungen von 73 x 40 Metern gehört heute zu den wichtigsten Sehenswürdigkeiten Stuttgarts und beherbergt das Württembergische Landesmuseum.

Die erste Orangerie Deutschlands stand in Stuttgart

Nordöstlich des Alten Schlosses breitete sich in den Niederungen des Nesenbachs eine flache Sumpflandschaft aus, die noch auf das Wiesengelände des uralten Gestüts, des »Stutengartens«, zurückging. Dort legte Herzog Christoph ab 1553 einen ausgedehnten Lustgarten an, der im Verlauf der folgenden acht Jahrzehnte von seinen Nachfolgern jeweils im Zeitgeschmack ergänzt worden ist. Die rechteckige und von einer hohen Mauer umgebene Anlage zeigte vielgestaltige Einzelelemente: Promenaden, Labyrinthe, Wasserspiele, Grotten, Skulpturen und um Obelisken angelegte Rennbahnen. Der Garten diente als großartiger Festsaal im Freien. Besonders bemerkenswert ist, daß um 1555 hier die erste Orangerie Deutschlands in Betrieb war, in der zum großen Stolz des Herzogs erfolgreich Pomeranzenbäumchen kultiviert wurden. Im Garten stellte man im Sommer auch Feigenbäume und andere südlandische Pflanzen auf, die in der kalten Jahreszeit »von einem Haus bedeckt und von eisernen Ofen gewärmt« wurden.

Inmitten dieses Lustgartens hat Herzog Christoph ab 1553 ein Steinhaus mit vier Eck-Erkern und einem Treppenturm errichten lassen. Im ersten Obergeschoß befand sich ein Saal, der fast die gesamte Grundfläche einnahm; im Dachstock gab es weitere Zimmer. Dieses Werk des Baumeisters Peter Cuci wurde zunächst als »Großes Lusthaus« bezeichnet. Man unterschied es dadurch von dem kleinen, pavillonartigen Lusthaus im »Garten der Herzogin« vor der Dürnitz des Alten Schlosses (also auf dem heutigen Karlsplatz), das nach zeitgenössischen Berichten mit bemerkenswerten Fresken ausgemalt war. Das Lusthaus von Peter Cuci war erlesen mit Tafelbildern und Brunnen ausgestattet und diente unter anderem zur Aufstellung der Rüstkammer, das heißt der Harnisch- und Waffensammlung. Schon 1556 wurde der deutsche König Maximilian darin festlich bewirtet.

Zwischen 1578 und 1584 schuf der Bildhauer Sem Schlör die elf lebensgroßen, vollplastischen Grafenstandbilder im Chor der Stiftskirche

Während der Regierungszeit Herzog Friedrichs hat das Lusthaus jahrelang als Labor für Goldmacher gedient. Nach dem Dreißigjährigen Krieg erlebte es noch einmal eine Glanzzeit als Ausstellungsraum der herzoglichen Kunst- und Wunderkammer, die zuvor in einem Turm des Alten Schlosses untergebracht war. Die Kunstkammer war ein Sammelsurium von kostbarem Tafelgeschirr, Möbeln, antiken Funden, Münzen, Bildern, Schmuck, Mineralien, Uhren, Plastiken und vielen anderen, oft auch kuriosen Dingen. 1602 erwähnt ein Bericht unter anderem ein indianisches Federkleid, eine Elefantenuhr und den großen Musiktisch des Stuttgarter Schreiners Sebastian Rottenburger von 1599.

Dieses »Große« und später als das »Alte« Lusthaus bezeichnete Gebäude wurde 1750 abgetragen, damit an seiner Stelle das Neue Schloß gebaut werden konnte. Die Fundamente dürften noch heute im Boden des Ehrenhofes ruhen.

Die Gesamtanlage von Gärten und Lusthäusern muß einen ungeheuren Eindruck auf die Zeitgenossen gemacht haben. Der Straßburger Theologe Ludwig Rabus bekannte 1556, nirgends einen schöneren Lustgarten gesehen zu haben. Auch Kurfürst Ottheinrich von der Pfalz bewunderte die Stuttgarter Anlagen so sehr, daß er 1558 den Herzog um Modelle und

Der Schellenturm um 1900 vom Katharinenplatz aus gesehen

Pläne der Lusthäuser bat.

In der Stiftskirche stellte der Bildhauer Sem Schlör nach 1576 eine Ahnenreihe von elf lebensgroßen, vollplastischen Figuren württembergischer Grafen als Ersatz für zerstörte Grabsteine auf. 1584 waren die Standbilder vollendet, die in ihrer Einheitlichkeit die längste Ahnenreihe der deutschen Renaissance darstellen.

Etwa zwei Jahrzehnte vorher war durch Herzog Christoph die Stadtmauer um die beiden Vorstädte vollendet worden. Da die Besiedlung der neuen Vorstadt nördlich der Königstraße im 15. und 16. Jahrhundert nur zögernd voranging, hatte man anfangs weitgehend auf eine feste Mauer verzichtet. Ein Palisadenzaun mit vorgelagertem Graben mußte zunächst genügen. Erst 1563 gab Herzog Christoph schließlich den Befehl zum Bau einer Steinmauer. Der Magistrat der Stadt Stuttgart erklärte daraufhin, »es sei im gemeinen Seckel gar kein Vorrat, so daß es unmöglich sei, einen solchen Bau in einem Jahr zu vollbringen«. Tatsächlich sollte es noch vier Jahre dauern, bis endlich die ganze Stadt von einer steinernen Mauer umgeben war.

Als herzogliche Residenzstadt war Stuttgart im Falle eines Krieges größerer Gefahr ausgesetzt als andere Städte. Deshalb hatte man die Finanzierung der Verteidigungsanlagen zwischen Bürger-

Stadtmauerrest aus dem späten 16. Jahrhundert in der Krummen Straße

schaft und Landesherren aufgeteilt. Der Herzog war für die Türme und das Steinwerk der Tore, die Stadt dagegen für die Mauern und alles Hölzerne an den Toren zuständig. Ursprünglich hatte man den Mauern einen gedeckten Wehrgang aufgesetzt.

In der Krummen Straße sowie in der Passage zwischen Sophien- und Paulinenstraße sind noch Teilstücke der Mauer um die Obere Vorstadt erhalten, die dem Betrachter einen Eindruck vom stets bescheiden gebliebenen Verteidigungswesen Stuttgarts zu vermitteln vermögen. Das eindrucksvollste Beispiel der ehemaligen Stadtmauer, der Schellenturm, stammt ebenfalls aus den sechziger Jahren des 16. Jahrhunderts und gehörte einst zur Ummauerung der älteren Esslinger Vorstadt.

Das Neue Lusthaus, ein »irdisches Paradeiß«

Etwa gleichzeitig mit der Fertigstellung der Grafenstandbilder in der Stiftskirche wurde im Lustgarten ein Bauwerk begonnen, das völlig neue Maßstäbe

Stadtmauerrest mit Schießscharten in der Sophienpassage

setzte. Zwischen 1584 und 1593 ließ Herzog Ludwig ein »Neues Lusthaus« erbauen, welches das alte sowohl in seinen Ausmaßen wie in seiner Ausstattung in den Schatten stellte. Darüber hinaus kann es als herausragendes Beispiel mitteleuropäischer Renaissancebaukunst bezeichnet werden, das bereits zu seiner Zeit höchste Bewunderung hervorrief. Unter den vergleichbaren Lusthäusern ist es das künstlerisch bedeutendste und monumentalste überhaupt. Sein Standort war inmitten des Lustgartens etwa an der Stelle des jetzigen Kunstgebäudes am Schloßplatz. Auch heute noch fasziniert die Beschäftigung mit diesem Bauwerk immer wieder aufs neue.

Noch vor der am 2. Mai 1584 erfolgten Grundsteinlegung hat Herzog Ludwig höchselbst am 30. März den ersten von 1700 Eichenpfählen in den Boden gerammt. Sie sollten dem Bauwerk die nötige Standfestigkeit in den sumpfigen Nesenbachwiesen verleihen. Der Bau nach den Plänen des Hofbaumeisters Georg Beer dauerte zehn Jahre. Es wurde Beers wichtigstes Werk. Allein die Fundamentarbeiten verschlangen

Das Neue Lusthaus, eines der Hauptwerke der europäischen Renaissance, in einer Zeichnung von Alexander Tritschler

»drei Tonnen Golds« (300 000 Gulden), eine ungeheuer hohe Summe.

1603 schrieb der englische Gesandte Robert Spencer, es sei »eines der stattlichsten Lusthäuser der ganzen Christenheit ... mit den schönsten Springbrunnen versehen.« Der rechteckige Baukörper besaß an den Schmalseiten hoch aufragende Giebel mit reichen Verzierungen. Die vor den Gebäudeecken frei stehenden Rundtürme waren nur durch eine um den ganzen Bau herumlaufende Galerie verbunden, unter deren Arkaden 65 meisterhafte Büsten in Lebensgröße tatsächliche und imaginäre Vorfahren des Herzogspaares repräsentierten. Besonders charakteristisch für das Erscheinungsbild waren vor allem die doppelläufigen Freitreppen an den Breitseiten des Lusthauses, von denen eine noch im Mittleren Schloßgarten erhalten geblieben ist. Im Erdgeschoß befanden sich große quadratische Wasserbassins mit Springbrunnen, damit man sich an heißen Sommertagen im Kühlen erfrischen konnte.

Der großartigste Innenraum, der je in Stuttgart existierte, war der Saal im Obergeschoß. Er ist uns in einem Kupferstich von Friedrich Brentel überliefert, den dieser mehr als ein Vierteljahrhundert nach der Fertigstellung des Bauwerks geschaffen hat. Allein die Abmessungen des Raumes waren beachtlich: Die Länge betrug fast 58 Meter, die Breite gut 20 und die Höhe knapp 15 Meter.

Die tonnengewölbte Holzdecke, deren Aufhängung am Dachstuhl eine technische Meisterleistung bedeutete, war komplett bemalt. In der Scheitelzone sah man himmlische Szenen, darunter das Jüngste Gericht mit der Hölle »darinnen vill bäbst, cardinal, bischoff, münch, nonnen und andere bei dem teuffel sitzen«. In der Deckenzone direkt über dem Gesims befanden sich Darstellungen von Begebenheiten der Lustjagden Herzog Ludwigs, die dekorativ in die württembergische Landschaft eingebettet waren.

An der Stirnseite des Saales zwischen den beiden Fenstern standen hinter Glas die Wachsfiguren des Bauherrn, Herzog Ludwig († 1593), und dessen zweiter Gemahlin, Pfalzgräfin Ursula von Veldenz-Lauterecken († 1635), zur Schau. Später kamen an der gegenüberliegenden Seite noch die Figuren des Nachfolgerpaares, Friedrich († 1608) und Sibylla von Anhalt († 1614), hinzu.

Besonders eindrucksvoll müssen die beiden Portale gewesen sein, die auf die Galerie führten. Sem Schlör hatte sie aus braunem und weißem Alabaster gefertigt und mit Figuren, Wappen und Ornamenten verziert. Zwischen den Fensternischen hingen Tafelgemälde mit der Abbildung sämtlicher Ämter des Landes, von denen sich nur die Darstellung Stuttgarts – heute im Württembergischen Landesmuseum – erhalten hat.

Der Augsburger Patrizier Philipp Hainhofer äußerte in einem Brief an den Herzog von Pommern 1606, der Saal sei mit »einem irdischen Paradeiß zu vergleichen«, und das ganze Gebäude könne ein »küniglich werckh« genannt werden.

Der Saal bot den Rahmen für Aufführungen, Maskeraden und Belustigungen aller Art, die teilweise aufwendig in Kupferstichen von der Hand Merians dokumentiert sind. Die Hofkultur der Spätrenaissance hat hier am Vorabend des Dreißigjährigen Krieges ihren letzten Höhepunkt erlebt.

Über 150 Jahre blieb das Lusthaus ein vielbestauntes Wunderwerk. Doch schon 1704 waren die Springbrunnen im Erdgeschoß wegen der Durchfeuchtung der Mauern außer Betrieb. Seit der

Der Schillerplatz mit (von links) Haus »König von England«, Stiftskirche und Fruchtkasten ist eine der harmonischsten Platzanlagen der deutschen Renaissance. Aufnahme aus dem Jahr 1938.

Mitte des 18. Jahrhunderts wurde das Lusthaus schließlich Zug um Zug zu einem modernen Opernhaus umgebaut, wodurch bereits wesentliche Teile der originalen Ausstattung verloren gegangen sind.

Herzog Friedrich läßt den Schillerplatz anlegen

Tragischerweise verstarb Herzog Ludwig im August 1593 unmittelbar vor der Einweihung des »Neuen Lusthauses« an einem Schlaganfall. Noch zwei Tage vorher hatte er das Werk voller Freude besichtigt. Sein Nachfolger, Herzog Friedrich I., war in Mömpelgard, der französischsprachigen Besitzung des Hauses Württemberg an der Burgundischen Pforte, aufgewachsen. Sein geistiger Horizont war daher nicht auf die Enge Stuttgarts und Württembergs beschränkt. Schon bald machte er sich wohl Gedanken, wie die Fläche vor dem Alten Schloß innerhalb der Stadt repräsentativer gestaltet werden könnte, nachdem der prachtvolle

Lustgarten kaum noch verbesserungsfähig war. 1596 beauftragte der Herzog seinen Baumeister Heinrich Schickhardt, zwischen den Arkadenflügeln des Schlosses und dem Tunzhofer Tor sämtliche Häuser aufzukaufen und an ihrer Stelle einen weiten Platz anzulegen.

Herzog Friedrich I. von Württemberg (Regierungszeit: 1593 bis 1608)

Elf namentlich bekannte Besitzer wurden mit insgesamt 10 900 Gulden entschädigt und die Gebäude – nach der Meinung des Chronisten Gabelkhover waren »darunder vil liederliche, hailose und unansehenliche gewesen« – abgebrochen. Sofort wurde der alte, noch aus dem 14. Jahrhundert stammende herrschaftliche Fruchtkasten um fünf Meter verkürzt und von Heinrich Schickhardt mit einem schmuckvollen Renaissance-Giebel versehen, der von einer Bacchus-Figur bekrönt wird, die auf einem Faß reitet.

Als dann im Mai 1600 vom Herzog weitere fünf Häuser für 6100 Gulden erworben und beseitigt wurden, war der heutige Schillerplatz in seinen endgültigen Abmessungen hergestellt. Zwischen dem Fruchtkasten und der Alten Kanzlei sollte nun als direktes Vis-à-vis nach Schickhardts Plänen das neue Gesandtenhaus entstehen. Die Fundamentierung und Einwölbung sowie die Ausfahrung des Erdreichs aus dem mit 71 x 20 Meter riesigen Keller zogen sich bis 1607 hin. Gerade als man mit dem eigentli-

Der 1757 ausgebrannte »Neue Bau« war eines der Meisterwerke des Architekten Heinrich Schickhardt. Nach 1778 wurde die Ruine abgebrochen.

chen Aufbau beginnen wollte, starb Ende Januar 1608 Herzog Friedrich. Sofort wurden alle Arbeiten eingestellt, und es sollte dann noch 70 Jahre dauern, bis der Bau schließlich von Matthias Weiß fertiggestellt wurde.

Der Schillerplatz mit seinen markanten Einzelgebäuden aus allen Phasen der südwestdeutschen Renaissance gehört noch immer zu den geschlossensten und harmonischsten Platzanlagen in ganz Deutschland.

Von der einst auf dem Platz vorhandenen »Wasserkunst«, einem prächtigen Monumentalbrunnen, wurde 1972 beim Bau einer Tiefgarage die zweigeschossige Brunnenstube entdeckt. Heinrich Schickhardt hatte seit 1597 Brunnenplastiken und Wasserrohre in Messing gießen lassen, die dann ab 1602 an dem in Aufstellung befindlichen Brunnen angebracht wurden. Erst 20 Jahre später war die repräsentative Wasseranlage vollendet.

Das bedeutendste Werk Heinrich Schickhardts war der nach 1599 beim Karlsplatz aufgeführte sogenannte »Neue Bau«. Dieser brannte leider 1757 aus und wurde später abgetragen. Er war ein Schloßgebäude in Formen der italienischen Renaissance, das ebenfalls im Obergeschoß einen von Säulen getragenen Saal hatte. Der Chronist Oswald Gabelkhover charakterisierte das Gebäude mit den Worten: »Ein auf italienische Manier errichtetes königlich Werk mächtig und groß, von glatten Quadersteinen ...«

Das Erdgeschoß des Neuen Baus diente als repräsentativer Marstall zur Vorführung edler Reitpferde, darüber war der Festsaal eingerichtet, der sich über zwei Geschosse erstreckte, und ganz oben befand sich die herzogliche Sammlung von Waffen und Rüstungen. Im 18. Jahrhundert diente der Neue Bau als Spielstätte für Opern und Komödien.

Alle Bemühungen, das ausgebrannte Gebäude wiederherzustellen, scheiterten am Widerstand Herzog Carl Eugens, der schließlich 1778 den Befehl zum gänzlichen Abbruch gab. Da zum allgemeinen Erstaunen alle Mauerquader untereinander mit Eisenklammern verbunden waren, machte die Beseitigung der soliden Brandruine erhebliche Probleme.

Der Grund für die Eisenverankerung war die Tatsache, daß bei einem Erdbeben, das am 10. September 1603 Stuttgart erschüttert hatte, der Rohbau des Neuen Baus aus den Fugen geraten und teilweise eingestürzt war.

Das Leben ist ein Fest

Glanzvolle Feste, Turniere und Ritterspiele wurden in Stuttgart in den Jahrzehnten um 1600 häufig gefeiert. 1575 war Graf Albrecht von Hohenlohe in einem Turnier während der Hochzeitsfeier Herzog Ludwigs mit Ursula von Baden durch den Fürsten zu Anhalt »zu Todt gerennt« und in der Stiftskirche beigesetzt worden. Sein Tischgrabmal von Sem Schlör blieb dort erhalten.

Vor allem die Festveranstaltungen von Herzog Friedrich I., der seit 1593 regierte, und die seines Sohnes Johann Friedrich gerieten zu spektakulären Inszenierungen, die alles bisher in Württemberg Dagewesene in den Schatten stellten. Die Regenten ließen Szenen der Feste in Kupfer stechen und vervielfältigen, dazu wurden ausführliche Beschreibungen gedruckt. Auf diese Weise wurden die Feste weiten Kreisen des europäischen Hochadels bekannt. Gleichzeitig sicherten die Bücher der Stuttgarter Hofkultur einen dauerhaften Platz in der Geschichtsschreibung.

Herzog Johann Friedrich hielt sich mehrere Jahre zum Studium in Tübingen auf. Dabei wohnte er im 1594 von seinem Vater eröffneten Collegium Illustre. Dort lernte er den um drei Jahre älteren

Herzog August d. J. von Braunschweig-Lüneburg (1579–1666) kennen, der, wie viele Fürstensöhne vor und nach ihm, ebenfalls zum Studium nach Tübingen gekommen war. Am 1. März 1597 trug sich Johann Friedrich in Augusts Stammbuch ein und ließ dazu eine Miniatur malen, die an ein »Fußturnier« erinnerte, das im Jahr zuvor in Stuttgart stattgefunden hatte.

Der Anlaß für dieses Turnier: Am 24. Januar 1596 war als 14. Kind von Herzog Friedrich von Württemberg und seiner Gemahlin Sibylla von Anhalt ein Sohn geboren worden, der bei der Taufe am 7. März den Namen August erhielt. Sechs Tage dauerten die Festlichkeiten, an denen auch Johann Friedrich als der älteste Bruder des Täuflings sowie Herzog August von Braunschweig, der Vater des Studenten, teilnahmen. Nach dem Eintreffen der Gäste am 6. März und der Taufhandlung am darauffolgenden Tag folgten zur Unterhaltung der Hofgesellschaft Aufzüge, Ritterspiele und Turniere bis zum 12. März. Durch die Schilderung des Basler Arztes Felix Platter, der im Gefolge des Markgrafen Georg Friedrich von Baden-Sausenberg an dem Tauffest in Stuttgart teilnahm, sind wir über den Ablauf gut unterrichtet.

Das auf dem Stammbuchblatt zu sehende Fußturnier begann mit dem Aufzug des regierenden Herzogs von Württemberg und seines Gefolges auf dem Turnierplatz. Darauf folgte dessen gerade 14jähriger Sohn Johann Friedrich mit zahlreicher Begleitung, unter der sich an erster Stelle Herzog August von Braunschweig befand. Dann ritt der badische Markgraf mit seinen Männern auf den Platz, gefolgt von weiteren Grafen und Herren. Nach dem Umzug vor den Zuschauern begaben sich die Parteien in die bereitgestellten Zelte und warteten auf ihren Schaukampf.

Das Turnier fand an einer Schranke statt. Die Hiebe und Stöße richtete man vornehmlich gegen den geschlossenen Helm und den Kragen des Gegners. Wer dabei die meisten Spieße und Schwerter zerschlug, trug den Sieg davon. Den Reigen der Einzelkämpfer eröffneten Johann Friedrich und August, zuletzt kämpften alle Beteiligten, aufgeteilt in zwei Parteien, gegeneinander. Platter berichtet: »[Sie] scharmützleten fast eine halbe stundt, nachdem sy die spies gebrochen, mit den schwertern. Der zerschlugen sy vil ob einanderen, das der gantz blatz vol stuck lag, ließen nit nach, biß sy gar ermiedet waren, gab ein groß getöß.« Nach

Das 1596 bei der Taufe des Prinzen August abgehaltene Turnier, Miniatur aus dem Stammbuch Herzog Augusts d. J. von Braunschweig-Lüneburg

dem Turnier zogen alle in der gleichen Ordnung, wie sie gekommen waren, wieder vom Platz ab.

Das Turniergelände mit den vier Säulen lag im Lustgarten und diente über Jahrzehnte als Ort für zahlreiche repräsentative Hoffeste; die Fläche ist erst im 18. Jahrhundert durch das Neue Schloß überbaut worden.

Das Taufkind überlebte die Festtage übrigens nur um eineinhalb Monate und verstarb am 21. April. Sein Grabstein wurde erst 1952 im Chor der Stiftskirche wiederentdeckt und befindet sich heute in der Sakristeiwand hinter der Kanzel eingemauert.

Des Herzogs Hofkapelle

Bedeutend war zu jener Zeit auch die Hofkapelle. Herzogs Friedrichs Kapellmeister war Leonhard Lechner aus Südtirol, später waren Tobias Salomon und ab 1621 Basilius Froberger in dieser Position tätig. Froberger stammte aus Halle an der Saale und lebte seit 1599 als Musiker in Stuttgart. Sein 1616 geborener Sohn Johann Jakob wurde zu einem der gefeiertesten Cembalisten und Komponisten seiner Zeit. Er starb 1667 in Héricourt bei Mömpelgard am Hof der Herzogin Sibylla von Württemberg.

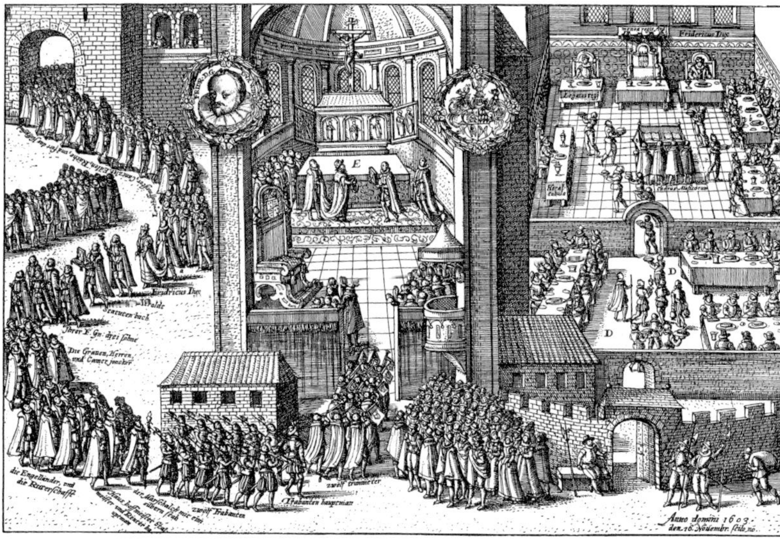

Die Verleihung des englischen Hosenbandordens an Herzog Friedrich I., 1603

Zwei weitere Feste können wir uns noch heute gut vor Augen führen, da sie in großen Kupferstichwerken, teilweise von der Hand Matthäus Merians, und ausführlichen Beschreibungen dargestellt und publiziert sind: die Hochzeit Herzog Johann Friedrichs mit Barbara Sophia von Brandenburg 1609 sowie die Taufe des Prinzen Friedrich sieben Jahre später. Welchen Aufwand man mit der Hofhaltung zu jener Zeit in Stuttgart trieb, zeigt die Tatsache, daß bereits um 1600 ständig 500 Personen am Hof beschäftigt waren oder von ihm lebten.

Auch von skurrilen Feiern kann man in den alten Dokumenten lesen. So wurde am 6. November 1603 der englische Hosenbandorden an Herzog Friedrich verliehen. Das Ordenskleid wurde ihm im Schloß, die Halskette und das Ordensband in der Stiftskirche angelegt. Danach gab es ein Festessen, »bei welchem auf eine Tafel 90, auf eine andere 75 und auf eine dritte 60 Gerichte kamen«.

In einem Raum standen dabei fünf Tische. Am ersten wurde serviert, als ob der König von England anwesend wäre. Hierfür gab es sogar besondere Vorschriften:

»Auf des Königs Tafel soll der Käß stattlich sein, den Parmesan-Käß soll man hoblen und mit Zucker machen ...«

Am zweiten Tisch speiste Herzog Friedrich allein, »weil sonst kein Ritter des Hosenbandordens gegenwärtig war«. An der dritten Tafel aß, ebenfalls allein, der englische Gesandte. Am vierten tat sich, wiederum allein, der Herold gütlich. Am fünften schließlich saß die Herzogin mit ihren Kindern. Die übrigen Eingeladenen nahmen das Essen in einem anderen Saal zu sich.

Unter Herzog Johann Friedrich wurde 1611 im Lustgarten mit dem Bau einer Lustgrotte begonnen, die wegen der immensen Kosten und auf Grund des beginnenden Dreißigjährigen Krieges niemals vollendet werden konnte. Dieses von dem berühmten Gartentechniker Salomon de Caus entworfene Wunderwerk sollte alles bisher Dagewesene in den Schatten stellen. Die hohen Ansprüche verursachten ständig neue Kosten, und immer wieder gab es beinahe unüberwindliche Schwierigkeiten mit Handwerkern und Künstlern. Im März 1628, also bereits mitten im Krieg, verordnete der Herzog schließlich die Einstellung der Baumaßnahmen »bis auf bessere Zeiten«. In einer Beschreibung von 1634 wird das Bauwerk, von dem keine detaillierte bildliche Darstellung überliefert ist, als »ein künstlich schönes von Wasserwerckh gemachtes Werckh« geschildert, »darin man etliche Bilder, eine große Anzahl von allerhand Stein, Meerschneckenschalen und anderen« sehen konnte.

Es gab eine Orgel und unzählige Wasserdüsen, so daß »Wasser uf allen seiten oben und unden herausser springt, daß keiner ohngenetzt ... entrennen kann.« Bevor die Lustgrotte 1749 auf Befehl Herzog Carl Eugens abgebrochen wurde, berichtete ein Besucher weitere Einzelheiten über die vorhandenen Figuren: »nach der Natur bossiert, als die Andromeda an einen Felsen geschlossen, welche aus Brüsten und anderen Orten mehr Wasser spritzet, ingleichen ein Drache ... welcher das Wasser mit etwas Krachen auswirft. Unterhalb sitzet ein angekleidetes Frauenzimmer ... mit einem Kind ... welche das Kind auf und ab gautschet, dadurch sich aber entblößet und am verborgenen Ort ... Wasser spritzet.« Es muß eine ungeheure Fülle an kunstvollen Figuren gegeben haben, welche die Betrachter in eine Traumwelt versetzt und ihre Phantasie auf das höchste angeregt haben.

Ferner gab es im Lustgarten noch einen Ölberg aus der Zeit

Herzog Ludwigs sowie in einem Mauerturm ein vielbeachtetes Modell der Stadt Jerusalem.

Außer diesen der Repräsentation dienenden Einrichtungen waren natürlich auch Bauten für die praktischen Bedürfnisse einer Hofhaltung vorhanden. So gab es zum Beispiel das Jägerhaus von 1566, in dem der herzogliche Jägermeister mehrere tausend Jagdhunde untergebracht hatte. Es gab ein Schießhaus, ein Falkenhaus, eine Mühle, ein Reiherhaus, ein Futterhaus und noch zahlreiche weitere Gebäude, die sämtlich in der Renaissancezeit entstanden sind. Kein einziges von ihnen ist erhalten geblieben.

Die Stadtmauer darf bebaut werden

Für die in jener Blütezeit stark anwachsende Bevölkerung galt es, Unterkünfte zu schaffen. Deshalb erließ Herzog Friedrich I. im Jahre 1604 eine Verordnung, nach der auf einstöckige Gebäude noch ein Stockwerk aufgesetzt, baufällige renoviert und alle freien Plätze in der Innenstadt bebaut werden sollten. Der Herzog selbst ließ auf seine Kosten 30 neue Häuser auf die Stadtmauer an der Weberstraße aufsetzen.

Da die zum Schutz der Stadt erstellte Mauer im Falle der Verteidigung frei zugänglich sein mußte, hatten bis ins späte 16. Jahrhundert in ihrer unmittelbaren Nähe keine Gebäude errichtet werden dürfen. Nun konnten die Häuslesbauer zwar eine Wand »sparen«, wenn sie ihr Gebäude direkt an der Stadtmauer errichteten – dennoch war die Nachfrage nach Mauergrundstücken nicht sehr groß, denn die Baugenehmigung wurde nur mit der Auflage erteilt, die Häuser im Verteidigungsfall wieder abzubrechen. Deshalb blieben weite Bereiche der Mauerinnenseite bis ins 19. Jahrhundert hinein unbebaut, und die freien Flächen wurden als Gemüsegärten genutzt. Eines der ältesten an der Stadtmauer errichteten und bis heute erhaltenen Gebäude ist das Haus Rosenstraße 36.

Während der Renaissancezeit wurden nicht nur Bauten des Hofes errichtet, auch die geistlichen Verwaltungen und die Bürgerschaft bauten im damals modernen Dekorationsstil. Der riesige, 1578 zur Aufnahme von über 450 000 Litern Wein erbaute Keller des Stiftsfruchtkastens läßt noch immer die Größe des Gebäudes erahnen. An der Königstraße Ecke Kienestraße gelegen, ist er frei zugänglich, da er seit den achtziger Jahren des 20. Jahrhunderts einem Bekleidungsgeschäft als Verkaufsfläche dient.

Schon in der Mitte des 15. Jahrhunerts durfte das Haus der Familie von Sachsenheim auf die Stadtmauer im Bereich der Schmalen Straße aufgesetzt werden. Aufnahme um 1920.

Auch die Stadtverwaltung bemühte sich, im Stil der Zeit das Stadtbild zu bereichern. Gut ein Jahrhundert nach seiner Erbauung muß das Rathaus einen recht heruntergekommenen Eindruck gemacht haben. Wie der Chronist Johann Jakob Gabelkhover schreibt, wurde der Bau »wegen seines schlechten Ansehens« in den Jahren 1582/83 »mit schönem weißen Gips überzogen und herausgestrichen.« Gleichzeitig ließ man die zum Haus des Spekulanten Balthasar Moser zu gelegene nördliche Seitenwand aus Feuerschutzgründen in Stein neu aufführen.

Die neue Fassade machte der Stadt alle Ehre und war zudem eine Huldigung an den damals regierenden Herzog Ludwig und dessen Vorfahren. Über den Fenstern des ersten Obergeschosses konnte man die in farbig gefaßtem Stuck gearbeiteten Wappen aller regierenden Grafen und Herzöge von Württemberg seit Eberhard dem Erlauchten († 1325) sehen. Unter den Fenstern waren die Wappenschilde von weiblichen Vorfahren angebracht. Neben dem württembergischen Stammwappen erschienen diejenigen von Bayern, Bitsch, Österreich, der Pfalz, Braunschweig, Ochsenberg, Portugal, Brandenburg, Münsterberg, Polen, Liegnitz, Sachsen, Ungarn und Troppau. Im obersten Giebelfeld konnte man ein Kaiserbildnis erkennen, und darüber im Türmchen hing die alte Ratsglocke von 1459, die heute im Foyer des jetzigen Rathauses aufgestellt ist.

Diese Fassade – im reinsten Renaissancestil errichtet – war gut 200 Jahre später, am Ende des 18. Jahrhunderts, altmodisch und renovierungsbedürftig.

So wie man die noch immer prächtige Brandruine des »Neuen Baus« von Heinrich Schickhardt zwischen 1778 und 1782 abbrach und Goethe 1797 das Alte Schloß nicht einmal »für eine Theaterdekoration wert« erachtete, so schämte man sich damals auch des altertümlichen Schmuckes am Rathaus. 1825 wurde der Skulpturen- und Wappenschmuck schließlich abgeschlagen und ein schmuckloser Putz aufgetragen.

Die Stuckfassade des Alten Rathauses wurde 1582 dem Fachwerk vorgeblendet.

Schmucke Bürgerhäuser werden gebaut

Auch sonst gab es in der Stadt ansehnliche Bürgerhäuser, vereinzelt hatten sie sogar Palaischarakter. Besonders in der sogenannten »Reichen Vorstadt« lagen Anwesen mit bemerkenswerter

Architektur. An der Einmündung der Hospitalstraße in die Kanzleistraße waren zwei Gebäude unmittelbar benachbart, die sowohl architektonisch wie historisch von Interesse waren. Das eine von ihnen war ein Eckhaus und zählte als Nummer 17 zur Kanzleistraße. Es war das Wohnhaus des Baumeisters Heinrich Schickhardt, das dieser sich 1596 nach eigenen Plänen errichtet hatte. Den Baugrund und die Baumaterialien hatte Herzog Friedrich I. seinem Architekten aus Dankbarkeit kostenlos zur Verfügung gestellt. Schickhardt bezog das Haus jedoch erst 1608, als er aufgrund des überraschenden Todes von Herzog Friedrich endgültig aus Mömpelgard nach Württemberg zurückkehrte.

Das auf einem Sockel aus Sandstein errichtete Fachwerkhaus hatte ungewöhnlich breite Fenster, die viel Licht in die Wohnräume ließen. Einziger Schmuck des Gebäudes waren zwei Masken an den Eckkonsolen sowie die Gewändeprofile an Türen und Fenstern. Am Rande des kleinen Gartens erhob sich eine offene Wendeltreppe, die später überbaut wurde.

Der gesamte Komplex brannte im Zweiten Weltkrieg nieder. Nur der Steinsockel mit den Eckmasken ist erhalten geblieben. Er wurde 1950 im Park des Städtischen Lapidariums wiedererrichtet.

Gegenüber von Schickhardts Haus stand das Gebäude Kanzleistraße 24, das sich einst im Besitz von Benjamin Buwinghausen von Wallmerode, dem bedeutendsten württembergischen Diplomaten an der Wende vom 16. zum 17. Jahrhundert, befand.

Die Bauinschrift dieses Gebäudes und sein inzwischen leider entstelltes Grabdenkmal sind alles, was in Stuttgart heute noch an Buwinghausen erinnert. Herzog Friedrich hatte das bereits 1578 unter seinem Vorgänger als Hofmarschallenhaus errichtete Gebäude im Jahre 1604 seinem hochverdienten Diplomaten geschenkt. Nach der Fertigstellung eines Anbaus wurde die Inschrifttafel 1611 angebracht. Die gesamte Häuserzeile ist bereits 1932 dem Bau des heutigen Gewerkschaftshauses geopfert worden; die Bauinschrift hat bis heute im Städtischen Lapidarium die Zeiten überdauert.

Benjamin Buwinghausen von Wallmerode – 1571 im Rheingau geboren – wird in Württemberg erstmals 1595 als Hofrat erwähnt. Schon im darauffolgenden Jahr schickte Herzog Friedrich I. den gerade 25jährigen zu einer diplomatischen Mission nach Wien. Er muß dort großes Geschick bewiesen haben, denn fortan wurde er zu oftmals schwierigen Verhandlungen an viele Höfe Europas gesandt. Vor allem in Frankreich bei König Heinrich IV. schaffte er 1606 das Höchste des Erreichbaren: Er erlangte die pfandweise Abtretung des in der Normandie gelegenen Herzogtums Alençon an Herzog Friedrich, da Frankreich die von Württemberg geliehenen Gelder im Gegenwert von elf Tonnen Gold (1,1 Millionen Gulden) nicht zurückzahlen konnte. Bis zur Einlösung der Summe durch König Ludwig XIII. im Jahre 1612 blieb nun Buwinghausen sechs Jahre lang württembergischer Statthalter dieses nordfranzösischen Territoriums.

1611 hat Benjamin Buwinghausen in Paris die erwähnte Inschrift für sein Stuttgarter Palais anfertigen lassen. Der lateinische Text lautet in deutscher Übersetzung: »Nach Aufrechterhaltung des Friedens ist gut leben und noch besser sterben. Im Jahre Christi 1595 unter Kaiser Rudolf II. zum Staatsdienst durch den erlauchtesten Herzog Friedrich I. von Württemberg berufen, nach glücklicher Vollführung von Gesandtschaften zu fast allen christlichen Königen und Fürsten des Erdkreises, im Jahr 1604 mit diesem Bauplatz, Garten, Quellwasser und Haus in freigiebiger Weise zum Zeichen der Dankbarkeit und Hochachtung beschenkt, hat Benjamin Buwinghausen von Wallmerode, nach vollständiger Neuerbauung dieses Gebäudes und nach Ausstattung des anderen mit vielen Zutaten, zur Freude des trefflichsten Fürsten Johann Friedrich, zum Schmuck von Hof und Stadt, zu Nutz und Gebrauch für sich und die Seinen, seine Herren, Freunde und Nachkommen, dies alles hier mit nicht geringen Kosten erweitern, ausschmücken und errichten lassen. Gefertigt in Paris im Jahr Christi 1611.«

Auch der Nachfolger Herzog Friedrichs, sein Sohn Johann Friedrich, hat Buwinghausen seine Dankbarkeit bewiesen. 1616 belehnte er den Diplomaten mit der Burg Zavelstein im Schwarzwald, die dieser dann durch Heinrich Schickhardt bedeutend ausbauen ließ. Obwohl sich der Lebensschwerpunkt der Familie immer mehr nach Zavelstein verlagerte, hielt sich Buwinghausen stets gerne in seinem Stuttgarter Palais auf. Hier ist er 1635 an der Pest gestorben. Sein Grabmal und das seiner beiden Frauen steht im Chor der Hospitalkirche. Unverständlicherweise wurde es beim Wiederaufbau der Kirche seiner Figuren beraubt, die nun auf einem neuen Sockel in der Vorhalle stehen.

Zusammenfassend kann man sagen, daß Stuttgart am Vorabend des Dreißigjährigen Krieges eine blühende Stadt von knapp 10 000 Einwohnern war, in der die Kultur des württembergischen Herzogshofes eine bedeutende Rolle im öffentlichen Leben spielte. Die zahlreichen Neubauten im Renaissancestil haben das Stadtbild tiefgreifend verändert und Stuttgart den Ruf einer glanzvollen Residenz verschafft.

Ein Steinkohlebergwerk am Kriegsberg

Auch wirtschaftlich hatte man um 1600 versucht, neue Wege zu gehen. Unter Herzog Friedrich I. wurde 1601 im »Stockgebäude« eine Seidenspinnerei eingerichtet, deren Rohstoff von Raupenkolonien in Maulbeergärten an der heutigen Seidenstraße stammte.

Heinrich Schickhardt, der 1598 bereits die Schiffbarmachung des Neckars ins Auge gefaßt hatte, hat wenig später ein Steinkohlebergwerk am Kriegsberg angelegt, das tatsächlich einige Jahre lang erfolgreich betrieben wurde. Auch die Erweiterung der für Stadt und Land wichtigen Berger Mühlen sei an dieser Stelle erwähnt.

Schon bald jedoch brachen die Verheerungen des Dreißigjährigen Krieges über Württemberg herein und bereiteten der kulturellen Blüte ein jähes Ende. Blieb Stuttgart anfangs noch verschont, so war die Schlacht von Nördlingen im Herbst 1634 für Stuttgart und Württemberg der Beginn einer unvorstellbaren Schreckenszeit, die am Ende gerade die Hälfte der Bevölkerung der Hauptstadt überleben sollte.

Einige Verwirrung gibt es heute mit dem Datum der Schlacht, das manchmal mit dem 27. August, manchmal aber auch mit dem 6. September 1634 angegeben wird, obwohl beide Daten denselben Tag bezeichnen. Dieser Unterschied ergibt sich aus der Umstellung vom alten Julianischen zum heute noch gültigen Gregorianischen Kalender. Papst Gregor XIII. hatte 1582 den nicht mehr der Sonnenzeit entsprechenden alten Kalender abgeschafft und dafür die neue, nach ihm benannte Zeitrechnung eingeführt. Dieser Regelung haben sich anfangs aber nur die katholischen Länder angeschlossen; die Protestanten folgten erst über hundert Jahre später am 18. Februar 1700. Auf dieses Datum folgte unmittelbar der 1. März.

Die Tage vom 19. bis zum 28. Februar 1700 hat es im protestantischen Stuttgart nie gegeben, da sie einfach übersprungen wurden. Für das evangelische Württemberg gilt daher der 27. August, für den katholischen Kaiser der 6. September 1634 als Datum für die Entscheidungsschlacht bei Nördlingen.

An jenem Tag metzelten die 45 000 Soldaten der vereinigten katholischen Truppen über 20 000 der insgesamt 25 000 unter schwedischem Oberbefehl stehenden Protestanten nieder. Die Niederlage war vollständig, und kaum einer der 4000 Württemberger sah seine Heimat wieder. Gleich am darauffolgenden Tag flüchtete der erst 20jährige Herzog Eberhard III. aus seiner Residenz Stuttgart mit Hof und Kanzlei nach Straßburg. Inzwischen rückten die Truppen des Kaisers durch das Remstal auf Stuttgart vor.

Kapitel 5

Vom Dreißigjährigen Krieg bis zur Gründung Ludwigsburgs

Der Chronist des Kardinal-Infanten Ferdinand von Spanien, Don Diego, der Württemberg als »eines der besten, fruchtbarsten und lieblichsten Lande auf der ganzen Welt« bezeichnete, berichtet aus dem Jahr 1634: »Die größten Unordnungen begingen die Kroaten, vergeblich wurden mehrere gehängt, sie glichen einem wütenden Gießbach, der nach allen Seiten hin über die Ufer strömt, wollten sie doch die Stadt Stukart, wo der Hof der Herzoge von Württemberg ist, stürmen und konnten sie mit Mühe vom König von Ungarn daran verhindert werden, da doch die Stadt aus freien Stücken sich erboten hatte, ihre Tore uns offen zu halten. Die Deportierten von Stukart trafen wir in Ebersbach, sie boten Brot, Fleisch, Wein und Wägen für die Armee an und baten nur um Verschonung von Plünderung. Seine Hoheit antwortete ihnen mit solcher Herablassung, daß sie sehr zufrieden und getröstet weggingen.«

Unter den Deputierten war der herzogliche Rat Leonhard Breitschwerdt, dem die Verschonung Stuttgarts hauptsächlich zu verdanken ist. Jedoch wurde er schon bald das Opfer zweier spanischer Soldaten, die sich durch ihn um ihre Beute gebracht fühlten. Sie nahmen Rache und schlugen ihn tot. Am 31. August beziehungsweise 10. September 1634 kam König Ferdinand, der spätere Kaiser, nach Stuttgart und wohnte im Alten Schloß. Dort empfing er die zurückgebliebenen Regierungsbeamten des Herzogs von Württemberg. Er besichtigte den zu jener Zeit in ganz Europa hochberühmten Lustgarten mit dem Neuen Lusthaus sowie die wertvolle Kunstkammer. Die Residenz scheint ihm gut gefallen zu haben, da er für die Stadt einen Schutzbrief ausstellte und sie als ständigen Aufenthaltsort für sich und seine Hofhaltung bestimmte. Die Stuttgarter waren aber mit der fremden Herrschaft nicht zufrieden, so daß schon bald dem König gemeldet werden mußte, die Bevölkerung gebrauche »ungleiche, gefährliche Reden und höchst sträfliche Drohworte« gegen die Soldaten. Der König verließ daraufhin die Stadt und kam nur noch einmal im Juli 1636 für eine Woche zurück.

Da Stuttgart als Zentrum der Rekatholisierung des deutschen Südwestens vorgesehen war, blieb ihm eine Zerstörung erspart. Dafür zogen genau hundert Jahre nach der Einführung der Reformation nun Jesuiten in die Stiftskirche ein. Sie gestatteten den Protestanten nur noch eineinhalb Stunden am Tag den Besuch der Kirche. Die beiden Konfessionen lieferten sich einen heftigen Streit, der darin gipfelte, daß 1635 das Weihnachtsfest in Stuttgart im Abstand von zehn Tagen zweimal gefeiert wurde: von den Katholiken zuerst nach dem Gregorianischen und dann von den Protestanten nach dem Julianischen Kalender.

Am schlimmsten jedoch waren die Hungersnöte und die Seuchen, die über Stadt und Land hereinbrachen. 1634 war ein überaus fruchtbares Jahr für Wein und Getreide. Ein großer Teil davon verfaulte aber, ohne geerntet zu werden, da sich die Leute aus Angst nicht mehr auf die Felder und in die Weinberge wagten. Was noch eingebracht werden konnte, mußte an die Truppen abgegeben werden. Allein auf den Wiesen im Bereich des heutigen Mittleren Schloßgartens lagerten 1500 Soldaten mit Frauen und Kindern, die von den Stuttgartern mit Lebensmitteln versorgt werden mußten. Der Hunger wurde immer größer, und mit ihm ging eine galoppierende Inflation einher. Nicht einmal Kleie und Mehlstaub waren erschwinglich. Man suchte Eicheln in den umliegenden Wäldern und machte daraus Brot, man aß Brennesseln und Schnecken, das Fleisch von verendeten Pferden, ja sogar Hunde und Katzen. Jeden Morgen gingen Männer durch die Gassen der Stadt und sammelten die Leichen von Verhungerten auf.

Die Pest bricht aus

Gleich nach der Ankunft der fremden Truppen war in Stuttgart die Pest ausgebrochen, an der bis Dezember 1634 von den damals etwa 8000 Einwohnern fast 700 Personen starben. Im folgenden Jahr kamen täglich 50 bis 60 Menschen um. Bald waren die Friedhöfe überfüllt, und es mußten Sammelgräber für jeweils etwa 100 Leichen angelegt werden. Der kaiserliche Stadtkommandant, Oberst Ossa, verbot nun jedes Trauergefolge zum Begräbnis. Die Hinterbliebenen ließen sich aber durch nichts davon abbringen. Viele verkleideten sich als Totengräber und begleiteten die Toten vor die Stadtmauer.

Zu den Opfern des Krieges zählte auch der Baumeister Heinrich Schickhardt, der zu Beginn des Jahres 1635 in Stuttgart starb. Im Totenbuch lautet der Sterbeeintrag: »Von Soldaten gestochen«. Auch der Diplomat Benjamin Buwinghausen von Wallmerode kam im Laufe jenes Jahres zu Tode – er starb an der Pest.

Infolge einer der ersten Pestwellen hatte man 1626 vor der Stadt den Hoppenlaufriedhof als neuen Begräbnisplatz angelegt. Er ist heute der älteste erhaltene Friedhof des Stuttgarter Tals. Sein ursprüngliches Portal steht seit 1956 im Städtischen Lapidarium in der Mörikestraße.

Am 23. Juli 1636 berichtete Hofprediger Weinmann, die Hälfte der Einwohner sei von der Pest befallen. Da wetterte ein Jesuitenpater von der Kanzel der Stiftskirche gegen die Protestanten und erklärte die Seuche für eine Gottesstrafe gegen die ungläubigen Ketzer. Als dieser selbst wenige Tage später dahingerafft wurde, war die Schadenfreude groß. Trotzdem behielten die Jesuiten Oberwasser und warfen aus der Stiftskirche die Grabsteine evangelischer Geistlicher hinaus. Auch planten sie die Errichtung eines katholischen Priesterseminars in den Stiftsgebäuden. Erst nach dem Westfälischen Frieden verließen sie 1649 endgültig Stuttgart.

Sowohl der Magistrat der Stadt als auch der in Straßburg lebende Herzog Eberhard III. von Württemberg richteten zahlreiche Bittschriften an den Kaiser, dieser solle dem hemmungslosen Treiben der fremden Soldaten in der Stadt durch Dekrete Einhalt gebieten. Der Kaiser tat das auch öfters, die häufig wechselnden Truppen fühlten sich aber kaum daran gebunden.

Nach langen Verhandlungen konnte Eberhard III. im Oktober 1638 in seine Residenz zurückkehren. Das Alte Schloß war jedoch so verwüstet und ausgeplündert, daß er zunächst im Landschaftshaus wohnen mußte. Das Geld für seinen Unterhalt war nur schwer aufzubringen, da auch in der Stadt vieles darniederlag. Von den ursprünglich knapp 10 000 Einwohnern waren noch 4500 verblieben, davon nur 600 Männer. Die Stadt war damit auf den Bevölkerungsstand von 1430 zurückgefallen.

Unter anderem sollen 300 Hektar Weinberge und mehr als 1200 Hektar Ackerland im Nesenbachtal brachgelegen haben.

Die Folgen der Schlacht von Nördlingen gehören zu den dunkelsten Kapiteln der Geschichte Stuttgarts, deren letzte Spuren erst mehr als 50 Jahre danach endgültig beseitigt waren.

Die »Lindenspür-Mahlzeit« wird gestiftet

Wer lebend durch den Krieg gekommen war, zeigte sich zumeist dankbar dafür oder versuchte, sein schnelles Glück zu machen. Der Stuttgarter Bürgermeister Wolff Friedrich Lindenspür verkörperte offenbar beide Haltungen, denn er hatte zwei besondere Vorlieben: Witwen zu heiraten und Stiftungen zu machen.

Lindenspür stammte aus Sommershausen in Franken, wo er am 2. März 1581 als Sohn eines Amtmanns und einer Pfarrerstochter geboren war. Einer seiner Brüder ist bereits 1594 in Stuttgart nachweisbar, und höchstwahrscheinlich durch ihn kam der junge Wolff Friedrich selbst hierher. Nachdem er 1605 seinen Bürgerbrief erhalten hatte, bekam er am Hof des Herzogs das Amt eines Trompeters und Instrumentalisten übertragen, wodurch er in den Offiziersrang erhoben wurde und die begehrten Straußenfedern am Hut tragen durfte. 1632 wurde er Ratsherr beim Magistrat, 1633 Gerichtsmitglied und 1636 Bürgermeister.

Bis zu seinem Tode im Juni 1651 heiratete er vier Witwen, jedoch hatte er nur aus erster Ehe Kinder: vier Söhne, wovon zwei früh verstarben, und drei Töchter, von denen nur eine das Erwachsenenalter erreichte.

Was seine zahlreichen Stiftungen angeht, so muß man vor diesen großzügigen Leistungen, gerade in einer so schweren Zeit wie am Ende des Dreißigjährigen Krieges, Hochachtung haben. Einmal stiftete er für die Stiftsmusiker in Stuttgart 200 Gulden, wovon der jährliche Zins von zehn Gulden an jedem 2. März, seinem Geburtstag, zu einem Essen für die Musiker verwendet werden sollte. Als Gegenleistung wollte er, daß die Stiftsmusiker am Sonntag vor dem 2. März vor und nach der Predigt zu seinem Angedenken ein »Sterbegesänglein« musizieren.

Auch dem Tübinger Stift hatte Lindenspür in dieser Notzeit finanzielle Zuwendungen zur die Linderung des Hungers der Zöglinge zukommen lassen, wofür sich die Beschenkten in zahlreichen Versen und Gedichten bedankten. Seine umfangreichste und für Stuttgart bedeutungsvoll-

Die Stiftungstafel der Lindenspür-Mahlzeit mit dem Porträt des Stifters und den zu verzehrenden Naturalien

ste Stiftung war aber zweifellos die sogenannte »Lindenspür-Mahlzeit« im Jahr 1648.

In der Stiftungsurkunde von 1648 bekennt Lindenspür, daß er in den 50 Jahren seines Aufenthaltes in Stuttgart »von dem Allmächtigen Gott mit einer feinen Nahrung gesegnet gewesen, ihm auch aller Orten Treue, Ehr und Liebs erwisen worden«. Deshalb wolle er »sowohl für sich selbsten, als in Angedenken seiner drei verstorbenen Frauen« mit einer Stiftung seine »gegen Fürstlich löblicher Canzlei, dem gesambten würdigen Ministerio ... das ist die Geistlichkeit ... als auch Vogt, Gericht und Rat tragende dienstliche gute Affection« zeigen, und zwar in Gestalt einer »christ- und ehrlichen Mahlzeit«. Diese sollte alljährlich am 2. März, seinem Geburtstag, im Bürgerhaus auf den Tisch kommen.

Die von Lindenspür bestimmten 44 Teilnehmer waren der Bürgermeister, die Gerichts- und Ratsmitglieder, der Stadtschreiber, die ältesten Beamten der herzoglichen Behörden und etliche Vertreter der Geistlichkeit. Dazu sollte noch ein Freund der Familie Lindenspür kommen.

Vom Zins der Stiftungssumme von 733 Gulden und 20 Kreuzern sollten jedes Jahr 50 Kreuzer für das Essen eines jeden Teilnehmers aufgewendet werden, das von »dennselben in Vertrawlichkeit und Frieden bei gutem allerseitz Vertrawn und Einigkeit erbawlichem Gespräch verzöhrt und genossen werden« sollte. Der Stifter selbst nahm noch an den Essen zwischen 1648 und 1650 teil. Nach seinem Tode wurde die Mahlzeit bis 1689 ohne Unterbrechung jährlich abgehalten, danach, anfangs bedingt durch die Franzosenkriege, bis 1789 nur noch sporadisch.

Im 19. Jahrhundert besann man sich noch zweimal auf die Stiftung, nämlich 1869 und 1889. Zuvor hatte aber der Gemeinderat 1844 den Stiftungszweck fallenlassen und den Betrag für die Armen bestimmt. Anstatt den niedrigen Lohn der bedürftigen Stadtbediensteten zu erhöhen, erhielten diese aus der Lindenspür-Stiftung einen Zuschuß. Zum endgültig letzten Essen wurde 1909 eingeladen, als das zur Verfügung stehende Kapital 1800 Mark betrug.

Zu der Zeit, als das Essen noch regelmäßig stattfand, führte man in einem Pergamentband über die Ausgaben und Vorkommnisse gewissenhaft Buch. Deshalb wissen wir auch, daß sich jeder Teilnehmer bei einer Verhinderung oder Unpäßlichkeit entschuldigte. Wir erfahren daher zum Beispiel, daß ein gewisser Johann Ludwig

Funkh 1652 »mit Hochzeitsgedanken beladen gewesen ist« und in der Folge der Feier sechs Jahre fernblieb.

Jeder trank fünf Liter Wein

Bei einem anderen heißt es, er können »den Trunk nicht vertragen«, was kein Wunder ist bei den Mengen, über die ebenfalls Buch geführt wurde. Im Jahr 1652 wurden beispielsweise elf Imi Wein getrunken. Ein Imi entspricht zirka 19 Liter. Im Durchschnitt trank also jeder Teilnehmer über fünf Liter.

Der Alkoholkonsum hatte zur Folge, daß mancher nicht mehr nach Hause kam. So heißt es 1675: »Hofprediger Kolb ist vertraulicherweis im Gerichtsstüblin auf em Bank legen geblieben.« Im folgenden Jahr blieb Kolb dem Essen fern, »weil er die Freitagspredigt zu studieren habe«. Dem Pfarrer Götzen erging es 1689 etwas besser, er konnte wenigstens noch »in der Portechaise nach Hause getragen werden«.

Wenn man den Speisezettel betrachtet, so hat man Verständnis, daß der Abendprediger Schellenbauer einmal sagte, er müsse zwar am folgenden Tag eine Beichtpredigt halten, wolle aber doch »ein paar Stündle« erscheinen. Von den 1649 aufgetragenen drei Gängen sei nur der zweite zitiert, damit man sich eine Vorstellung von der Länge des Essens machen kann: »Suppe – Eingemacht Kalbfleisch mit Petterlingswurtz – Rindfleisch mit Meerrettich – Versottene Hühner – Welsche Hahnen, gebraten – Rehschlegel – Grundeln in Butterbrühe – Backes.«

Wie man sieht, war bei diesem Mahl das Elend des soeben zu Ende gegangenen Dreißigjährigen Krieges nicht zu spüren, und man mag ermessen, daß diese Lindenspür-Mahlzeit für die Teilnehmer jedesmal eine willkommene Abwechslung war.

Damit bei den alljährlichen Lindenspür-Essen der Wein aus einem würdigen Gefäß getrunken werden konnte, hatte Bürgermeister Lindenspür einen Pokal gestiftet, das »silberin vergüldt Trinkgeschürr in Form eines Löwen«. Der Löwe sitzt aufrecht und hält mit seiner linken Vorderpfote ein Schild, in welches ein Porträt des Stifters eingraviert ist, mit seiner rechten Pfote ein Laubblatt, das folgende Inschrift trägt:

»Thuet mich austrincken
vnd vmbkehren.
Herrn Wolff Fritz
Lindenspürn zue Ehren.«

Bei jedem Festessen wurde der Löwe, der nach Abnahme des

Der Stutenbecher von 1659, ein Werk des Silberschmieds Jeremias Peffenhäuser

Kopfes mit Wein gefüllt werden konnte, als Eröffnungstrunk auf das Wohl und zum Andenken des Stifters in der Runde von Mund zu Mund gereicht. Ein Spruch, der auf dem Rücken des Pokals eingraviert ist, bringt die Grundhaltung Lindenspürs zum Ausdruck und sollte die Teilnehmer am Essen zur Nachahmung anhalten:

»Leb in ehrn
frelich trinckh vnd iss.
Gotts vnd der armen
niht vergiss.«

Sowohl dieser Löwenbecher als auch das Stiftungsgemälde mit dem Porträt Lindenspürs und den Stiftungsgegenständen haben die Zeiten überdauert und sind in den Stadtgeschichtlichen Sammlungen erhalten.

Ganz allmählich kehrte das Leben zur Normalität zurück. 1650 ließ sich beispielsweise der erste Buchhändler in der Stadt nieder, und in den sechziger Jahren fanden auch wieder Rennen und Feuerwerke statt. 1673 gab es endlich ein Theater, und 13 Jahre später wurde das erste Gymnasium eingerichtet. Das »Gymnasium Illustre«, das heutige Eberhard-Ludwigs-Gymnasium, entstand 1686 an der später sogenannten Gymnasiumstraße zwischen Königstraße und Kronprinzstraße. Als Schule mit sieben Klassen eröffnete sie den Schülern den Zugang zur Universität Tübingen. Die erste Lateinschule war 1501 in der Stadt gegründet worden. Eine deutsche Schule gab es erst seit der Einführung der Reformation.

Der »Stutenbecher« ist erhalten geblieben

Aus dem Jahr 1659 hat sich der »Stutenbecher«, ein Prunkpokal des Stuttgarter Ratssilbers, erhalten. Dieser diente als sogenannter »Willkomm«, in welchem hohen Gästen der Begrüßungstrunk gereicht wurde. Geschaffen hat ihn der ursprünglich aus Augsburg stammende Gold- und Silberschmied Jeremias Peffenhäuser (1617–1677). In Anlehnung an den Namen und das Wappen der Stadt war das Motiv der Stute für ein derart repräsentatives Objekt zwangsläufig vorgegeben.

In Stuttgart konnte sich nie ein bedeutendes Gold- und Silberhandwerk entwickeln. Der Grund: Die Handwerkerordnung stand den hiesigen Meistern nur zwei Gesellen und einen Jungen als Arbeitskräfte zu, so daß Großaufträge gar nicht erfüllt werden konnten. Im Gegensatz dazu waren einem Augsburger

Meister fünf, in Nürnberg gar unbeschränkt viele Arbeitskräfte gestattet, weshalb diese Städte auch zu Zentren der Zunft werden konnten. Weil Stuttgart in der Branche keine große Rolle spielte, gab es hier auch keine Silberhändler, die den Handwerkern größere Aufträge vorfinanziert hätten. Die Meister selbst waren nie übermäßig kapitalkräftig.

Daß Silber in der zweiten Hälfte des 17. Jahrhunderts in wesentlich bescheidenerem Umfang als 100 Jahre später am Stuttgarter Hof Verwendung fand, zeigt die Tatsache, daß 1683 beim Besuch der Markgrafen aus Ansbach und Durlach insgesamt nur 18 Fürstengedecke und 14 Frauengedecke aus Silber zur Verfügung standen. Die Marschälle dagegen aßen aus Tellern von englischem Zinn, die Junker gar von Feldzinn.

Jeremias Peffenhäuser hatte die Tochter eines Goldarbeiters namens Christoph Dauchwitz (1602–1667) geheiratet, den es 1636 durch Kriegswirren von Schwiebus in der östlichen Neumark nach Stuttgart verschlagen hatte. 1664 wurde er Nachfolger von Dauchwitz als Wardein (Münzprüfer) und Münzmeister. Im folgenden Jahr kaufte der Hof bei ihm Silbergeschirr für die herzogliche Tafel im Gesamtwert von 1560 Gulden, wobei Peffenhäuser in diesem Fall höchstwahrscheinlich nur als Zwischenhändler auftrat. Zahlreiche Kinder und Enkel Peffenhäusers gingen Eheverbindungen innerhalb der Gold- und Silberzunft ein, auch seine Söhne ergriffen den Beruf des Vaters. Einer von ihnen wurde später sogar zum Generalwardein ernannt.

Die Soldaten Mélacs kommen in die Stadt

Bis ins 18. Jahrhundert hinein blieb Stuttgart eine bescheidene Residenz, die die verwilderten Lustgärten und den Glanz der Renaissance nicht mehr zu neuem Leben zu erwecken vermochte, denn schon bald begannen im deutschen Südwesten die Kriegszüge der Franzosen unter General Mélac.

Die feindlichen Truppen erschienen 1688 erstmals vor der Stadt, und nur dem entschiedenen Auftreten und der Besonnenheit der Herzoginwitwe Magdalena Sibylla war es zu verdanken, daß die Franzosen ihre Drohung nicht wahr machten und Stuttgart das Schicksal Heidelbergs erspart blieb. Der Marquis Feuquières bezeugte vor dem Rat der Stadt seine Hochachtung mit den Worten: »Wo ich nicht auf die kluge conduite dieser großen Fürstin gesehen hätte, so hätte ich wohl Ursache gehabt, die Wut der Anwohner mit Feuer zu strafen und die Stadt an vier Ecken anzuzünden und so lange zu brennen, bis sie völlig in Asche gelegt worden sein.«

Aus der alteingesessenen schwäbischen Familie Rheinwald stammen mehrere Stuttgarter Bürgermeister im 17. und 18. Jahrhundert. Einer von ihnen, Christian Rheinwald, wurde 1681 Mitglied des Rates und 1694 Bürgermeister der Stadt. In einer autobiographischen Schrift klagte er über die damaligen Verhältnisse: »Anstatt daß ich mich darüber erfreuet habe, hat mich nicht wenig erschreckht, dan die Statt ist voller geworbener und auch von dem Landausschuß Leute gelegen, das es täglich allerley vertrießliche Händel gesezt, unnd man von Morgens bis in die späte Nacht immer die Hände voll zu thun gehabt und öfters weder Soldaten noch Bürgern nach Beschaffenheit der Umstände, recht verschaffen können, wie man sich denn beflissen, immer die Waag gleich zu halten ...«

Abgesehen vom Schloßbezirk machten die Straßen der Stadt noch einen recht ländlichen Eindruck. Als Herzog Friedrich Karl 1684 der Meinung war, es gebe in Stuttgart zu viele Misthaufen und die Reinlichkeit der Stadt lasse allgemein sehr zu wünschen übrig, wurde die erste Viehzählung durchgeführt. Sie ergab, daß 1125 Schweine, 286 Stück Rindvieh, 769 Gänse und 397 Enten innerhalb der Stadtmauern gehalten wurden. Vor den insgesamt 805 Gebäuden fanden die Inspektoren 157 Misthaufen, was den Charakter der damaligen Stadt verdeutlicht.

Sieben Jahre später rühmte der sächsische Beamte Konrad Rüger zwar die schönen Gebäude und die schöne Lage der Stadt, sagte aber ganz offen, die Stadt sei »sehr unflätig ... des Mists und des Schweineviehs wegen.«

Auch jetzt noch waren Taufen, Hochzeiten oder Todesfälle in der herzoglichen Familie und die damit einhergehenden barocken Inszenierungen nicht nur Selbstdarstellung des Hofes, sondern auch Höhepunkte im Alltagsleben der Bürger. Nachdem am 29. Juni 1698 die Witwe Herzog Eberhards III. von Württemberg, Maria Dorothea Sophia, auf ihrem Witwensitz in Nürtingen verstorben war, wurde sie am 20. Juli nach Stuttgart überführt.

Gegen 19.30 Uhr wurde der Zug oben an der Esslinger Steige sichtbar, worauf alle Stuttgarter Kirchenglocken so lange läuteten,

Der Trauerzug für die Herzogin Maria Dorothea Sophia vom Alten Schloß (links unten) zur Stiftskirche (rechts oben) am 21. Juli 1698

bis der Sarg beim heutigen Charlottenplatz feierlich empfangen und in der Schloßkirche unter einem »Castrum doloris«, dem sogenannten Trauergerüst, abgestellt war.

Tags darauf nach Einbruch der Dunkelheit wurde der Sarg wieder aus der Schloßkirche getragen und davor im Hof niedergesetzt. Nun formierte sich die Leichenprozession. Insgesamt waren mehrere Hundert Menschen aus dem ganzen Herzogtum gekommen, um der Herzogin die letzte Ehre zu erweisen. Alle trugen lange, schwarze Trauermäntel und Trauerhüte mit schwarzem Flor. Mit hohen, brennenden Ölfackeln war der Weg vom Schloßportal zum Haupteingang der Stiftskirche angemessen beleuchtet. 24 adelige Kavaliere trugen in der Mitte des Zuges den Sarg, der von einem schwarzen Tuch mit weißem Kreuz bedeckt war. Den Baldachin und die Quasten hielten zwölf weitere Kavaliere. 20 Pagen mit weißen Wachsfackeln umgaben den Sarg, und daneben gingen auf jeder Seite nochmals je zwölf Trabanten.

Während der gesamten Prozession läuteten die Stuttgarter Kirchenglocken. Unter Choralgesang wurde der Sarg dann in die Kirche getragen und hinter dem Altar aufgestellt. Nach dem Ende der Beisetzung in der Gruft unter der Stiftskirche begab sich der Zug in gleicher Formation zurück zum Schloß. Die Menschen aus dem einfachen Volk waren Zaungäste, die staunend und fasziniert zusahen.

Ein Vorschlag: Cannstatt sollte Hauptstadt werden

Im Jahr 1682 bekam der Herzog-Administrator Friedrich Carl eine auf französisch verfaßte, anonym in Amsterdam erschienene Schrift in die Hand. Das Heft enthielt den schockierenden Vorschlag, Residenz und Kanzlei von Stuttgart ins benachbarte Cannstatt zu verlegen. Sein Verfasser: einer der größten Gelehrten der europäischen Geistesgeschichte, der Philosoph, Naturforscher und Politiker Gottfried Wilhelm Leibniz (1646–1716).

Unter dem Titel »Vorschlag für den Herzog von Württemberg und seinen Rat zum Nutzen seiner Länder« hat Leibniz durchaus einleuchtende Argumente vorgebracht: Eine Hauptstadt müsse in der Mitte des Landes liegen, damit die Kanzleien und Handelsplätze vom Volk bequemer erreicht werden können, sie müsse außerdem an einen großen Verkehrsweg angeschlossen sein, der von Postkutschen und Reisenden zahlreich befahren wird, und sie solle von einem Fluß berührt werden, da der Warentransport zu Wasser leichter als zu Land vonstatten gehe.

Nach Auffassung des jungen Philosophen vereinigte Cannstatt alle diese Vorteile in sich und war deshalb als Hauptstadt der geeignetste Platz. Er schrieb: »Außerdem ist Cannstatt nicht sehr weit von Stuttgart und Tübingen entfernt, so daß man nach und nach den Hof und die Universität dahin verlegen könnte.« Auch Tübingen hätte also seine Universität auf diese Weise verloren. Denn erst wenn alle wesentliche Bereiche des Lebens – Handel, Hof und Geistesleben – in einer Stadt vereinigt seien, könne ein wirkliches Zentrum entstehen. Wie das in der Praxis aussehen sollte, wird so beschrieben: »Es werden sich leicht Mittel und Wege finden lassen, diejenigen, welche am Hof und an der Akademie in Tübingen und Stuttgart sind, in bezug auf ihre Häuser, ihre Handelsgeschäfte, die sie dort gegründet haben, durch Ankauf ihrer Güter, durch Verleihung guter Vorrechte und zeitweiliger Steuerbefreiungen, durch Abtretung von Holz, Steinen, Kalk und anderen notwendigen Materialien zufrieden zu stellen.«

Dem Vorschlag von Leibniz wurde kein Gehör geschenkt. Stuttgart blieb Hauptstadt; über 200 Jahre danach allerdings »vereinigten« sich die Residenz- und die Badestadt, und Cannstatt war fortan ein Stadtteil von Stuttgart.

Die Alte Kanzlei brennt

Wie Kriegszüge oder Seuchen, so waren auch Brände eine große Gefahr in den alten, zumeist in Fachwerk errichteten Städten. Als am 30. Dezember 1683 die Alte Kanzlei am Schillerplatz in hellen Flammen stand, war das Schlimmste zu befürchten. Ein Hofbeamter hatte nasses Papier »auf dem Ofen in der oberen Eckstube gegen das Schloß hin« zum Trocknen aufgelegt. Wie man sich leicht vorstellen kann, fingen die getrockneten Papiere schnell Feuer. Ein gefundenes Fressen für die Flammen waren die vielen Akten, die in Kanzleien aufbewahrt werden.

Daß der Feuersturm schließlich doch nicht auf das Schloß und benachbarte Gebäude übergegriffen hat, war zum einen einer starken Brandmauer innerhalb des Kanzleikomplexes, zum anderen aber dem raschen Eingreifen und der guten Ausbildung der Stuttgarter Feuerwehr zu verdanken. Seit dem 15. Jahrhundert hatte Stuttgart ein gesetzlich geordnetes Feuerlöschwesen. Besitzer von Keltern mußten stets einen Wagen mit einem Faß voll Wasser bereithalten, um bei Ausbruch eines Brandes sofort zur Stelle sein zu können. Wer als erster sein Faß an der Brandstätte anlieferte, bekam »ein Pfund Heller« zur Belohnung.

Die wirksamste Waffe gegen das Feuer waren die Pumpspritzen, die aber von etwa zehn Personen gleichzeitig betätigt werden mußten. Der durch den Pumpmechanismus erzeugte Wasserdruck reichte aus, um ins zweite Obergeschoß zu spritzen. Das Wasser mußte jedoch zuerst in die Pumpen selbst gelangen. Zu diesem Zweck wurde eine lange Menschenkette zum nächsten Brunnen gebildet, aus dem in Ledereimern Wasser geschöpft wurde. Die Eimer wanderten dann von Hand zu Hand bis zu den Pumpwannen. Hunderte von Ledereimern wurden benötigt. Deshalb war es die Pflicht eines jeden Bürgers der Stadt, bei seiner Hochzeit einen Eimer ins Magazin zu stiften.

Der Brand der Alten Kanzlei am 30. Dezember 1683

Ohne die gemeinschaftliche Hilfe der Bürgerschaft wäre früher eine sinnvolle Brandbekämpfung nicht möglich gewesen. Sobald der Ruf »Feurio!« oder die Sturmglocke auf der Stiftskirche ertönte, mußte jeder Bürger im Laufschritt aus dem Haus zur Unglücksstätte kommen. Im Jahr 1569 zum Beispiel, als ein Saal im Alten Schloß durch Brand zerstört wurde, halfen 1720 Bürger bei den Löscharbeiten. Auf den Türmen hielten Turmwächter ständig Ausschau, um einen Brand so früh wie möglich zu entdecken.

Nicht immer ging ein Brand so verhältnismäßig glimpflich ab wie 1683 in der Alten Kanzlei. Zwar wurden zwei Geschosse und wichtige Akten vernichtet, nur ein Jahr später hatte man jedoch alles wieder aufgebaut, waren die Spuren der schrecklichen Nacht getilgt. Oft war bei Bränden aber jede Hilfe umsonst, und ganze Straßenzüge fielen dem Feuer

Blick vom Kanonenhäusle auf die Stuttgarter Innenstadt, um 1840

zum Opfer. So wurden 1716 in der Karlstraße innerhalb von fünf Stunden über 50 Gebäude ein Raub der Flammen. Beim Hirschgassenbrand 1761 sanken 41 Häuser in Schutt und Asche.

Damit die Feuerwehr im Ernstfall genügend Wasser zur Verfügung hatte, wurde 1701 vor der Stadt am Weg nach Botnang ein »Feuersee« angelegt, dessen gestautes Wasser innerhalb kurzer Zeit in die Stadt geführt werden konnte. Auch die »Wetten«, die es an verschiedenen Stellen der Stadt gab und die hauptsächlich zum Waschen und Tränken der Pferde benutzt wurden, dienten als Löschwasser–Reservoirs.

Nachdem in Esslingen durch einen Brand 200 Häuser vernichtet worden waren, baute man 1702 auf der Gänsheide eine Hochwacht, die mit zwei Alarmkanonen zur Feuermeldung ausgestattet wurde. Vor allem die umliegenden Ortschaften, beispielsweise Gablenberg, konnten vor der Erfindung des Telefons auf diese Weise alarmiert werden. Dieses sogenannte »Kanonenhäusle«, »Stuckhäusle« oder »Lärmenhäusle« wurde 1863 aufgestockt und steht nun schon fast 300 Jahre dort oben bei der Hillerstaffel.

Kurz nach 1700 nahm die Entwicklung Stuttgarts zunächst einen günstigen Verlauf. 1702 wurde die erste regelmäßig erscheinende Zeitung der Stadt, das »Stuttgarter Ordinari Dienstags-Journal«, herausgegeben, 1703 eröffnete die Thurn- und Taxissche Post in der Grabenstraße (zwischen Stift- und Schulstraße) eine Poststation. Endlich war Stuttgart an den überregionalen Verkehr angeschlossen. Ein Jahr später entstand eine Hofbank, die allerdings schon 1739 wieder aufgelöst wurde, und 1705 wurde vor den Toren der Stadt mit dem Bau einer Kaserne begonnen. Diese wurde schon bald zum zentralen Waisenhaus bestimmt und entsprechend umgebaut. Der unregelmäßige Vierflügelbau, dessen Innenhof trotz des umgebenden Verkehrs eine Oase der Ruhe darstellt, füllt noch heute die Fläche zwischen Karlsplatz und Charlottenplatz aus.

In der damals etwa 12 000 Einwohner zählenden Stadt wurde 1709 eine Bierwirtschaft mit Brauerei eröffnet, nach weiteren drei Jahren kam ein Kaffeehaus dazu. Wenig später nahm die erste regelmäßige Schiffahrtsverbindung auf dem Neckar zwischen Cannstatt und Heilbronn den Betrieb auf. Stuttgart war dabei, sich den Bedürfnissen der Zeit entsprechend zu entwickeln.

Ludwigsburg wird gegründet

Stuttgart blühte auf – doch gleichzeitig drohte eine neue Gefahr für die Entwicklung der Stadt. Herzog Eberhard Ludwig hatte 1704 etwa 20 Kilometer nördlich von Stuttgart ein Jagdschloß errichten lassen, das nach und nach zu einem umfangreichen Komplex ausgebaut und Ludwigsburg genannt wurde. 1709 ergingen die ersten Einladungen an Siedler zur Gründung einer Stadt in unmittelbarer Nähe des Schlosses. Ludwigsburg wuchs rasch heran, und da der Herzog dort mit seiner Mätresse Wilhelmine von Grävenitz ungestört leben konnte – seine Gemahlin wohnte weiterhin im Stuttgarter Schloß –, machte er die Neugründung zunächst zur zweiten, 1718 schließlich zur alleinigen beständigen Residenzstadt. Stuttgart sank allmählich auf den Rang einer gewöhnlichen Landstadt herab. Blieben anfänglich die Behörden noch in der alten Residenz, so mußten in den folgenden sechs Jahren alle Regierungskollegien und Kirchenbehörden von Stuttgart abziehen.

Die Stadt verödete, da aller Augen auf Ludwigsburg gerichtet waren. Nach einer Gebäudezählung von 1725 gab es in Stuttgart 1426 Häuser und 143 Scheunen innerhalb der Stadtmauer. Die Einwohnerzahl betrug etwa 16 000, fünf Jahre später waren es gerade noch etwas mehr als 11 000. Voll Mißgunst blickte man in Stuttgart auf die junge Stadt im Norden.

Kapitel 6

Das 18. Jahrhundert: Stuttgart bangt um seine Stellung als Hauptstadt

Herzog Eberhard Ludwig hatte in seinem Testament allen seinen Nachfolgern zur Pflicht gemacht, Ludwigsburg als ständige Residenz beizubehalten und auch die Zentralbehörden niemals nach Stuttgart zurückzuverlegen. Trotzdem wurde Stuttgart 1734 durch Herzog Carl Alexander wieder zur Hauptstadt erklärt, der Hof bevorzugte jedoch weiterhin die moderne und großzügigere Residenz in Ludwigsburg.

Die Bürgerschaft schenkte dem Herzog 10 000 Gulden zur Instandsetzung des Alten Schlosses gegen das Versprechen, in Zukunft wieder in Stuttgart zu residieren. Nun gewann die Stadt ihre alte Vorrangstellung zurück.

Ein unangenehmes Kapitel württembergischer Geschichte wurde im Februar 1738 in Stuttgart beendet. Der Finanzminister Josef Oppenheimer – genannt Jud Süß – wurde unmittelbar nach dem Tode Herzog Carl Alexanders, noch in der Nacht vom 12. auf den 13. März 1737, festgenommen und selbstsüchtiger Finanzmanipulationen bezichtigt. Zunächst auf dem Hohenneuffen, dann auf dem Hohenasperg inhaftiert, dauerte seine Leidenszeit elf Monate, bis ihm im Herrenhaus am Stuttgarter Marktplatz ein sehr zweifelhafter Prozeß gemacht wurde. Der Richterspruch verurteilte Oppenheimer zum Tode. Am Schluß des Verfahrens wurde vor ihm symbolisch der Stab zerbrochen und Oppenheimer auf einem Schinderkarren zur Richtstätte gefahren. Das Volk strömte ebenfalls zum Richtplatz bei der heutigen Wolframstraße, wo »Jud Süß« in einem am Galgen aufgehängten eisernen Käfig am 4. Februar 1738 den Tod fand.

Der eiserne Galgen war schon 1597 unter Herzog Friedrich für Georg Honauer aus Olmütz errichtet worden. Dieser hatte vorgegeben, aus Eisen Gold herstel-

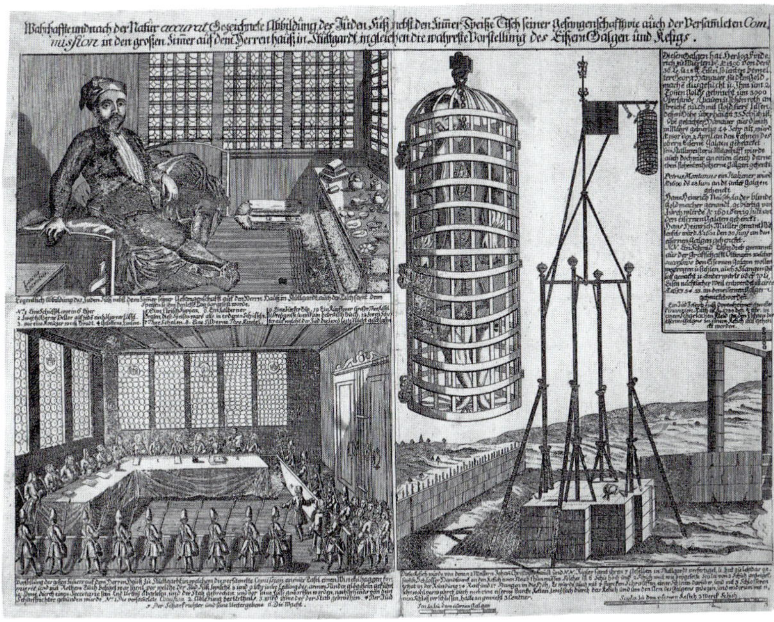

Inhaftierung, Prozeß und Hinrichtung des Joseph Süß Oppenheimer im Februar 1738 auf einem zeitgenössischen Kupferstich

len zu können und hatte so den Herzog um eine stattliche Summe gebracht. Aus eben jenem Eisen, das er hatte verwandeln wollen, wurde damals das Blutgerüst geschmiedet. Für Josef Süß Oppenheimer stellte die Stuttgarter Schmiedezunft aus eigenen Mitteln zusätzlich einen Käfig her, den sie rot anmalte und in dem der zu Tode Gebrachte mehrere Jahre aufgehängt blieb.

Um dem grausigen Schauspiel bequem beiwohnen zu können, hatte man für die vornehme Gesellschaft überdachte Tribünen aufgestellt. Der damalige Herzog Carl Rudolf, der das Herzogtum für den noch unmündigen Carl Eugen verwaltete, hatte erst nach langem Zögern das Todesurteil unterschrieben. Dabei soll er gesagt haben: »Das ist ein seltenes Ereignis, daß ein Jud für Christenschelmen die Zeche bezahlt.« Heute – nach Öffnung der Archive – wissen wir, daß das Verfahren nicht gerecht war und das Urteil schon vor dem Prozeß festgestanden hatte.

Einer von mehreren Plänen, die Balthasar Neumann für das Stuttgarter Neue Schlo

Ein halbes Jahrhundert später wurde der Galgen abgebaut und das Eisen des Käfigs angeblich in Degerloch zu einer Balkonbrüstung umgeschmiedet.

1744 gelangte Herzog Carl Eugen nach seiner Mündigkeitserklärung, erst sechzehnjährig, zur Regierung. Der außerordentlich begabte Fürst hatte seine ersten acht Lebensjahre in Brüssel verbracht, seiner und seiner Mutter, einer Prinzessin von Thurn und Taxis, Geburtsstadt. Danach war er am Hofe Friedrichs des Großen erzogen worden.

Unter Berufung auf die entsprechenden Erklärungen von 1482 und 1520 versicherte Carl Eugen kurz nach seinem Regierungsantritt, daß »hiesige Erstere Haupt-Stadt Stuttgardt der beständige Sitz von Fürstlichen Hoff und Cantzley seyn und bleiben, auch alle Ausrichtung des Landes und Regiments zu allen Zeiten allhier in Stuttgardt gehalten werden« sollen.

Das Neue Schloß wird gebaut

Da die Residenz sich noch immer in Ludwigsburg befand, baten die Stuttgarter den neuen Regenten, mit dem Hof in die angestammte Hauptstadt zurückzukehren, was er nach einer Zahlung von 30 000 Gulden auch zusagte. Für Carl Eugen, der auf keinen Fall ins Alte Schloß einziehen wollte, mußte zunächst eine neue »convenable Wohnung« gebaut werden. Der Gedanke, die neue Residenz im Westen der Stadt auf dem »Bollwerk« als höchstem

ıngefertigt hat, abgezeichnet am 24. Dezember 1747*

des Ludwigsburger Schlosses beteiligt gewesen; 1727 bis 1730 hatte er unter anderem die Türme der Ludwigsburger Stadtkirche entworfen. 1731 wurde er zum Markgräflich Ansbachschen Baudirektor berufen.

In der mittelfränkischen Metropole vollendete er große Teile des Residenzschlosses, baute die Stiftskirche um, errichtete die bemerkenswerte Synagoge (1744-46) und Bürgerhäuser. Gleichzeitig war er mit der Umgestaltung von Schloß Kirchberg an der Jagst (1738-58), dem Neubau von Schloß Ludwigsruhe bei Langenburg in Hohenlohe (1742) und von Schloß Eschenau bei Heilbronn (1744/45) beauftragt.

Kurz: Retti hatte einige Erfahrung im Bau repräsentativer Anlagen vorzuweisen.

Bevor die Pläne für das Neue Schloß den Beifall des jungen Herzogs fanden, mußte Retti allerdings sieben verschiedene Entwürfe ausarbeiten.

Im darauffolgenden Frühjahr, 1747, brach eine öffentliche Auseinandersetzung über die Qualität der von Retti vorgeschlagenen

Punkt errichten zu lassen, wurde bald wieder aufgegeben. Das dortige Gelände war in viele Parzellen aufgeteilt, die sich in privater Hand befanden. Der Grunderwerb hätte zu hohe Summen gekostet.

Statt dessen entschied man sich, den brachliegenden Lustgarten aus der Renaissancezeit als Bauplatz zu wählen, da sich das gesamte Gelände bereits im Besitz des Herzogs befand. Am 3. September 1746 legte Herzog Carl Eugen in einem feierlichen Akt den Grundstein. Einige Zeit später wurde mit den eigentlichen Bauarbeiten begonnen.

Die Pläne stammten von Leopold Retti, dem Neffen des Ludwigsburger Baumeisters Donato Guiseppe Frisoni. Der gebürtige Italiener Retti war schon am Bau

Fassade aus, die mehrere Architekten zu Alternativentwürfen veranlaßte. Zuletzt entschied sich der Herzog aber für einen von Retti erneut überarbeiteten Entwurf, und Retti wurde zum »Ingenieur-Obristleutnant« und Oberbaudirektor für das württembergische Hochbauwesen ernannt.

Noch Ende 1747, als die Mauern des heutigen Haupt- sowie des Gartenflügels bereits »ausser fundament« waren, hat der damals 60jährige Balthasar Neumann umfangreiche Entwurfszeichnungen für ein riesiges Schloß nach Stuttgart gesandt. Da die Pläne auf eine gute Ortskenntnis schließen lassen und darin die bereits in Gang befindlichen Bauarbeiten berücksichtigt waren, scheint Neumann sich über die Stuttgarter Gegebenheiten genauestens informiert zu haben. Seine Pläne sind am 24. Dezember 1747 abgezeichnet, dürften also bald danach in Stuttgart eingetroffen sein. Ob ihnen Aufmerksamkeit geschenkt wurde, ist nicht bekannt. Das Angebot Neumanns, Einzelheiten »mit einer mündlichen Unterredung« zu klären, wurde wohl nicht angenommen. Korrespondenz ist nicht überliefert.

Aus unbekannten Gründen hat der berühmte Architekt, der unter anderem das Würzburger Schloß und die Klosterkirche in Neresheim erbaute, ein Jahr später noch einmal Entwürfe angefertigt, die alles bisher Geplante in den Schatten stellten.

Die Planungen Neumanns waren jedoch um die Mitte des 18. Jahrhunderts – obwohl aus heutiger Sicht außerordentlich repräsentativ – höchst altmodisch. Herzog Carl Eugen orientierte sich lieber an der modernen Architektur des benachbarten Frankreich.

Ganz abgesehen davon waren die Vorstellungen Neumanns für das kleine Württemberg mehrere Nummern zu groß. Auch hätte der enge Stuttgarter Talkessel keinen passenden Rahmen für ein gigantisches Schloß abgegeben. Im Vestibül des Neuen Schlosses befindet sich ein 1975 angefertigtes Gipsmodell, das zeigt, was entstanden wäre, hätte man Neumanns Planungen akzeptiert.

Nach Rettis Tod wurde der Bau von Philippe de la Guêpière weitergeführt. Mitte der fünfziger Jahre war das Schloß nahezu vollendet. Ein Brand vernichtete jedoch 1762 den in kostbarstem Rokoko ausgestatteten Gartenflügel und veranlaßte den Herzog, erneut nach Ludwigsburg umzusiedeln. Den Wiederaufbau des

Schlosses leitete ein natürlicher Sohn des Herzogs, der Baumeister Reinhard Ferdinand Heinrich Fischer.

1758 hatte Stuttgart 17 000 Einwohner. Damit war die Bevölkerungszahl seit 1725 um nur 1000 Menschen angewachsen.

Eine junge Herzogin zieht in Stuttgart ein

Eines der glanzvollsten Feste, das im 18. Jahrhundert in Stuttgart gefeiert wurde, war der Empfang des frisch vermählten Herzogspaares Carl Eugen und Elisabeth Friederike von Brandenburg-Bayreuth am 12. Oktober 1748.

Um die Mittagszeit begab sich das Paar bei schönstem Wetter von Ludwigsburg vor die Tore Stuttgarts. Auf den Wiesen zwischen dem Büchsentor und dem Hoppenlaufriedhof waren Zelte aufgebaut, wo sich beide mit ihrem Gefolge für den bald beginnenden Einzug umkleiden konnten.

Punkt zwei Uhr kündigten 24 Kanonenschüsse von den Höhen um die Stadt die Öffnung des zu diesem Anlaß »von Grund aus massiv neu erbauten« Büchsentores an. Der Zug verlief durch die Büchsenstraße und die Königstraße (damals noch »Großer Graben« genannt) zur Hauptstätter Straße und weiter über den Marktplatz ins Alte Schloß.

Mit ungeheurem Aufwand hatte sich die Stadt in den vergangenen Jahren herausgeputzt, drohte doch stets die Verlegung der Residenz zurück ins konkurrierende Ludwigsburg. Wilhelm Friedrich Schönhaar, der Chronist der Feierlichkeiten, schreibt: »Stuttgart hat sich einige Jahre her, theils durch Erbauung neuer Gebäude, theils durch Reparation und Verblendung derselben, wie auch durch Ausbesserung derer Strassen, so herrlich gemacht, daß man allerdings dessen Alterthum nicht mehr kennet. Damit haben auch dessen getreue Bürger und Innwohner, der Gnade Ihres Durchleuchtigsten Landesfürsten sich noch weiter würdig zu machen getrachtet ...«

In der Büchsenstraße und auch sonst entlang des Weges waren die Fassaden mit grünen Girlanden und Blumengebinden geschmückt, 28 Kinder streuten vor Carl Eugen und Elisabeth Friederike Blumen auf die Straße. Etwa bei der Hospitalkirche hatte die Bürgerschaft eine Ehrenpforte errichtet. Mit knapp sechs Metern Breite füllte sie die gesamte Straßenfläche aus, und mit über 17 Metern Höhe überragte sie alle Bürgerhäuser. Schönhaar beschreibt die eindrucksvolle Situation: »... insbesondere war dieselbe gegen die Stadt zu sehr wohl situiert, indem man von dort aus hinunter die mit ansehnlichen schönen Häusern gezierte breite und lange Gasse, weiter hinaus aber ... eine angenehme Abwechslung erhabener Weinberge und schöner Waldungen als im Perspectiv vor sich erblickte.«

Das ganze Werk war aus Holz und Stuck gebaut und gehörte zur damals weitverbreiteten Gattung der Festarchitektur. Nur für den Augenblick des Einzugs am 12. Oktober errichtet, wurde die Ehrenpforte schon bald danach wieder abgebaut. Ein zweites, wahrscheinlich ähnliches Exemplar gab es in der Kirchstraße, jedoch ist dessen Aussehen nicht überliefert.

Die Festivitäten und Divertissements zu Ehren des Herzogspaares gingen noch fünf Tage lang. Auf dem Programm standen eine Besichtigung des Großen Lusthauses mit Ball und Festmenü, ein Feuerwerk im Lustgarten sowie verschiedene Komödien- und Theateraufführungen. Nur die Bürger wurden sogleich wieder in den rauhen Alltag zurückgeholt, für den Hof war auch nach der offiziellen Feier fast jeder Tag ein »Fest«.

Die Kehrwoche gab es schon immer

Die Straßensäuberung hat in der Landeshauptstadt eine lange Tradition. Schon aus dem Jahr 1492 kennen wir eine Verordnung des Grafen Eberhard im Bart. Sie bestimmte unter anderem: »Damit die Stadt rein erhalten wird, soll jeder seinen Mist alle Wochen hinausführen, jeder seinen Winkel alle 14 Tage, doch nur bei Nacht, sauber ausräumen lassen und an der Straße nie einen anlegen.« Im »Winkel« mündete, als es noch keine Kanalisation gab, der Toilettenabfluß.

Die Reinigungsarbeiten, auch Kehrwoche genannt, sollten – wie heute auch noch – freitags oder samstags ausgeführt werden.

In unregelmäßigen Abständen wurden die sogenannten Gassenordnungen erneuert, so auch unter Herzog Christoph 1568. Im Jahre 1622, also zu Beginn des Dreißigjährigen Krieges, mußte dann nur noch einmal im Monat die Straße gereinigt und der Mist

Rechte Seite:
Die in der Büchsenstraße erstellte Ehrenpforte für Herzog Carl Eugen und Herzogin Friederike aus Anlaß ihres ersten Einzugs in die Residenz am 12. Oktober 1748

Carl, tapfrer Helden Sohn, zeuch ein mit Frideriken
Es wird zu Eurem Wohl und Heil sich alles schicken
VIVat CaroLVs WIrteMbergIæ DVX
et Sponsa . VIVa Laeta .
Porta Patens esto, Dux
est cum Conjuge præsto.
Quod Deus Conjunxit, homo non Separet
Divinitus Unita

alle acht Wochen aus der Stadt gefahren werden. Als 1679 wieder eine strengere Ordnung erlassen wurde, richteten sich die Einwohner offensichtlich nicht danach, was Herzog-Administrator Friedrich Carl fünf Jahre später ausdrücklich beklagte.

Der Vormund für den jungen Carl Eugen, Herzog-Administrator Carl Friedrich aus Oels in Schlesien, erließ am 13. April 1740 eine Verordnung, die »jedem Bewohner der Stadt, ohne Unterschied des Standes, besonders aber den Hausbesitzern die Reinerhaltung der Straße, so weit ihre Häuser gingen, mittelst zweimaligen Kehrens in jeder Woche und fleißige Säuberung der öffentlichen Plätze durch die in Almosen stehenden Armen« gebot. Ein Gasseninspektor mußte über die Einhaltung der Vorschrift Aufsicht führen.

14 Jahre später wurde eine »revidierte« Gassenordnung herausgegeben, die nun das wöchentlich zweimalige Kehren – mittwochs und samstags – vorschrieb. Sie wurde gedruckt und jedem Einwohner ausgehändigt, so daß sich niemand herausreden konnte, nichts von der Pflicht gewußt zu haben. Diese Ordnung von 1754 ist außerordentlich detailliert. Unter anderem heißt es darin, man solle im Sommerhalbjahr zwischen zwei und drei Uhr, in den Wintermonaten zwischen ein und zwei Uhr nachmittags »und nicht früher oder späther fleißig fegen, und bey trockenem Wetter zur Vermeydung des sonst entstehenden Unlusts und Staubs, hinlänglich spräntzen«. Wurde die Vorschrift nicht eingehalten, so mußte ein Bußgeld gezahlt werden. Nach viermaliger Ermahnung war es immerhin ein Gulden.

Bei dieser Gassenordnung spürt man deutlich, daß Stuttgart wieder die Residenz eines auf äußeren Glanz bedachten Herzogs war. Carl Eugens Baulust beschränkte sich jedoch nicht auf den Ausbau des Stuttgarter Schlosses, auch das Neue Lusthaus wurde nach Plänen Leopold Rettis grundlegend umgebaut. 1750 konnte es als hochmodernes Opern- und Schauspielhaus wieder eröffnet werden.

Casanovas Abenteuer in Stuttgart

Im Frühjahr 1760 kam Giacomo Casanova in die württembergische Residenz, und zunächst war er des Lobes voll. In seinen Memoiren berichtet er, der Hof des Herzogs von Württemberg sei zu jener Zeit »der glänzendste von

Giacomo Casanova, der 1760 in Stuttgart weilte

ganz Europa« gewesen. Vor allem das Theater suchte weit und breit seinesgleichen. Hofkapellmeister war der berühmte Nicolo Jomelli, der von 1753 bis 1769 in Stuttgart wirkte. Für das Ballett zeichnete der in der ganzen Welt bekannte Choreograph Jean-Georges Noverre verantwortlich. Während Casanovas Besuch waren in Stuttgart zehn italienische Tänzerpaare engagiert, die in Italien bereits als gefeierte Solisten aufgetreten waren.

Zunächst genoß Casanova das Leben in Stuttgart, geriet dann aber in die Gesellschaft betrügerischer Spieler, welche den italienischen Gast in beträchtliche Schulden stürzten. Als Casanova bei Herzog Carl Eugen um sein Recht kämpfen wollte, mußte er erfahren, daß dieser eigene Interessen verfolgte und ihm nicht helfen wollte. Bevor es zum Prozeß kam, blieb ihm nur die Flucht über die Stadtmauer und den Wassergraben. Zwei »reizende Frauen« ließen ihn an Seilen »sehr sanft und sehr bequem ohne die geringste Gefahr hinabgleiten«. Casanova berichtet in seinen Memoiren weiter: »Wir wateten durch Schlamm, in den wir bis zu den Knien einsanken, krochen durch die Löcher für die Hunde in den Hecken oder Gattern, die dem Vieh den Weg versperrten und erreichten recht erschöpft die Landstraße.«

Einige Zeit später, im Januar 1763, verlegte Herzog Carl Eugen die Residenz wieder nach Ludwigsburg, nachdem die Stadt Stuttgart sich geweigert hatte, eine neue, willkürlich angeordnete Steuer zu bezahlen. Für elf Jahre blieb der Hof nun wiederum fern der angestammten Hauptstadt.

An einem Herbsttag des Jahres 1763 kam Herzog Carl Eugen anläßlich einer ausgedehnten Jagd an eine aussichtsreiche Stelle am Waldrand unweit von Stuttgart und war sehr angetan von der Einsamkeit dieses Ortes, der dem Auge soviel Freiheit ließ. Hier wollte er ein Schloß bauen – zur

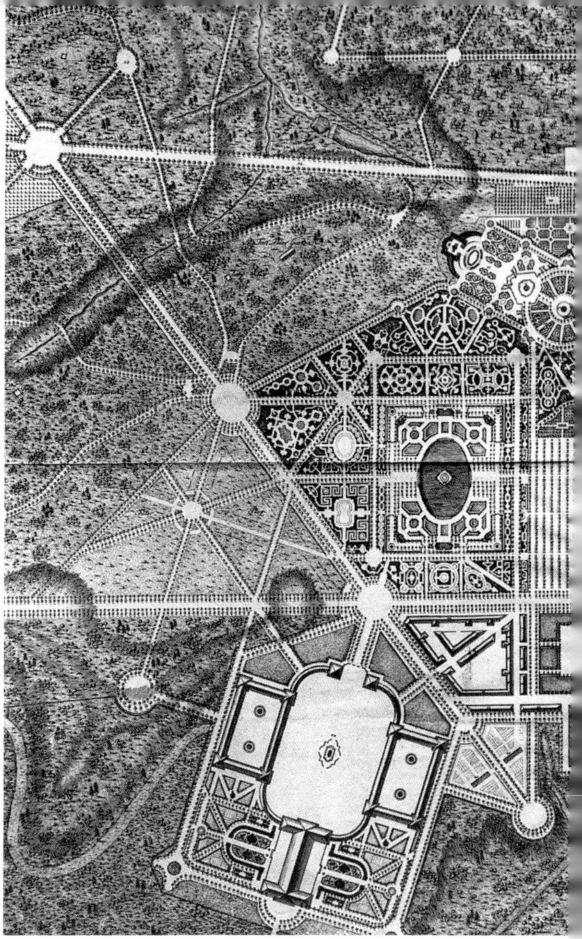

Plan der Gesamtanlage von Schloß und Garten Solitude

Ruhe und zur Einkehr.

Nur wenige Wochen später wurde der Bauplatz oberhalb von Weilimdorf vorbereitet – und schon 1764 legte man die Fundamente. Da sich der Hof nun wieder in Ludwigsburg befand, sollte das neue Schloß auch optisch mit der Residenzstadt in Beziehung stehen. Die ganze Anlage wurde direkt auf Ludwigsburg hin ausgerichtet und mit diesem durch eine etwa 14 Kilometer lange, schnurgerade Allee verbunden, die später die Basis der württembergischen Landesvermessung bildete. Teilweise waren über 1000 Arbeiter auf der Baustelle beschäftigt, und mehrmals in der Woche kam der Herzog höchstpersönlich von Ludwigsburg herüber, um den Fortgang des Baus zu kontrollieren.

Zweifellos geht der Grundriß der Schloßanlage auf eine Idee Carl Eugens zurück, der wohl auch manche Pläne eigenhändig gezeichnet hat. Die architektonische Verantwortung lag bei Philippe de la Guêpière. Nach fünf Jahren war alles fertig. Das eigentliche Schloß beherbergte nur die zur Repräsentation notwendigen Räume. Die herzoglichen Appartements, die Schloßkapelle sowie das Opernhaus befanden sich dagegen in den Kavaliersbauten.

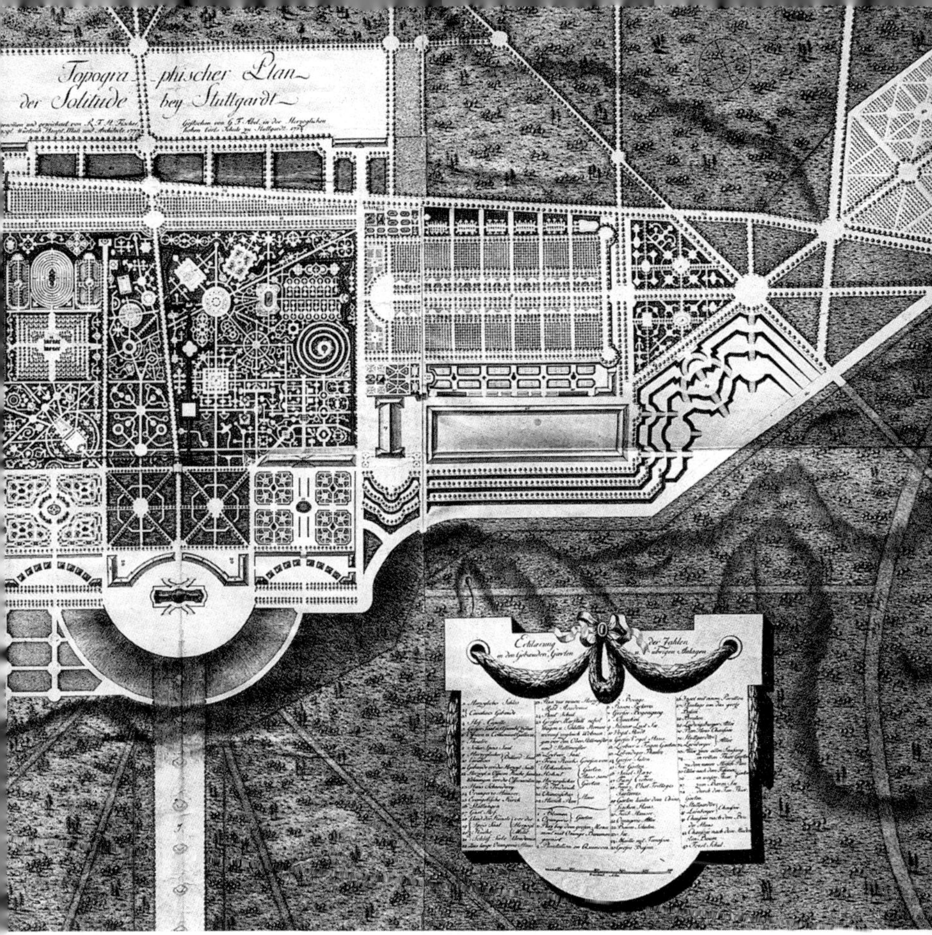

aufgenommen 1777 von dem Architekten R. F. H. Fischer, einem Sohn Carl Eugens

Weitläufige Zier- und Zuchtgärten umgaben das Schloß. Die Oberaufsicht lag lange Jahre bei Johann Caspar Schiller, dem Vater des Dichters Friedrich Schiller. Heute sind nur noch wenige Reste der Gärten hinter dem Schloß erkennbar.

Franziska und Carl Eugen wohnen in Hohenheim

Im Jahr 1775 war Stuttgart endlich wieder zum Mittelpunkt des Landes geworden: Herzog Carl Eugen hatte die Residenz, die Bibliothek, die Akademie und weitere für eine Hauptstadt wichtige Einrichtungen von Ludwigsburg ins Nesenbachtal zurückverlegt.

Die Säulen vom Tempel des Donnernden Jupiters sind, allerdings umgefallen, noch erhalten und zeugen von der einstigen Pracht des »Englischen Dörfles« beim Hohenheimer Schloß. Gouache von Victor Heideloff, um 1790

Allerdings war die Baulust Carl Eugens ungebrochen. Schon 1772 hatte er in Hohenheim, das einst der Stammsitz der Familie des berühmten Arztes Paracelsus gewesen war, mit den Bauarbeiten zu einem großzügigen Gutshof begonnen. Etwa gleichzeitig ließ der Herzog zusammen mit seiner Mätresse und späteren zweiten Gemahlin, Franziska, neben dem Gutshof eine phantasievolle Parkanlage errichten. Dieses sogenannte »Englische Dörfle« umfaßte eine Vielzahl kleinerer Bauten, die teilweise erlesen ausgestattet waren. Da die Anlage heiteres Landleben auf den Trümmern einer verfallenen römischen Stadt darstellen sollte, gab es neben den verschiedensten »antiken« Bauten beispielsweise eine Köhlerhütte, ein Schweizer Haus, eine Einsiedelei, eine Scheune und vieles andere mehr. Insgesamt bestand das »Dörfle« aus fast 100 Einzelelementen, von denen nur drei an Ort und Stelle erhalten geblieben sind.

Herzog Carl Eugen besichtigt den Bau der Schloßanlage in Hohenheim

1785 legte Carl Eugen schließlich den Grundstein zu einem neuen Schloß in Hohenheim, dessen Fertigstellung er jedoch nicht mehr erleben sollte.

Die modernste Hochschule Europas

Obwohl Herzog Carl Eugen Hohenheim immer mehr zum Mittelpunkt seines privaten Lebensumfeldes gemacht hatte, galt einem anderen Werk seine ganz besondere Aufmerksamkeit: der 1770 auf der Solitude gegründeten »Militärischen Pflanzschule«. In ihr sollten tüchtige Offiziere und Beamte ausgebildet werden. Dafür wurden auf der Solitude kurzfristig weitere Neubauten notwendig. Ja, es wurde sogar an ein großes, drei Innenhöfe umschließendes, schloßähnliches Akademiegebäude gedacht. Gleich nach der Grundsteinlegung wurde die Bildungsanstalt jedoch 1775 nach Stuttgart hinter das Neue Schloß verlegt.

Carl Eugen hielt sich fast täglich bei seinen Zöglingen auf und

Die Bauten der Hohen Carlsschule an der Neckarstraße (Aufnahme vor 1900). In der Mitte ist der Festsaalbau zu erkennen.

förderte deren Entwicklung nach Kräften. Bald hatte das Bildungsinstitut den Rang einer Akademie, welche alle Fakultäten außer Theologie als Unterrichtsfächer anbot.

Am Morgen des 29. Dezember 1781 ging ein langgehegter Wunsch Herzog Carl Eugens völlig unerwartet in Erfüllung: In Hohenheim überbrachte ihm eine Abordnung aus Wien das Diplom, wonach seine Gründung vom Kaiser am 22. Dezember 1781 zur Universität erhoben worden war. Nach eigenem Bekunden hatte sich Carl Eugen nie um eine derartige Rangerhöhung bemüht, jedoch war sein diesbezüglicher Wunsch zumindest innerhalb der herzoglichen Familie ein offenes Geheimnis. Die Gemahlin seines Bruders Friedrich Eugen, Herzogin Sophie Dorothee, sowie deren Tochter Maria Feodorowna, die Gattin des russischen Thronfolgers Paul, waren in dieser Sache bei Joseph II. vorstellig geworden und sogleich auf offene Ohren gestoßen. Der Kaiser kannte die herzogliche Militärakademie von seinem Aufenthalt im April 1777 in Stuttgart. Sie war ihm damals so vorbildlich erschienen, daß er die Übertragung eini-

Die Erhebung der Carlsschule zur Universität wird am 11. Februar 1782 im Festsaal der Hochschule offiziell begangen.

ger Grundelemente auf seine österreichischen Erziehungsanstalten erwogen hat.

Am Abend desselben Tages gab Herzog Carl Eugen im Weißen Saal des Neuen Schlosses vor der Hofgesellschaft und den Angehörigen der nunmehrigen Hochschule die Erhöhung bekannt, wobei er in seiner Rede »dem Oberhaupt des Deutschen Reiches, dessen Augenmerk nichts entgeht, was nützlich ist« und »denen, die ihn zu dieser großen und schönen Handlung veranlaßt« hatten, Dank sagte. Das eigentliche Einweihungsfest der neuen Universität fand erst am 11. Februar des folgenden Jahres, dem 54. Geburtstag des Herzogs, statt. Zahlreiche Gäste aus dem In- und Ausland kamen dazu nach Stuttgart.

Die nun »Hohe Carlsschule« genannte Ausbildungsstätte war eine der angesehensten und modernsten ihrer Zeit. Aus vielen Ländern kamen Studenten nach Stuttgart, ja der enorme Zulauf brachte zeitweilig sogar die alte Landesuniversität Tübingen in Gefahr.

1792 hatte Stuttgart 24 000 Einwohner, davon allein 2000

Im Bopserwald liest Friedrich Schiller (Mitte) seinen Carlsschul-Freunden im Mai 1778 erstmals »Die Räuber« vor. Skizze von Victor Heideloff

Studenten und Professoren der Universität. Bereits im ersten Jahr nach dem Tode des Schöpfers hob dessen Bruder und Nachfolger Ludwig Eugen die Hohe Carlsschule zum 16. April 1794 auf, angeblich aus Sparsamkeit und Angst vor revolutionärem Gedankengut. Stuttgart hätte im 19. Jahrhundert eine ganz andere kulturelle Entwicklung genommen, wäre dieser voreilige Schritt unterblieben.

Die bedeutendsten Schüler der Anstalt waren der aus dem württembergischen Mömpelgard stammende Naturforscher Georges Cuvier, der Bildhauer Johann Heinrich Dannecker und Friedrich Schiller, der hier Medizin studierte.

Die Solitude wurde einmal noch als Bühne für ein großartiges Fest wiederbelebt: am 22. September 1782, als der russische Thronfolger Paul mit seiner württembergischen Gemahlin Maria Feodorowna zu Besuch war. Da zum Empfang der Gäste fast der gesamte Hof mit allen Bediensteten auf der Solitude weilte, nutzte der junge Friedrich Schiller die Gunst der Stunde, just an jenem Abend aus Stuttgart nach Mannheim zu fliehen.

Schon bei der Uraufführung seiner »Räuber« am 13. Januar 1782 war der Dichter, ohne um Urlaub nachzusuchen, nach Mannheim gereist, worauf ihm der Herzog jede Veröffentlichung außer speziell medizinischen verbot sowie ihn wegen unerlaubten Entfernens zur Mannheimer Aufführung mit Arrest bestrafte.

Von 1780 bis zu seiner Flucht nach Mannheim war Schiller in Stuttgart als Regimentsarzt tätig gewesen. Noch in der Hohen Carlsschule war sein erstes Werk, »Die Räuber«, entstanden, das er im Bopserwald über der Stadt seinen Freunden erstmals vorgelesen hat. In der Eberhardstraße 63, wo er die letzten beiden Jahre wohnte, begann er, an seinem Trauerspiel »Kabale und Liebe« zu arbeiten. Nur ein paar Häuser weiter, Eberhardstraße 53, erblickte am 27. August 1770 Stuttgarts größter Sohn das Licht der Welt: der Philosoph Georg Wilhelm Friedrich Hegel.

Herzog Carl Eugen kehrt zurück nach Stuttgart

Mit der endgültigen Rückkehr des Hofes nach Stuttgart 1775 begann eine neue kulturelle Blüte für die Stadt. Fortan fanden auf dem Marktplatz regelmäßig »Venezianische Messen« statt. Über 100 Boutiquen waren dazu im Erdgeschoß des Herrenhauses und auf dem Platz selbst eingerichtet. Fast alles, was damals als fein und edel galt, wurde feilgeboten. Der Zulauf war riesig. Mit dem Tod Carl Eugens 1793 wurden die Messen eingestellt.

Die Künste fanden in der Hohen Carlsschule einen fruchtbaren Boden. Namen wie Dannecker, Scheffauer, Schick, Sonnenschein, Hetsch und Koch haben noch heute einen guten Klang. Der Dichter Christian Friedrich Daniel Schubart, von Carl Eugen ohne Prozeß für zehn Jahre auf dem Hohenasperg eingekerkert, wurde nach seiner Freilassung 1787 sofort zum Hoftheater-Dichter ernannt und als Direktor ans Stuttgarter Theater berufen. Sein Stammtisch im Gasthaus »Zum schwarzen Adler« am Marktplatz war weithin berühmt. Er starb am 10. Oktober 1791.

Im prachtvollen Herrenhaus am Markt, wo auch der Prozeß gegen Jud Süß stattgefunden hatte, richtete der Herzog 1775 die berühmte rund 100 000 Bände umfassende herzogliche Büchersammlung als erste öffentliche Bibliothek ein. War der Hof in ganz Europa wegen seines Glanzes bekannt, so bewohnten die eigentliche Bürgerstadt in der Hauptsache noch immer Weingärtner und Handwerker. Jeden Morgen sammelten Viehhirten Kühe, Schweine und Geißen zum Austrieb in den Wald. Die Stadt machte im ganzen einen bescheidenen Eindruck, gab es doch kaum repräsentative Privatgebäude. Die vorhandene Bausubstanz stamm-

Das Rappsche Haus in der Stiftstraße, wo 1797 Goethe zu Gast war

te oft noch aus dem Mittelalter und war aus Fachwerk. In der Turnierackervorstadt befanden sich in den Innenhöfen der Baublöcke kleine Gärten. Nach dem verheerenden Hirschgassenbrand von 1761, der 41 Gebäude vernichtete, schuf man beim Wiederaufbau ganz im Sinne barocken Städtebaus mehr Freiraum.

Trotzdem schrieb 1781 der Berliner Buchhändler Nicolai: »In der eigentlichen Stadt sind die meisten Gassen krumm und unangenehm und es gibt da mehrere enge und finstere Kehrwieder.« Natürlich existierte auch ein Bildungsbürgertum in Stuttgart. Allen voran ist der Handelsmann Gottlob Heinrich Rapp zu nennen, in dessen Haus neben der Stiftskirche 1797 Goethe beherbergt wurde und wo dieser aus seinem unveröffentlichten Manuskript »Hermann und Dorothea« vorlas. Das »Rapp'sche Haus« und auch das Atelier von Dannecker am Schloßplatz, wo einige der bedeutendsten Werke des deutschen Klassizismus entstanden wie zum Beispiel die Kolossalbüste Schillers, waren die Zentren des geistigen Lebens in Stuttgart um 1800. Goethe muß sich in diesem Kreise sehr wohl gefühlt haben, da er trotz eines nächtlichen Wanzenabenteuers im Hotel »Zum Römischen Kaiser« über seinen Aufenthalt schrieb: »Nun habe ich Tage hier verlebt, wie ich sie in Rom lebte.«

Noch immer war der Weinbau das einträglichste Geschäft in der Stadt. Gegen Ende des Jahrhunderts umfaßten die Weinberge die Hälfte der gesamten städtischen Ertragsfläche, und noch 1740 hatte ein Vers die Runde gemacht: »Wenn man in Stuttgart nicht sammelte ein den Wein, so würde bald die Stadt im Wein ersäufet sein.«

Am 24. Oktober 1793 starb Herzog Carl Eugen nach fast fünfzigjähriger Regierungszeit in seinem Zimmer in der Mansarde der Hohenheimer Speisemeisterei. Unter seinem Bruder und Nachfolger Ludwig Eugen, der den Regierungsantritt nur 18 Monate überlebte, verschärfte sich die außenpolitische Situation zusehends. Seit April 1792 tobte der Erste Koalitionskrieg zwischen Österreich und Frankreich. Preußen hatte sich mit Österreich verbündet, und der Württemberger mußte dem preußischen Kaiser die Treue halten. Die starken Landstände hingegen, also gewissermaßen die bürgerlichen Teile der Regierung, drängten auf ein Ende der Auseinandersetzungen. Stuttgart galt als »demokratisch gesinnt«.

Als 1795 der jüngste Bruder von Carl Eugen und Ludwig Eugen, Friedrich Eugen, im Alter von 63 Jahren die Regierung übernahm, begann bald noch einmal eine Periode kriegerischer Auseinandersetzungen in Stuttgart. Im Sommer 1796 trafen verfeindete österreichische und französische Truppen im Stadtgebiet aufeinander. Es kam zu Kämpfen, in deren Verlauf die Österreicher über den Neckar auf Cannstatter Gebiet zurückgedrängt wurden. Obwohl Württemberg im August 1796 einen Waffenstillstand geschlossen hatte, zogen bis 1801 immer wieder Soldaten der beiden Kriegsparteien durch die Stadt. Die Solitude diente als Lazarett für Verwundete. Zuletzt mußte der 1797 zur Regierung gekommene Herzog Friedrich II. im Frühjahr 1800 vor den französischen Truppen nach Erlangen ausweichen. Erst am 25. Mai 1801 konnte er unter dem Jubel der Bevölkerung in die Stadt zurückkehren.

Kapitel 7

Stuttgart als königliche Residenzstadt

Unter Herzog Friedrich II., der 1803 Kurfürst und am Neujahrstag 1806 König von Württemberg wurde, erfolgten erstmals seit dem späten Mittelalter wieder geplante Stadterweiterungen. Friedrich war bestrebt, seiner königlichen Residenz ein entsprechend großzügiges Erscheinungsbild zu geben. Schon einige Zeit vorher hatte man um das Alte Schloß herum die Gräben zugeschüttet (»planiert«) und eine neue, alleengesäumte Flanierstraße angelegt, die »Planie« genannt wurde. Waren bis in die Zeit um 1750 die Gräben der mittelalterlichen Stadtbefestigung im Zuge der Königstraße und der Eberhardstraße noch von kleinen Gemüse- und Ziergärtchen der Stuttgarter Bürger besetzt, so wurden diese seit dem dritten Viertel des 18. Jahrhunderts Zug um Zug bebaut.

Im Nordosten ließ König Friedrich die Friedrichsvorstadt mit regelmäßigem Grundriß anlegen, die Königstraße bis zur heutigen Schillerstraße verlängern und im Südwesten die Gerbervorstadt projektieren. Dazu kamen die Kronenstraße, die Charlottenstraße und die Neckarstraße. Der König ließ sich jedes Baugesuch für neue Häuser persönlich vorlegen und entschied, ob die Gestalt des Neubaus einer königlichen Residenzstadt angemessen war.

Besonders die untere Königstraße sollte ein repräsentatives Gepräge erhalten und zur Prachtstraße des Residenz werden. Als 1806 der Weinhändler Heinrich Erbe ein erstes Baugesuch für ein zweigeschossiges Gebäude vorlegte, verlangte der König ein Haus mit drei Geschossen. Erbe sollte zu diesem Zweck die alte Siechenkapelle abbrechen und die Steine für seinen Neubau verwenden dürfen.

Da die Bebauung der Königstraße so rasch wie möglich erfolgen mußte, erhielt Thouret den Auftrag, den schon 1771 auf der Solitude errichteten Marstall von dort an die neue Straße zu versetzen. Der insgesamt 240 Meter lange und 70 Meter tiefe Bau wurde nun Stein für Stein abgetragen und 1808 an der Königstraße wiederaufgebaut. Offensichtlich hatte der damit beauf-

Das Königstor begrenzte von 1810 bis 1922 die untere Königstraße.

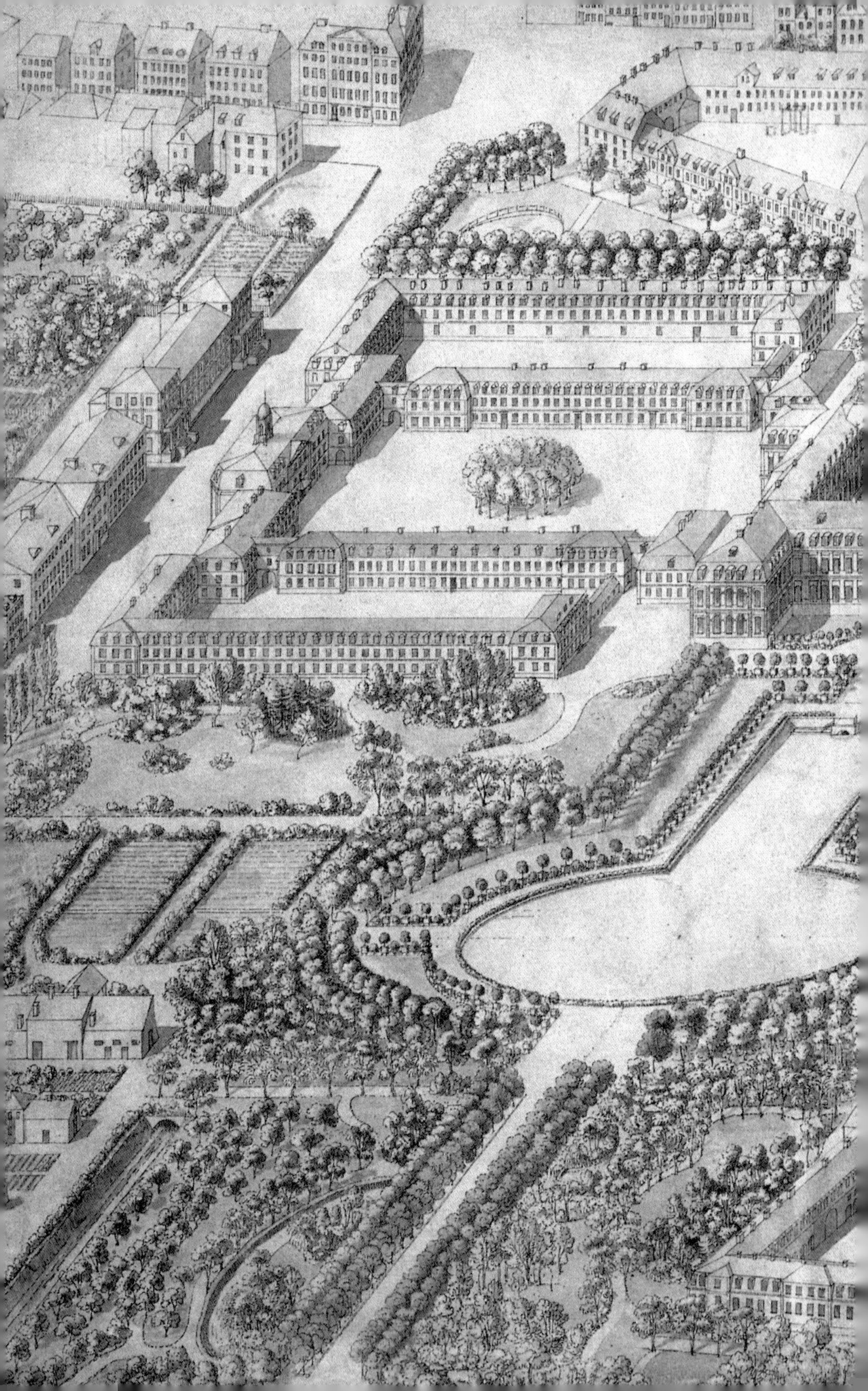

Johann Friedrich Cotta, der Verleger Schillers und Goethes

tragte Architekt Carl Leonhard Uber den Baugrund unzureichend untersucht und den Aufbau nicht entsprechend überwacht, denn schon innerhalb kürzester Zeit traten schwere Schäden auf. König Friedrich machte kurzen Prozeß: Uber und dessen Mitarbeiter wurden eingesperrt, die verantwortlichen Handwerker entlassen. Der König verfügte, daß alle Schäden auf Kosten der Verantwortlichen zu beheben seien. Tatsächlich mußte ein Teil des Marstalls abgebrochen und durch Architekt Thouret wieder errichtet werden. Der riesige Bau ging im Zweiten Weltkrieg zugrunde.

Nachdem die meisten Häuser an der Königstraße fertiggestellt waren, wurde am Ausgang aus der Stadt 1810 auf Befehl König Friedrichs das »Königstor« errichtet. Die Steine stammten vom Esslinger Tor, durch das 1782 Friedrich Schiller nach Mannheim geflohen war. Als Verkehrshindernis überflüssig geworden, wurde es in jenen Jahren abgetragen. Ähnliches geschah 1922 auch mit dem Königstor: 1922 mußte es nach dem Bau des Hauptbahnhofs dem Auto- und Straßenbahnverkehr weichen.

Chefarchitekt der Stadterweiterungsvorhaben war Nikolaus von Thouret, der auch das Neue Schloß nach einer durchgreifenden Innenrenovierung im Empirestil vollendete. Der einst so berühmte, inzwischen von Weinbauern als Kleingartengelände genutzte Lustgarten wurde eingezogen und an dieser Stelle der Schloßgarten als öffentlicher Park angelegt. In einer großen Revision der Straßennamen verschwanden alle kleinstädtisch anmutenden Gassennamen aus dem Stadtplan. Nach und nach beseitigte man auch fast die ganze Stadtmauer

Vorhergehende Doppelseite:

Das Residenzviertel in einer Zeichnung von Nikolaus Friedrich von Thouret aus dem Jahr 1835

mitsamt den 27 Toren, die noch bis zuletzt strenge Kontrollpunkte waren und nachts geschlossen wurden.

Ohne Hof und Militär zählte die Einwohnerschaft Stuttgarts im Jahre 1810 etwa 20 000 Personen. Zu jener Zeit zog der Stuttgarter Hofbuchdrucker-Sohn Johann Friedrich Cotta – als Verleger Schillers und Goethes bekannt – von Tübingen in seine Heimatstadt und begründete damit Stuttgarts Ruf als Verlagsstadt. Einige Zeit hielt sich der Komponist Carl Maria von Weber als Sekretär des Herzogs Louis hier auf, mußte das Land aber nach einem Skandal verlassen. Seine Oper »Freischütz« wurde dennoch mit Erfolg am Stuttgarter Hoftheater aufgeführt.

In den ersten Jahren des 19. Jahrhunderts hatte Napoleon schrittweise die Neuordnung Deutschlands verfügt. Das Kirchengut wurde säkularisiert; kleinere Fürstentümer und Grafschaften löste man auf, den Reichsstädten und Reichsritterschaften wurde die Reichsunmittelbarkeit entzogen. Das Heilige Römische Reich deutscher Nation existierte nicht mehr. Napoleons Ziel war die Bildung mittelgroßer Staaten in Deutschland, die einerseits Frankreich nicht gefährlich werden konnten, andererseits aber Frankreichs Feinde in Schach halten konnten.

Die Regenten dieser Mittelstaaten band Napoleon an sich, indem er nicht nur für die Vergrößerung ihres Herrschaftsgebiets sorgte, sondern auch ihren Rang erhöhte. So wurde Württemberg 1806 Königreich und erhielt in jenen Jahren weit mehr als nur einen Ausgleich für die verlorenen linksrheinischen Besitzungen.

Um das Ausmaß der Veränderungen deutlich zu machen, sei eine Aufzählung erlaubt. Durch den Pariser Vertrag 1802 und den Reichsdeputationshauptschluß 1803 kamen zunächst die Fürstpropstei Ellwangen, die mit 25 000 Einwohnern größer als Stuttgart war, die Stifte und Klöster Comburg, Zwiefalten, Schöntal, Rottenmünster, Heiligkreuztal und Margrethausen, das adlige Damenstift Oberstenfeld und die neun Reichsstädte Rottweil, Reutlingen, Esslingen am Neckar, Weil der Stadt, Heilbronn, Schwäbisch Hall, Schwäbisch Gmünd, Aalen und Giengen an der Brenz an Württemberg.

Nach dem Brünner Vertrag und dem Preßburger Frieden folgten 1805 Teile von Vorderösterreich (die obere und niedere Grafschaft Hohenberg mit Schramberg, Oberndorf am Nekkar, Horb und Rottenburg am Neckar, die Landvogtei Altdorf, die Herrschaft Ehingen sowie die sogenannten »Donaustädte« Munderkingen, Riedlingen, Mengen und Saulgau), die kleinen Gebiete der Reichsritterschaft und Amt Horneck mit Neckarsulm und Gundelsheim als Besitzungen des Deutschordens.

Aufgrund der Rheinbundakte 1806 kamen die bis dahin bayerische Herrschaft Wiesensteig an Württemberg, die Stadt Schelklingen, die fünfte »Donaustadt« Bad Waldsee, die Reichsstadt Biberach an der Riß, die Klöster Wiblingen und Urspring, die Deutschordenskommende Altshausen, die Kapfenburg mit der Stadt Lauchheim; außerdem erwarb Württemberg die Landeshoheit über die Fürstentümer und Grafschaften Hohenlohe, Waldburg, Königsegg-Aulendorf und Thurn und Taxis.

Der Schönbrunner Friede 1809 brachte Württemberg die Ämter des Deutschordens um Bad Mergentheim.

Nach dem Pariser Vertrag von 1810 und Tauschverträgen mit Bayern kamen schließlich die brandenburg-ansbachischen Ämter Crailsheim und Creglingen an Württemberg, die vorderösterreichische Herrschaft Montfort mit Langenargen und Tettnang, die Reichsstädte Ulm, Bopfingen am Ipf, Ravensburg, Buchhorn, Leutkirch und Wangen im Allgäu, die ulmischen Ämter Langenau und Geislingen an der Steige und das Kloster Söflingen sowie die Landeshoheit über die Besitzungen von Hohenlohe-Kirchberg, Öttingen und Fugger.

Im Gegenzug beteiligte sich Württemberg an der Seite Frankreichs an der Schlacht von Austerlitz, 1806 am Krieg gegen Preußen, am Feldzug gegen Österreich 1809 und gegen Rußland 1812/13 sowie an der Leipziger Völkerschlacht. Die Fläche Württembergs verdoppelte sich, die Einwohnerzahl stieg von 650 000 im Jahr 1802 auf 1,6 Millionen im Jahr 1810.

Das erweiterte Einzugsgebiet der Hauptstadt wirkte sich nachhaltig auf die wirtschaftliche Entwicklung aus.

Die erste katholische Kirche seit der Reformation

Hinzu kam, daß die Bewohner der neuen Landesteile überwiegend katholisch waren, so daß auch in Stuttgart nun plötzlich Mitbürger dieser Konfession eine größere Gemeinde bildeten.

Um ihnen endlich ein würdiges Gotteshaus zu errichten – bisher

Blick vom Königsbau in die untere Königstraße, um 1870. Ganz links das alte Hotel Marquardt, rechts der Turm der Eberhardskirche

waren die Gottesdienste im Alten Schloß und in der Akademie abgehalten worden –, hat sich König Friedrich damals zur Versetzung der evangelischen Solitudekirche entschlossen. Als Sohn eines katholischen Vaters und einer evangelischen Mutter bestimmte er 1807 in einem Dekret, »zum Behuf der immer zunehmenden und zahlreicher werdenden [katholischen] Gemeinde zu Stuttgart« solle »die auf der Solitude stehende Kirche abgebrochen und in der Residenzstadt wieder aufgebaut werden«.

Hofbaumeister Reinhard Ferdinand Heinrich Fischer hatte sie 1775 als Kirche für die zahlreich auf der Solitude erwarteten Untertanen erbaut, doch schon 1782 war das Hofleben dort oben vor den Toren der Stadt endgültig zu Ende gegangen. Man hatte ge-

Nach vorangegangenen Mißernten und Hungerjahren wurde am 29. Juli 1817 der erste Erntewagen freudig auf dem Schillerplatz begrüßt.

glaubt, eine Versetzung sei billiger als ein Neubau, jedoch verteuerte sich der mit 16 854 Gulden angesetzte Kostenvoranschlag auf das Dreifache. R. F. H. Fischer, Karl Uber und Nikolaus Friedrich Thouret leiteten Abbruch und Wiederaufbau.

Es ist interessant, daß König Friedrich die erste baulich eigenständige Stuttgarter Kirche seit dem Mittelalter für die Katholiken erstellen ließ und ihnen dafür einen bevorzugten Bauplatz in der unteren Königstraße, der neuen Prachtstraße seiner »königlichen« Residenz, zuwies. Am 1. Oktober 1811 wurde die Eberhardskirche vom Augsburger Weihbischof Franz Karl zu Hohenlohe-Waldenburg geweiht.

Nach den überstandenen Kriegszeiten der napoleonischen Ära führten katastrophale Mißernten, besonders 1816, zu Hungerjahren. Der im November 1816 als Nachfolger seines verstorbenen Vaters Friedrich an die Regierung gekommene König Wilhelm I. begann mit Reformen auf allen Gebieten, nicht zuletzt angeregt durch seine Gemahlin

Katharina, die sich besonders der Mängel im Bildungs- und Sozialwesen annahm. Sie gründete unter anderem das nach ihr benannte Königin-Katharina-Stift, das Katharinenhospital und die Württembergische Landessparkasse, eine Vorgängerin der heutigen Landesbank Baden-Württemberg.

Das Volksfest auf dem Cannstatter Wasen

Im Jahr 1818 fand zum ersten Mal auf dem Cannstatter Wasen ein »Landwirtschaftliches Fest« statt, das seitdem als allgemeines Volksfest zum allseits bekannten schwäbischen Brauchtum geworden ist. Im gleichen Jahr gründete der König im verwaisten Hohenheimer Schloß die erste landwirtschaftliche Hochschule der Welt, die 1967 zur Universität erhoben wurde – zeitgleich mit der 1832 gebildeten Gewerbeschule, die 1840 in »Polytechnische Schule« und 1890 in »Technische Hochschule« umbenannt worden war. Um 1820 entstanden auch die ersten größeren Fabriken in Stuttgart: Webereien, Möbelschreinereien, Leder- und chemische Fabriken.

Ferdinand Steinbeis, ein Verwandter der Dichter Justinus Kerner und Wilhelm Hauff, übernahm 1856 die Leitung der Zentralstelle für Handel und Gewerbe, die 1848 aus der »Gesellschaft für Beförderung der Gewerbe« hervorgegangen war. Er blieb ihr Leiter bis 1880 und wird zurecht als der »Vater der württembergischen Industrie« bezeichnet. Diese Zentralstelle, die ihren Nachfolger im heutigen Landesgewerbeamt im Haus der Wirtschaft hat, richtete aus Ankäufen auf Industrieausstellungen in Paris und London zunächst ein Musterlager, dann ein Gewerbemuseum ein.

1846 hatte Stuttgart einen Anschluß an die Eisenbahn erhalten, was nun Verkehr in bisher kaum gekanntem Ausmaß ermöglichte. Der in unmittelbarer Nähe des Schloßplatzes, in der heutigen Bolzstraße, errichtete Bahnhof versah bis 1922 seinen Dienst, bevor er an die jetzige Stelle verlegt wurde. Sogar die erst 1831 großzügig angelegte Neue Weinsteige wurde als Handelsweg vernachlässigt, nachdem sich nahezu der ganze Verkehr mit dem Süden auf die Schiene verlagert hatte.

Die Künste in Stuttgart hatten es unter König Wilhelm I. in der ersten Hälfte des 19. Jahrhunderts nicht immer leicht. Noch heute wird bedauert, daß die Kunstsachverständigen 1827 versäumten, die mehrere Jahre in der Kö-

Der Stuttgarter Bahnhof an der Schloßstraße (heute Bolzstraße) in seiner Gestalt von 1867, wie er bis 1922 in Betrieb war

nigstraße 12 im Offizierspavillon, der späteren Kunstschule, gezeigte Gemäldesammlung der Gebrüder Melchior und Sulpiz Boisserée durch Kauf an Stuttgart zu binden. Nach der Säkularisation hatten die Brüder Gemälde aus der Zeit der Gotik gekauft, die teilweise »auf die Straßen geworfen« worden waren. Später ergänzten sie ihre Sammlung noch um wertvolle oberdeutsche Gemälde.

Obwohl die Bilder weder heidnische noch allzu freizügige Szenen zeigten, wurde die Sammlung nicht für wert erachtet, als Studienmaterial für künftige Generationen zu dienen. Man hielt sie für »katholisch«, und das wog ungleich schwerer.

1818 hatte König Wilhelm I. zusammen mit seiner Gemahlin, Königin Katharina, die Gemälde in Heidelberg besichtigt und sofort ihre Präsentation in Stuttgart beschlossen. Als einer der beiden Brüder Boisserée heiraten wollte, brauchte er Geld und hoffte auf den Ankauf der Sammlung durch den König. Obwohl dieser noch 1825 dem Erwerb zugestimmt hatte, siegte letztlich der häufig zitierte Ausspruch des württembergischen Landtagsabgeordneten Mosthaf: »Mir brauche koi

Kunscht, mir brauche Grombiere.«

Im April 1827 kaufte der bayerische König Ludwig I. alle 213 Bilder für 240 000 Gulden aus seinem Privatvermögen. Sie wurden zum Grundstock der soeben im Bau befindlichen Alten Pinakothek in München.

Leider war dieses Versäumnis kein Einzelfall, denn nur wenige Jahre zuvor waren die Württemberger beim Angebot des Cannstatters Jakob Linck, den von ihm ausgegrabenen Tempelfries von Aegina zu erwerben, ebenso zurückhaltend. Auch damals war der Bayernkönig mutiger und brachte einen Teil der Skulpturen in seine Antikensammlung ein. Der andere Teil ist heute ein Glanzstück im Britischen Museum in London.

Als etwa zu jener Zeit der berühmte Reisende Hermann Fürst von Pückler-Muskau den Vergleich mit München wagte, fiel dieser dennoch erstaunlich positiv aus. Er schrieb: »Stuttgart mit seiner von Bergen umschlossenen Gegend ist nicht groß, aber freundlicher und hübscher als München.«

Salucci baut Schloß Rosenstein

König Wilhelm ließ eine große Anzahl neuer Bauten aufführen, die das Stadtbild Stuttgarts nachhaltig bereichert haben.

Im Jahre 1820 hatte der König die alte Stammburg seines Geschlechts über dem Neckartal bei Untertürkheim abbrechen und an ihrer Stelle für sich und seine früh verstorbene Gemahlin Katharina einen klassizistischen Grabtempel durch Salucci erbauen lassen. Beinahe hätte dasselbe Schicksal auch das Alte Schloß ereilt, dessen wehrhafte Mauern nicht mehr dem Geschmack des Königs entsprachen und über das schon Goethe 1797 abfällig geäußert hatte, es sei »kaum noch gut genug für eine Theaterdekoration«.

Ebenfalls in den zwanziger Jahren und von demselben Baumeister entstand das Schloß Rosenstein. Am 31. Mai 1824 wurde der Grundstein gelegt, nachdem König Wilhelm Ende April bestimmt hatte: »Dem auf dem Kahlenstein zu erbauenden Schloß will ich den Namen Rosenstein beigelegt haben.« Bis zu 300 Arbeiter waren fortan auf der Baustelle beschäftigt. Das Steinmaterial wurde von den Rotenberger Steinbrüchen bezogen, die jedoch bald ausgebeutet waren. Später führte man Steine von der Feuer-

Der 1846 eröffnete Eisenbahntunnel unter Schloß Rosenstein verbindet den Stuttgarter Talkessel mit dem Neckartal.

bacher Heide, dann von Kornwestheim und schließlich von Heilbronn heran.

In Anwesenheit von über 1000 Gästen fand am 28. Mai 1830 die Einweihung statt. Ursprünglich durchaus für Wohnzwecke der königlichen Familie erbaut, hielt sich der König dort nie länger auf. Angeblich hatte ihm eine Zigeunerin vorhergesagt, daß er sterbe, sobald er eine Nacht im Schloß verbracht habe. Tatsächlich starb Wilhelm am 25. Juni 1864 dort, nachdem ihm die Ärzte einen Aufenthalt in dem luftig gelegenen Schloß verordnet hatten.

Als weiteres Werk des aus Florenz stammenden Baumeisters Salucci finden wir im Zentrum der Stadt das bis heute erhaltene Wilhelmspalais.

Das Staatsarchiv mit Naturalienkabinett, das Kronprinzenpalais, die Staatsgalerie, die Villa Berg und der Königsbau sind ebenfalls unter der Regierung König Wilhelms I. entstanden. Als interessanteste Anlage dieser Zeit ist das Schloß Wilhelma von Karl Ludwig Zanth zu nennen, der erste im Abendland errichtete weltliche Bau der Neuzeit im maurischen Stil.

Vorausgegangen war die Errichtung des Wilhelma-Theaters, das am 29. Mai 1840 eingeweiht werden konnte. Wilhelm I. hatte

Der Festsaalbau des Schlosses Wilhelma, um 1870

es nach Zanths Plänen für insgesamt 103 000 Gulden als Kurtheater erstellen lassen. Das neben dem Theater vorgesehene Badhaus mit Festsaal und Gewächshäusern wurde schließlich 1842 bis 1844 verwirklicht.

Das Oberhofmeisteramt hatte den König gebeten, den Entschluß für den maurischen Stil noch einmal zu überdenken, da dieser »der vielen Verzierungen wegen bei weitem mehr als jeder andere« koste. Dennoch hielt der Bauherr an seiner Entscheidung fest. Das neue Schloß mit den ausgedehnten Gartenanlagen wurde am 30. September 1846 anläßlich der Hochzeit des Kronprinzen Karl mit der russischen Großfürstin Olga eingeweiht. Die Gesamtanlage stellt trotz aller Verluste noch immer eines der Glanzstücke Stuttgarter Architektur dar.

In der Stuttgarter Innenstadt entstand 1835 bis 1837 im Winkel von Königstraße, Kanzleistraße und Kronprinzstraße nach den Plänen von Nikolaus Friedrich Thouret das erste private Geschäftshaus der Stadt, der sogenannte »Große Basar«. Obwohl die soliden Mauern auch nach dem Zweiten Weltkrieg noch bis zum Dachansatz vorhanden waren, wurde der großzügige und reich dekorierte Bau bald darauf zugunsten klein parzellierter Bebauung abgerissen.

Der »Große Bazar« von Nikolaus Friedrich von Thouret in der Königstraße an der Ecke zur Kanzleistraße war das erste große Geschäftshaus der Stadt.

Nur etwas weiter die Königstraße aufwärts wurde ebenfalls in den 1830er Jahren unter Einbeziehung des alten Stiftsfruchtkastens die »Neue Kanzlei« erbaut. Nach dem Krieg wiederhergestellt, ist das spätklassizistische Gebäude heute das älteste Haus der ganzen Straße.

Die dreißiger und vierziger Jahre des 19. Jahrhunderts waren auch eine Zeit für aufwendige Bürgerfeste. Nur drei sollen hier erwähnt werden. Am 8. Mai 1839, dem Tag vor Friedrich Schillers 34. Todestag, waren in der nur etwa 40 000 Einwohner zählenden Stadt rund 30 000 Menschen auf den Beinen, um der Enthüllung des ersten Denkmals für den Dichter beizuwohnen. Tausende waren von auswärts gekommen, denn bei schönstem Frühlingswetter führte ein Festzug durch die Straßen zum Platz vor dem Alten Schloß. Dort standen Tribünen für die Gäste.

Unter anderem wurde eine von Eduard Mörike gedichtete und von Hofkapellmeister Peter Joseph Lindpaintner vertonte Festkantate uraufgeführt. Gustav Schwab hielt die Festrede, und ein Enkel Friedrich Schillers, der ebenfalls mit Vornamen Friedrich hieß, zog schließlich an der Hand

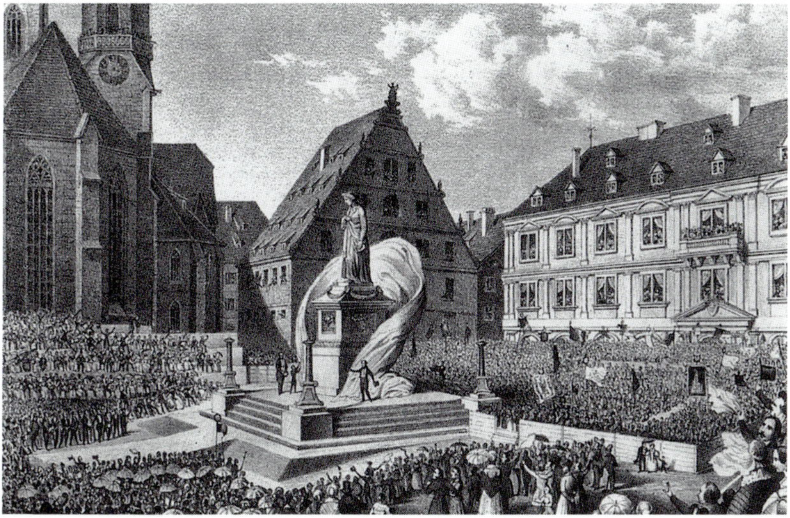

Die Enthüllung des Schillerdenkmals am 8. Mai 1839

des Baumeisters Thouret das Tuch vom Standbild. Die Figur ist ein Werk des dänischen Bildhauers Bertel Thorwaldsen, der Sockel des Denkmals geht auf Thourets Pläne zurück.

Als ein Gast aus Weimar Schillers Sohn Karl gegenüber den schwäbischen Dialekt des Stuttgarter Schultheißen Georg Gottlob Gutbrod bemängelte, erwiderte der Sohn des Dichters: »Mein Vater, wann er bös war, hat mit uns akkurat so gesprochen.«

Nur ein Jahr später fand in Stuttgart das »Vierte Secularfest« der Buchdruckerkunst statt. Am 24. Juni 1840 bewegte sich ein Umzug von der Hauptstätter Straße über den Schloßplatz zur Abschlußkundgebung auf dem Marktplatz. Aus freien Stücken hatten die meisten Bewohner der umliegenden Straßen die Häuser festlich geschmückt. Da bereits nach kurzer Zeit die 3000 für die Teilnehmer gedruckten Hutschleifen ausverkauft waren, dürften weit mehr Menschen bei dem Fest zugegen gewesen sein.

Ganz Württemberg feiert in Stuttgart den König

Aus Anlaß des 25jährigen Regierungsjubiläums König Wilhelms I. veranstaltete das ganze Land am 28. September 1841, dem Tag nach dem 60. Geburtstag des Regenten, einen Festzug, dessen Vorbereitungen mehrere Wochen in Anspruch genommen hatten. Sämtliche Oberämter, aber auch Zünfte, Vereine, Schulen und Hochschulen, Staatsbeamte und Abgeordnete waren zur Teilnahme angemeldet. Insgesamt waren mehr als 10 000 Personen beteiligt, darunter 600 Reiter und 1000 »Frauen und Jungfrauen«. Knapp 40 Festwagen und Hunderte von Fahnen ließen den Zug zu einem abwechslungsreichen und farbenfrohen Ereignis werden, das über 100 000 Schaulustige verfolgten.

Zur Erinnerung an das Regierungsjubiläum wurde genau ein Jahr nach diesem Fest der Grundstein zur Jubiläumssäule auf dem Schloßplatz gelegt. Am 28. September 1846 war das Werk vollendet, nur die Bekrönung durch die Concordia-Figur von Hofbildhauer Ludwig Hofer ließ noch bis 1863 auf sich warten. Den Vorschlag, ein Standbild König Wilhelms auf die Säule zu stellen, hatte dieser abgelehnt und der Göttin der Eintracht den Vorzug gegeben. Seither steht die 30 Meter hohe Granitsäule zwischen Neuem Schloß und Königsbau im Herzen der Stadt.

Durch Mißernten waren die Brotpreise im Frühjahr 1847 drastisch angestiegen. Es kam zu Protesten und am 3. Mai in der Hauptstätter Straße zum sogenannten »Brotkrawall«. Als der König schlichten wollte, geriet er selbst in Bedrängnis. Bürgergarde und Militär griffen ein, und plötzlich fiel ein Schuß. Es gab einen Toten, mehrere Verletzte und über hundert Verhaftungen.

Ein Jahr später hob Wilhelm I. die Pressezensur auf und ließ die Wahlen zur Deutschen Nationalversammlung zu. Als im April 1849 die in der Frankfurter Paulskirche ausgearbeitete Verfassung verabschiedet wurde, war der württembergische König der einzige größere deutsche Fürst, der sie offiziell anerkannt hat.

Für wenige Tage Zentrum der deutschen Demokratiebewegung

Wenig später rückte Stuttgart für kurze Zeit in den Mittelpunkt des politischen Interesses. In der Frankfurter Paulskirche tagte seit Mai 1848 die deutsche Nationalversammlung. In Deutschland herrschte revolutionäre Stimmung.

Die Nationalversammlung hatte eine Verfassung ausgearbeitet, die unbeschränkte Freizügigkeit, unbedingte Presse- und

Der sogenannte »Halbmondsaal« im württembergischen Landtag von 1820

Versammlungsfreiheit, die Aufhebung aller Staatskirchen, die Abschaffung des Adels und manches andere vorsah. Die Beschlüsse der Nationalversammlung wurden – aus damaliger Sicht – immer radikaler, und als das Parlament am 12. Mai 1849 die Verpflichtung aller deutschen Heere auf die neue Verfassung beschloß, riefen die preußische, die sächsische und die hannoversche Regierung die Abgeordneten aus ihren Ländern zurück. Weitere Parlamentarier, die für die Einsetzung eines Erbkaisers votiert hatten, traten freiwillig aus.

In der Nähe von Frankfurt waren in der Zwischenzeit Truppen zusammengezogen worden. Von den ursprünglich 568 Abgeordneten waren 103 verblieben. Sie begaben sich Ende Mai 1849 auf Einladung des württembergischen Abgeordneten Friedrich von Römer nach Stuttgart. Dabei schwang sicher die Hoffnung mit, daß dieser Schritt der Revolution in Württemberg zum Durchbruch verhelfen könnte.

Am 6. Juni 1849 begann das »Rumpfparlament« mit seinen Sitzungen in Stuttgart. Diese fanden anfangs noch hochoffiziell im

»Halbmondsaal« des württembergischen Landtags statt. Die Bitte der Abgeordneten, König Wilhelm I. von Württemberg und Friedrich von Römer zu Reichsstatthaltern wählen zu dürfen, wurde abgelehnt. Allmählich schlug die allgemeine Stimmung um. Nach Meinung der württembergischen Regierung hatten die Beschlüsse einen »gefährlichen und feindlichen Charakter« angenommen, so daß sie, um dem »drohenden unabsehbaren Übel« zuvorzukommen, am 18. Juni 1849 dem Präsidenten der Nationalversammlung jede weitere Zusammenkunft der Abgeordneten auf württembergischem Boden untersagte. Dessen ungeachtet wurde jedoch für diesen Tag eine weitere Sitzung in das »Fritz'sche Reithaus« (das im Gebiet der heutigen Leuschner-, Fritz-Elsas- und Hohen Straße stand) einberufen, was unweigerlich auf eine Konfrontation hinauslief.

Bereits um 13 Uhr hatten Abteilungen der Infanterie und der Kavallerie das Fritz'sche Reithaus besetzt sowie die Zugangsstraßen, namentlich die von der Innenstadt heraufführende Lange Straße, an der Hohen Straße abgesperrt. Dort befand sich als Vertreter des Staates der Oberregierungsrat Camerer und harrte der Dinge. Gegen 15 Uhr bewegte sich der Zug der Abgeordneten durch die Lange Straße. An seiner Spitze gingen der Präsident Friedrich Wilhelm Löwe sowie die Württemberger Ludwig Uhland und Albert Christian Schott. An der Hohen Straße verwehrte Camerer dem Zug das Weitergehen mit den Worten: »Ich erkläre Ihnen im Namen des Ministeriums, daß Ihre ferneren Versammlungen in Württemberg verboten sind.« Löwe wollte Protest einlegen, jedoch erklärte Camerer, keine Erörterungen zulassen zu dürfen. Nach einem Trommelwirbel rückte die Kavallerie vor und drängte die Anwesenden auseinander.

Die Abgeordneten begaben sich nun unverzüglich ins Hotel Marquardt, das damals noch in der oberen Königstraße an der Ecke zur Neuen Brücke lag, um eine Protestnote zu formulieren. Gleichzeitig gaben sie dem Präsidenten das Recht, die Nationalversammlung in jede andere deutsche Stadt einberufen zu dürfen. Kurz darauf reisten die meisten Deputierten – Nichtwürttemberger hatte man des Landes verwiesen – aus Stuttgart ab. Der Einberufung einer neuerlichen Sitzung auf den 25. Juni nach Karlsruhe leistete niemand mehr Folge. Damit hatte der Parlamentarismus in Deutschland nach einem Jahr wieder aufgehört zu existieren.

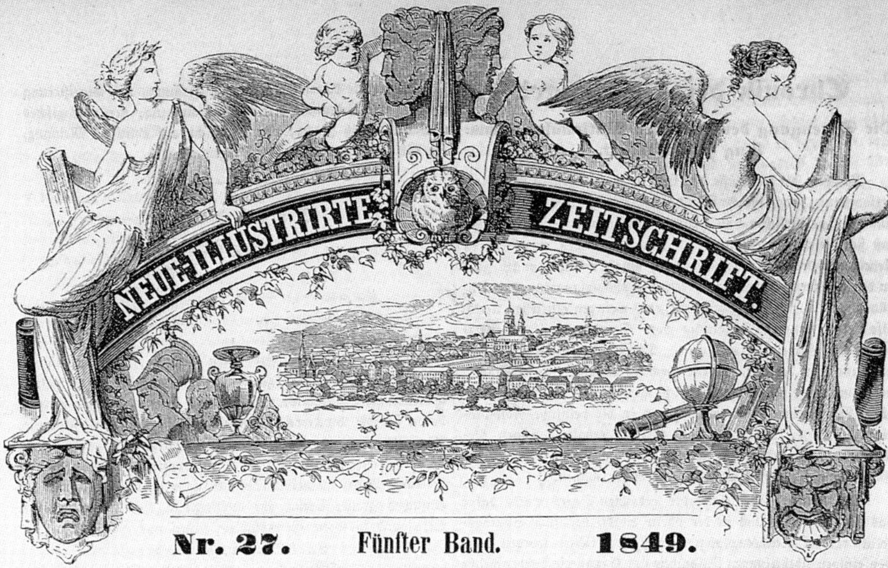

Nr. 27. Fünfter Band. 1849.

Diese Zeitschrift erscheint jede Woche in 1 Folio-Bogen. Der Jahrgang enthält ungefähr 400 Holzschnitte. Inserate in das Blatt selbst, sowie in den literarischen Anzeiger werden für die gespaltene Petit-Zeile mit 6 kr. oder 2 Sgr. berechnet. Von jedem Bild werden gute Clichés billigst abgegeben. Preis pr. Jahr fl. 4. 48 kr. oder Rthlr. 2. 20 Sgr. — Abonnements nehmen (immer auf 2 Quartale) alle Buchhandlungen und Postämter an.

Die Sprengung der deutschen Nationalversammlung zu Stuttgart.

Darstellung der Zerschlagung des Rumpfparlaments durch württembergisches Militär in der Stuttgarter Langen Straße am 18. Juni 1849

Der Kommentator der »Neuen Illustrierten Zeitschrift« schrieb: »So endete die einst mit so viel Hoffnung und Begeisterung aufgenommene deutsche Nationalversammlung, deren tragisches Schicksal gewiß Jedem, ohne Rücksicht auf politische Meinung, ein Gefühl tiefer Trauer abnöthigen wird.«

Stuttgart - ein idealer Ort für Schriftsteller und Literaten

Für Literaten war die Stadt im 19. Jahrhundert ein wichtiges Zentrum. 1840 beispielsweise gab es in Stuttgart laut Adreßbuch 249 Schriftsteller und 28 Buchhandlungen. 1871 waren es bereits 71 und vier Jahre später sogar 99 Buchhändler. Schon zu Beginn des Jahrhunderts waren auswärtige Schriftsteller nach Stuttgart gekommen, darunter Friedrich von Matthisson, Immanuel Geibel und wenig später Friedrich Wilhelm Hackländer.

Eduard Mörike zog 1851 dauerhaft nach Stuttgart, nachdem er Lehrer am Katharinenstift geworden war. Er bezog am 20. November in der Hospitalstraße 36 nach mehreren kurzfristigen Wechseln seine erste feste Wohnung und lebte dort zweieinhalb Jahre lang im zweiten Obergeschoß. Hier vollendete er unter anderem das »Stuttgarter Hutzelmännlein« und begann mit den Arbeiten an der Novelle »Mozart auf der Reise nach Prag«. Seine ständigen Wohnungswechsel waren für die damalige Zeit, sofern man in Miete lebte, nicht unüblich. Er starb 1875 in der Moserstraße 22 und wurde auf dem Pragfriedhof bestattet.

Nach einem ersten Besuch 1859 war der Schriftsteller Wilhelm Raabe 1862 nach Stuttgart übergesiedelt. Zu jener Zeit galt Stuttgart nach München und Berlin als eines der geistigen Zentren in Deutschland. Dennoch hatte die Stadt ihren ländlichen Charakter noch nicht ganz hinter sich gelassen, denn erst im Ankunftsjahr Raabes war verboten worden, Schweine auf der Straße vor dem Haus zu schlachten. Raabe war von den ersten Eindrücken begeistert und schrieb:

»Die Weinlese ist in vollem Gange, von allen Bergen um die Stadt knallt es, als ob eine große Schlacht geliefert würde, und des Abends steigen überall Raketen und Leuchtkugeln auf. Die Bevölkerung Stuttgarts ist wie ausgelassen.« Ein Jahr nach seinem Einzug äußerte er: »Für mich als Schriftsteller wie als Mensch könnte ich jetzt in ganz Deutschland keinen besseren Aufenthaltsort finden.«

Das Haus Hospitalstraße 36 bewohnte 1851–1854 der Dichter Eduard Mörike. Wenig später wurde der Garten im Vordergrund mit der Synagoge überbaut.

1870 kehrte er in seine Heimatstadt Braunschweig zurück.

Autoren wie Therese Huber, Wilhelm Hauff, Friedrich Hölderlin, Ludwig Uhland, Gustav Schwab, Georg Herwegh, Nikolaus Lenau, Ferdinand Freiligrath, Wilhelm Waiblinger und viele andere hielten sich längere Zeit in Stuttgart auf und waren teilweise aufs engste mit der Stadt verbunden.

Gesellschaftliche Treffpunkte waren meist die Privatwohnungen künstlerisch interessierter und wohlhabender Bürger. Erwähnt werden müssen in diesem Zusammenhang die Häuser von Gottlob Heinrich Rapp, von Johann Georg Hartmann sowie von dessen Sohn August Hartmann. In letzterem, dem sogenannten Hartmann-Reinbeck'schen Haus in der Friedrichstraße 14, hatte Nikolaus Lenau familiäre Aufnahme gefunden. Hier fiel er nach einer unglücklichen Verlobung 1844 in geistige Umnachtung.

Auch die bildenden Künste standen damals auf einem Höhe-

Der Dichter Ferdinand Freiligrath in seinem Cannstatter Arbeitszimmer

punkt. Der Maler Franz Seraph Stirnbrand, ein Findelkind aus Österreich, bewohnte von 1838 bis zu seinem Tode 1882 ein Haus in der Alleenstraße. (Sie verband bis nach dem Zweiten Weltkrieg den Stadtgarten und den jetzigen Hauptbahnhof.) Stirnbrands Haus wurde rasch zu einem Treffpunkt der geistigen Welt und sah zahlreiche Gäste. Hackländer sagte darüber: »Glückselige Stunden und Abende, die wir in dem heiteren gastfreien Haus verbrachten, bei den liebenswürdigsten Wirten und der stets auserlesenen Gesellschaft, Künstlern aller Art, Schauspielern und Sängern.«

Ein Zentrum der musikalischen Gesellschaft war das Haus der Familie Klinckerfuß in der Kanzleistraße 18. Hier trafen sich die Pianistin Clara Schumann sowie Johannes Brahms, Hans von Bülow, Franz Liszt, Edward Grieg, Max Reger, Anton Rubinstein und Hugo Wolf zum Gespräch sowie zu musikalischen Veranstaltungen. Über mehrere Generationen waren Mitglieder der Familie Klinckerfuß hoch angesehene Möbeltischler, bedeutende Musiker, und darüber hinaus war der Name seit 1832 mit einer Stuttgarter Klavierbaufirma verbunden.

»Bergwerk« und »Glocke«

Im 19. Jahrhundert waren die diversen literarischen Zirkel Mittelpunkte des gesellschaftlichen Lebens, wo sich traf, was

Rang und Namen hatte oder zu haben glaubte. Eine der ersten in Stuttgart gegründeten Vereinigungen war die »Museumsgesellschaft« von 1806. Sie hatte als Vereinslokal die »Silberburg« am Hang des Reinsburghügels, der späteren »Karlshöhe«, und erfreute sich größter Beliebtheit. 100 Jahre nach der Gründung hatte sie fast 1300 Mitglieder. 1842 wurde in der »Silberburg« die königlich-württembergische Eisenbahngesellschaft gegründet.

Friedrich Wilhelm Hackländer schreibt in seiner Autobiographie: »Gesellschaftliche Vereinigungen, wo sich Künstler und Männer der Wissenschaft fanden, waren kaum vorhanden.« Diesem Umstand wollten die Maler Kurtz, Müller und Rustige durch die Gründung einer Gesellschaft abhelfen, »die teils aus Künstlern, Schriftstellern und Gelehrten, anderen Teils aus gescheiten Leuten jedes nur möglichen Standes bestehen sollte.« Sie wurde »Glocke« genannt und hielt ihre wöchentlichen Sitzungen im Café Marquardt ab. Gemäß der Glockengießerzunft erhielten die »Beamten« Namen wie Altgeselle, Hammer, Mantel, Seil, Schwengel. Die übrigen Mitglieder nannten sich einfach »Glockenzieher«. Der Protektor der »Glocke« war bis zu seiner Heirat Kronprinz Karl von Württemberg, Mitglieder waren unter anderen Prinz Hugo zu Hohenlohe-Oehringen, Graf Wilhelm von Württemberg, die Grafen Neipperg und Taubenheim sowie der Baron Hügel. In diesen Vereinigungen mit eigenen Regeln und Gesetzen konnten sich Hochadel und Bürgertum ohne die sonst üblichen harten Standesschranken begegnen.

Der Schriftsteller Wilhelm Raabe lebte acht Jahre lang in Stuttgart. Aufnahme von 1867

Von Franz Liszt, der auch das »Glockenlied« vertont hatte, wird erzählt, er habe während des Besuches einer Glockensitzung eine improvisierte Etüde »mit den Händen auf dem Klavier zu spielen begonnen, mit den Füßen fortgesetzt und mit dem Allerwertesten beschlossen.« Derartige Ausgelassenheit und besonders die übermütigen Streiche auf dem Nachhauseweg der Teilnehmer entsetzten die biederen Stuttgarter mehr und mehr, verwundert aber nicht, wenn man weiß, daß die Bowle der Haustrunk der »Glocke« war.

Im Jahre 1844 hatte sich die »Glocke« im Hof des Cafés Marquardt im Gebäude Königstraße 35 einen geräumigen Saal errichtet, dessen Gewölbe nach Art alter Glockenstuben konstruiert war. Aber schon in der folgenden Revolutionszeit 1848 und 1849 löste sich die »Glocke« auf.

Ein Jahr später gründete Friedrich Wilhelm Hackländer eine Nachfolgegesellschaft, das »Bergwerk«. Darüber heißt es in einem Artikel des Schwäbischen Merkurs: »Der Verein soll ein gemeinschaftlicher, zu wetteiferndem, geistigem Schaffen begeisternder Mittelpunkt für die hiesigen Künstler, ein gastlicher Sammelplatz für Freunde werden, jeder heimischen Kunsttätigkeit zu erfolgreicher Wirksamkeit die Hand bieten und nach jeder Beziehung fördernd auf das vaterländische Kunstleben einwirken.«

Die Mitglieder wurden nach strengem Ritual aufgenommen, und je nach Leistung im »Bergwerk« konnte man in der Hierarchie aufsteigen. Die gesellschaftlichen Schranken wurden zum einen durch die bei den Sitzungen zu tragende Bergknappentracht, zum anderen durch einen Decknamen aufgehoben. Hackländer hieß zum Beispiel »Tintenklecks«, Architekt Leins war der »Schnörkel«, Eduard Mörike der »Wendehals«, Theobald Körner hieß »Falzbein« und Wilhelm Raabe »Krähe«. Das »Bergwerk« war eine der renommiertesten geistigkulturellen Gesellschaften in ganz Deutschland und blieb bis ins 20. Jahrhundert hinein als Verein für das gebildete Bürgertum aktiv.

Der in den zwanziger Jahren des 19. Jahrhunderts gegründete Kunstverein sowie der Liederkranz, der das von Thorwaldsen entworfene Schillerdenkmal auf dem Schillerplatz gestiftet hatte, gaben dem gesellschaftlichen und kulturellen Leben in der Stadt wichtige Impulse bis auf den heutigen Tag.

Das Hoftheater wird umgebaut

Um dem Königlichen Hoftheater endlich eine zeitgemäße Spielstätte zu verschaffen,

Das aus dem Neuen Lusthaus entstandene Hoftheater stand unmittelbar neben dem Neuen Schloß an der Stelle des jetzigen Kunstgebäudes. Aufnahme um 1870.

erfolgte in den Jahren 1844 und 1845 der weitgehende Abriß der bis dahin erhaltenen Außenmauern des Neuen Lusthauses. Mit den Abbrucharbeiten wurde der Architekt Carl Beisbarth beauftragt, der sogleich den historischen Wert des Gebäudes erkannte. Etwas mehr als ein Jahr – vom 15. November 1844 bis zum 10. Dezember 1845 – dauerten die Arbeiten. Beisbarth zeichnete teilweise bis zur völligen Erschöpfung alles, was ihm an Resten aus der Renaissancezeit unter die Augen kam. Immer wieder findet man auf den Zeichnungen seinen Hinweis, er habe das Dargestellte noch in der Nacht vor der endgültigen Beseitigung bei Kerzenschein festzuhalten versucht.

Seine in zehn Bänden zusammengefaßten 514 Einzelzeichnungen erlauben uns, den einstigen Prachtbau mit seinen reichhaltigen Details vor unserem geistigen Auge wiedererstehen zu lassen. Die damals abgenommenen Originalteile sicherten sich Kronprinz Karl sowie Herzog Wilhelm von Urach zur Ausgestaltung ihrer Residenzen. Aus diesem Grund befinden sich heute wichtige Elemente im Park der Villa Berg, im Städtischen Lapidarium und im Württembergischen Landesmuseum sowie fast der gesamte Skulpturenschmuck auf Schloß Lichtenstein. Als 1846 der Umbau fertig war, besaß Stuttgart eines der modernsten Theatergebäude Europas.

Etwa zur gleichen Zeit fand in Stuttgart ein für die Stadtgeschichte markantes Geschehnis statt: die letzte öffentliche Hinrichtung am 27. Juni 1845. Die Delinquentin Christiane Ruthardt war des Giftmordes an ihrem Ehemann überführt und in einem aufsehenerregenden Prozeß zum Tode durch Enthaupten verurteilt worden. Der Richtplatz lag auf der Feuerbacher Heide, wo sich damals ein Militärschießplatz befand. Ort und Zeit des Rechtsaktes waren in den Stuttgarter Tageszeitungen veröffentlicht worden, worauf eine große Zahl Schaulustiger in – wie es in einem Zeitungsbericht heißt – »heiterer, teilweise ausgelassener Stimmung« zur Richtstätte strömte.

Um die öffentliche Ordnung während der Urteilsvollstreckung zu gewährleisten, waren 100 Landjäger aus allen Teilen Württembergs nach Stuttgart berufen worden. Nur Bruchteile von Sekunden vor dem Tod der Ruthardt störte ein Zwischenruf – »Halt!« – das Geschehen.

Nachdem der Scharfrichter sein Werk getan hatte, gingen die Menschen in die Stadt zurück. Der Leichnam der Hingerichteten kam entgegen ihrem ausdrücklichen Wunsch nach Tübingen ins Anatomische Institut. Dort stellte man fest, daß eine fortgeschrittene Herzwassersucht ihrem Leben innerhalb kürzester Frist auf natürlichem Wege ein Ende bereitet hätte. Fortan fanden Hinrichtungen, wenn überhaupt, nur noch unter Ausschluß der Öffentlichkeit statt.

Für einen Tag im Blickpunkt Europas

Einer der politischen Höhepunkte in der Stadtgeschichte war der 27. September 1857. An diesem Tag feierte König Wilhelm I. von Württemberg seinen 76. Geburtstag. Auf dessen Einladung waren sowohl Zar Alexander II. von Rußland als auch der französische Kaiser Napoleon III. nach Stuttgart gekommen, obwohl nach der russischen Niederlage im Krimkrieg höchstes gegenseitiges Mißtrauen herrschte. Wilhelm I. nutzte seine verwandtschaftlichen Beziehungen geschickt zur Vermittlung. Zar Alexander II. bot sich die Gelegenheit, in zwangloser privater Begegnung mit Napoleon III. aus der politischen Isolierung herauszufinden.

Kaiser Napoleon III., Zar Alexander II. und König Wilhelm I. eröffnen am 28. September 1857 das Cannstatter Volksfest.

Der französische Kaiser wohnte, wie schon ein halbes Jahrhundert zuvor Napoleon I., im Neuen Schloß, der Zar hingegen bei seiner Schwester, der württembergischen Kronprinzessin Olga, in der Villa Berg. Vertrauliche Gespräche und festliche Empfänge wechselten einander ab, wobei auch ein Besuch auf dem Volksfest sowie eine Opernaufführung im Hoftheater auf dem Programm standen.

Da neben den beiden Kaisern auch die Zarin, die Königin Amalie von Griechenland sowie Königin Sophie von Holland – eine Tochter des Gastgebers – in Stuttgart weilten, stand die württembergische Hauptstadt damals im Blickpunkt Europas. Obwohl keine unmittelbaren politischen Absprachen zwischen Frankreich und Rußland erfolgten, hatte man doch die Bereitschaft zum Frieden bei den beteiligten Mächten feststellen können.

Tiefgreifende Veränderungen brachte dem Stuttgarter Talkessel insbesondere die zweite Hälfte des Jahrhunderts. 1861 entstand anstelle eines öden Exerzierplat-

Blick vom Turm der Stiftskirche auf den Schloßplatz, um 1870

zes nach Überlegungen Friedrich Wilhelm Hackländers der Schloßplatz mit seinem noch heute vorhandenen Wegesystem. Zur Vollendung wurden die beiden großen Schalenbrunnen aufgestellt, die 1863 um acht Figuren ergänzt wurden, welche die acht größten Flüsse Württembergs symbolisieren.

Nach allen Richtungen wuchsen Vorstädte im Stil der Gründerzeit als sogenannter Wilhelminischer Ring. Vor allem der westliche Talkessel wurde mit einem Straßensystem in Schachbrettmuster erschlossen und im Verlauf von etwa 50 Jahren flächenhaft bebaut. Die vornehmste Innenstadtstraße wurde die Neckarstraße, in der es fast nur Adelspalais und große Bürgerhäuser wohlhabender Stuttgarter gab. In den neunziger Jahren begann die Stadt schließlich die Hänge emporzuwachsen, wo in bester Aussichtslage die nobelsten Wohnviertel entstanden.

In der ersten Hälfte des 19. Jahrhunderts hatte sich die Bevölkerungszahl Stuttgarts mehr als verdoppelt. Um 1850 zählte man 50 000 Einwohner, und 1875 waren bereits 107 000 erreicht. Wie rasch die Stadt auch flächenmäßig wuchs, zeigt die Tatsache, daß allein 1872, eine unglaubliche Zahl, 1400 Baugesuche eingereicht wurden. Im Jahr 1900 lebten schließlich über 180 000 Menschen in der Stadt.

Die erste evangelische Kirche seit dem Mittelalter wird gebaut

Bis weit ins 19. Jahrhundert hinein boten die drei mittelalterlichen Kirchen Stuttgarts der evangelischen Bevölkerung ausreichend Platz. Als jedoch die Einwohnerzahl immer stärker anstieg und vor allem im Süden und Westen der Altstadt neue Wohnstraßen entstanden, ließ sich die Frage eines Kirchenneubaus nicht mehr länger hinausschieben.

Im Jahr 1858 wurde ein Kirchenbauverein gegründet, der neben dem Sammeln von Bauspenden vor allem die Diskussion der Standortfrage zur Aufgabe hatte. Drei mögliche Bauplätze wurden ins Auge gefaßt: die Einmündung der Marienstraße in die Silberburgstraße, die Kreuzung von Silberburgstraße und Reinsburgstraße sowie die Ufer des Feuersees.

Schon bald wurde der Platz unterhalb der »Silberburg« an der Marienstraße favorisiert und der Bebauungsplan dementsprechend von der Stadt geändert. Als sich jedoch mit verschiedenen Grundstückseigentümern unüberwindliche Hindernisse ergaben, schlug 1862 der Verschönerungsverein der Stadt Stuttgart den Feuersee als Standort vor, da die dortigen Geländeverhältnisse einer dringenden Verbesserung bedurften. Im darauffolgenden Jahr stimmten Gemeinderat und Kirchenbauverein dem Vorschlag zu.

Zunächst mußte der bisher dreieckige See in eine Rechteckform gebracht und eine Halbinsel, auf der die neue Kirche errichtet werden sollte, aufgeschüttet werden. 1864 wurden rings um den neuen Uferverlauf Kastanienbäume gepflanzt, und 1867 fand die Grundsteinlegung für die Kirche statt.

Ausführender Architekt wurde Christian Friedrich Leins, ein besonders aktives Mitglied des Verschönerungsvereines. Was den Baustil betraf, so sollten die anderen Stuttgarter Kirchen zum Vorbild genommen werden. Leins hielt sich jedoch nur wenig an diese Vorgabe, als er eine Kirche in der Gestalt frühgotischer Kathedralen mit spätgotischen Dekorationsformen entwarf. Dieser durch und durch katholische Bautyp zeigt im Innern jedoch eine überraschende protestantische Komponente: Das üblicherweise streng auf den Chor ausgerichtete Mittelschiff brach Leins

Die im Bau befindliche Johanneskirche am Feuersee

zu einem Predigtraum auf, indem er die Emporen weit hinter die Vierungspfeiler zurücknahm und so um den Altarraum herumführte.

Lange Zeit hatte man das Raffinement von Leins Bauschöpfung nicht erkannt und in der Johanneskirche nur einen Vertreter des »unechten« Historismus gesehen. Aus diesem Grunde wurde der kriegszerstörte Bau nur notdürftig wiederhergestellt.

Stuttgarts Juden errichten eine Synagoge

Nur wenige Jahre vor der Johanneskirche war nach den Plänen von Professor Breymann und Baurat Wolf zwischen 1859 und 1861 die Synagoge in der Hospitalstraße errichtet worden. Zuvor hatte zunächst ein Saal im Gasthaus »Altes Waldhorn« am Postplatz und seit 1837 ein Betsaal in der Langen Gasse als provisori-

Die 1859 bis 1861 erbaute Synagoge in der Hospitalstraße wurde 1938 in der Pogromnacht völlig zerstört. Aufnahme um 1870.

sche Synagoge gedient. Bei der Grundsteinlegung im Mai 1859 schrieb der württembergische Staatsanzeiger: »Möchte der Geist religiöser Duldsamkeit, welchem dieses Gotteshaus sein Entstehen verdankt, stets mehr und mehr in allen Herzen Wurzeln schlagen.« Auch dieser Bau wurde in der Progromnacht vom 9. zum 10. November 1938 in Brand gesteckt. Die Steine der Ruine hat man später an Weingärtner verkauft.

Seit der bereits erwähnten Vertreibung der Juden im 15. Jahrhundert aus Württemberg hatten sich erst von 1710 an wieder sogenannte »Hofjuden« in Stuttgart ansiedeln und am öffentlichen Leben teilhaben können.

Zunächst entstand in Freudental bei Besigheim eine jüdische Gemeinde mit Synagoge. Auf dem dortigen Friedhof haben von Anfang an auch die Stuttgarter Juden ihre letzte Ruhestätte gefunden. Als 1808 in Hochberg am Neckar (Gemeinde Remseck) ein neuer Friedhof angelegt wurde, diente dieser fortan als Begräbnisplatz für Gemeindemitglieder aus den Städten Stuttgart und Ludwigsburg.

Gottlieb Daimlers Motorboot auf dem Neckar bei Cannstatt

Erst 1834, nachdem sich in Stuttgart zwei Jahre zuvor eine selbständige jüdische Gemeinde gebildet hatte, wurde am Rande des schon 1626 angelegten Hoppenlaufriedhofs ein Begräbnisplatz für die Stuttgarter und Cannstatter Juden ausgewiesen. Ungeachtet des Protestes einiger Anwohner stimmte König Wilhelm I. der Friedhofsgründung ohne Zögern zu.

Auf dem Friedhof ruhen unter anderem der erste Stuttgarter Rabbiner, Dr. Josef von Maier, der bis zu seinem Tode 1873 nahezu 40 Jahre dieses Amt ausgeübt hat, sowie zahlreiche Mitglieder der bedeutenden Bankiersfamilie Kaulla. Sie hatten 1802 die später in der Deutschen Bank aufgegangene Württembergische Hofbank gegründet. Ferner befindet sich dort neben vielen anderen das Grab des Steinschneiders Philipp Hirsch, der für seine Bildnisse Schillers, Goethes und Danneckers sowie von württembergischen Herrschern bekannt wurde. Seine Beisetzung fand 1865 statt.

Nach der Gründung des Deutschen Reiches 1871 entwickelten sich Stuttgart und seine heute eingemeindete Umgebung zu einem vielversprechenden industriellen Zentrum.

Stellvertretend für viele Erfinder und Unternehmer seien hier nur Gottlieb Daimler und Wilhelm Maybach in Cannstatt sowie

Robert Bosch gründete 1886 in einem Hinterhof der Rotebühlstraße seine Werkstatt für Feinmechanik und Elektrotechnik

Robert Bosch in Stuttgart erwähnt. Deren sich ergänzende Konstruktionen veränderten die Welt in bisher nicht gekanntem Ausmaß. Der schnellaufende Motor und die Zündkerze waren die Grundlage für die Entwicklung des Automobils.

Am 10. November 1885 fuhr Daimler den ersten Kraftwagen der Welt mit vier Rädern auf den Straßen Cannstatts. Daimler, ein Sproß des Stuttgarter Polytechnikums, baute seinen Motor aber auch in ein Boot, in Schienenfahrzeuge und das erste Luftschiff ein. 1885 entstand in Cannstatt das erste Motorrad der Welt. Maybach, der wichtigste Mitarbeiter Daimlers, gründete später mit Ferdinand Graf von Zeppelin die Maybachwerke in Friedrichshafen.

Auch öffentliche städtische Verkehrsmittel wurden eingeführt. Seit 1868 gab es eine später elektrifizierte Pferdestraßenbahn, und 1884 richtete man eine Zahnradbahnverbindung nach Degerloch ein.

Teilweise waren die Industriellen auch politisch tätig. Der Farbenfabrikant Gustav Siegle beispielsweise vertrat von 1887 bis 1898 als nationalliberaler Abgeordneter den Wahlkreis Stuttgart im Reichstag. Seine Anilin-Fabrik lag an der Rotebühlstraße. Auf

Die Fabrik- und Verwaltungsgebäude der Pharmaziefabrik Fridrich Jobst in der Gartenstraße (heute Fritz-Elsas-Straße). Jobst stellte hauptsächlich Chinin her, ein Medikament gegen Malaria.

der anderen Straßenseite hatte Rudolf Knosp ein ähnliches Unternehmen gegründet und gleichfalls zu großem wirtschaftlichen Erfolg geführt. Da beide, Siegle und Knosp, in ihren Familien keine Nachfolger hatten, brachten sie ihre Unternehmen schließlich in die 1865 gegründeten »Badischen Anilin- und Sodafabriken« (BASF) ein und wurden Mitglieder der Geschäftsleitung des Weltunternehmens.

Rudolf Knosp war von 1872 bis 1886 Mitglied des Stuttgarter Gemeinderats und ebenso wie Gustav Siegle auf zahlreichen anderen – kulturellen und sozialen – Gebieten tätig. Noch heute erinnert das »Rudolf-Sophien-Stift« an das wohltätige Stifterpaar, auf das auch der Altbau des Wirtschaftsgymnasiums West in der Knospstraße zurückgeht. Ihre 1859 von Architekt Joseph Egle erbaute Villa steht, vorbildlich renoviert, an der Rotebühlstraße 72. Die Villa von Gustav Siegle wurde im Zweiten Weltkrieg zerstört und die Ruine später abgetragen. Seine Witwe hat aus seinem Nachlaß 750 000 Goldmark für

Das Areal von Gustav Siegles Anilinfabrik Ecke Augusten-/Hasenbergstraße

ein »Haus der Volksbildung« zur Verfügung gestellt, das bis 1912 als »Gustav-Siegle-Haus« errichtet wurde und bis heute die Erinnerung an diesen großen Stuttgarter Bürger wachhält.

In der zweiten Hälfte des 19. Jahrhunderts gründeten viele Unternehmer ihre Fabriken nicht mehr im Stuttgarter Talkessel, sondern in den inzwischen eingemeindeten Vororten. Vielfach waren diese Industriestandorte verkehrsgünstiger gelegen als die Kernstadt Stuttgart, und oft boten sich dort draußen bessere Perspektiven für mögliche Erweiterungen.

Lange Zeit blieb in Stuttgart zum Beispiel die 1889 gegründete Strickwarenfabrik von Wilhelm Bleyle. Seine Grundidee war, Strickkleidung nach Schneiderart zu konfektionieren und ihr dadurch die gute Paßform gewebter Kleidung zu geben. Seine früher allgegenwärtigen »Matrosenanzüge« für Buben waren im ganzen Deutschen Reich ein Verkaufsschlager. Die ehemaligen Bleyle-Werke in der Rotebühlstraße werden nach sorgfältiger Wiederherstellung jetzt von der Stuttgarter Versicherung genutzt.

Nicht nur chemische Fabriken und Trikotwarenhersteller gab es

Bleyles »Matrosenanzug« prägte um 1900 eine ganze Epoche.

hier in größerer Zahl, auch die Schokolade aus Stuttgart und Umgebung hatte einen guten Ruf. Das Unternehmen Ritter wurde in Cannstatt gegründet, und an Eszet-Schokolade aus Untertürkheim erinnert sich noch fast jeder. Die Waldbaur-Schokoladenfabrik produzierte noch bis 1976 im Stuttgarter Westen und wurde dann stillgelegt.

Stuttgart war zeitweise ein Zentrum der Klavierherstellung in Deutschland. Namen wie Schiedmayer, Dörner, Matthaes, Elias und Pfeiffer – um nur einige zu nennen – hatten einen guten Klang. Die meisten Unternehmen sind inzwischen eingegangen, andere haben ihre Fabriken von Stuttgart wegverlegt.

Man könnte hier noch über mehrere Seiten Produktionszweige und Firmennamen aufzählen, die mit Stuttgart in direkter Verbindung stehen.

Das erste Stuttgarter Telefon

Das erste Telefon in Stuttgart

Eine für die weitere wirtschaftliche Entwicklung wichtige technische Errungenschaft war der Aufbau eines öffentlichen Telefonnetzes. In Stuttgart hatte die Telefongeschichte bereits am 20. November 1877 begonnen, als der Generalpostmeister des Deutschen Reiches, Heinrich von Stephan, dem Vorsteher der Stuttgarter Telegraphendirektion, Oberfinanzrat von Schrag, die ersten beiden Exemplare eines »Bell'schen Telephons« übergab. An jenem Tage wurden die ersten Sprechversuche zwischen dem Telegraphenamt in der Friedrichstraße 25 und der Telegraphenwerkstätte Kronenstraße 15 unternommen.

Aus Anlaß des 25jährigen Regierungsjubiläums von König Karl 1889 war die obere Königstraße festlich geschmückt.

Im Januar 1881 endlich versandte die Telegraphendirektion in Stuttgart eine Werbeschrift, aus welcher hervorging, daß »in Stuttgart und seiner näheren Umgebung telephonische Verbindungen von öffentlichen Gebäuden und Privathäusern« hergestellt werden könnten. Bis zum Beginn des Jahres 1882 hatten sich 26 Stuttgarter Geschäfts- und Privatleute für ein Telefon angemeldet, unter anderem die Brauerei Wulle, das Hotel Marquardt und die Spedition Paul von Maur. Während zunächst noch die bisherigen Telegraphenkabel mitbenutzt werden konnten, waren für den öffentlichen Betrieb doch neue Leitungen notwendig. Aufmerksamen Bürgern war schon aufgefallen, daß sich »vom Postgebäude aus zwei gewaltige Drahtwolken« verbreiteten, und es war für sie nicht uninteressant zu sehen, wie sich die Drähte zum Beispiel der Calwer Straße entlang »von Tag zu Tag verlängern.«

Am 1. Juni 1882 wurde mit 75 Fernsprechteilnehmern der Betrieb aufgenommen. Drei Jahre später waren es schon 276, nach fünf Jahren schon 526, die pro Tag etwa 2000 Gespräche führten. Heinrich von Stephan faßte die Vorzüge des neuen Kommunikationsmittels so zusammen: »... daß man bei der großen Ent-

Trauerzug mit dem Sarg König Karls auf dem Schloßplatz, 9. Oktober 1891

fernung nicht gleich tätlich aneinandergeraten kann ...«

Nicht nur die wirtschaftliche und technische Entwicklung stand im Mittelpunkt des Interesses, auch die sozialen Belange fanden zunehmend Aufmerksamkeit.

In den achtziger Jahren waren Stuttgart und Nürnberg die einzigen Städte in Deutschland, in denen außer bei Lebensmittelgeschäften der Sonntagsladenschluß fast allgemein galt.

1890 gründete Eduard Pfeiffer, das 13. Kind wohlhabender jüdischer Eltern, den »Verein für das Wohl der arbeitenden Klassen«. Dieser errichtete die ersten Sozialsiedlungen in der Stadt.

Mit einer Bevölkerungszahl von fast 140 000 war Stuttgart längst zu einer Großstadt geworden.

Das Stuttgarter Rathaus: fast 30 Jahre wurde geplant

Daß das Rathaus des Spätmittelalters nicht mehr den Ansprüchen einer aufstrebenden Stadt im beginnenden Industriezeitalter genügen konnte, zeigt sich darin, daß bereits 1841 und 1872 die rechts an das alte Rathaus anstoßenden Gebäude Marktplatz 2 und 3 von der Stadt gekauft wurden, um Kanzleien unterbringen zu können. Die an-

Der Stuttgarter Marktplatz mit geschäftigem Treiben, 1827

wachsende Stadtverwaltung suchte nach Lösungen, der Raumnot Herr zu werden, die in der Zukunft nicht durch Häuserkäufe befriedigt werden konnte, waren doch die Dienststellen schon jetzt über die ganze Stadt verstreut.

Erstmals im Sommer 1870 brachte ein Bürgerausschußmitglied den Gedanken für ein völlig neues Rathaus an die Öffentlichkeit. Der kurz darauf gegen Frankreich geführte Krieg ließ jedoch derartige Planungen wieder in Vergessenheit geraten, zumal man auch eine den Wirkungskreis des Gemeinderats erweiternde neue Gemeindeordnung in Aussicht hatte. Man wollte nichts übereilen, war doch der Ersatz für ein 400 Jahre altes Rathaus nichts Alltägliches.

Erst im November 1884 nahm die Stadt die Neubaupläne wieder auf. Und gleich stellte sich auch die Frage nach dem Platz. Sollte das alte Rathaus, das so lange gedient hatte und mit dem Schicksal und der geschichtlichen Entwicklung der Stadt aufs engste verknüpft war, einfach niedergerissen werden?

Als Alternativen für den Standort standen unter anderem der Kreuzgangsbereich der Hospitalkirche (heute Hospitalhof), das

Entwurf für den Rathausneubau an der Stelle des heutigen Wilhelmsbaus

Waisenhaus am Charlottenplatz, die Häuserzeile von der Markthalle bis zum Schillerplatz sowie die Legionskaserne (heute Wilhelmsbau) zur Diskussion.

Nach zweijähriger Überlegungsphase blieben nur noch der alte Standort am Marktplatz und das Gelände der Legionskaserne übrig. Nun erst setzte ein heftiger Kampf um die Platzwahl innerhalb des Gemeinderats und der Bürgerschaft ein. Die Linksparteien traten von Anfang an für den Marktplatz ein, während die Konservativen den Neubau am heutigen Wilhelmsbau favorisierten.

In einer Bürgerversammlung im April 1887 wurden die unterschiedlichen Vor- und Nachteile leidenschaftlich vorgetragen. Der Erbauer des Königsbaus und der Johanneskirche, Architekt Christian Friedrich Leins, plädierte für die Legionskaserne. Er war der Meinung, daß eine Standortverlegung nur zur Belebung der Stadt und des westlichen Randbezirks beitragen könne. Im übrigen seien die im Laufe der Zeit sicher notwendigen Erweiterungsbauten ohne große Probleme an den Kernbau anzufügen. Der Philosoph und Literat Friedrich Theodor Vischer und vor al-

Das bis 1905 vollendete Stuttgarter Rathaus, dessen rückwärtige Flügel und dessen Turm in den jetzigen Bau integriert wurden

lem die Anwohner am Marktplatz malten das Gespenst eines völligen Verfalls des Geschäftslebens der alten Innenstadt an die Wand, sollte das Rathaus nicht wieder auf dem Marktplatz entstehen. Bereits 1886 hatten die Geschäftsinhaber und Anwohner des Marktplatzbereiches über 100 000 Mark an Spenden zusammengetragen, die zum Bau eines Rathauses an der alten Stelle zur Verfügung stehen sollten. In ihrem Aufruf verschwiegen sie nicht die Sorge, ihre Umsätze könnten sich bei einer Verlagerung des Publikumsverkehrs nach der Legionskaserne drastisch verringern. Deshalb könne man die Spende angesichts dieses drohenden noch größeren Unheils gut verkraften.

Ein aus der Bürgerschaft gebildetes »Provisorisches Komitee« trat aus anderem Grund für den traditionellen Standort ein, nämlich weil »in künstlerischer Beziehung der Marktplatz mit seinem architektonischen Abschluß seines quadratischen Giebelkranzes eine mustergültige Umgebung für das Rathaus« bilde.

Der Abbruch des alten Rathauses, von der Rückseite her gesehen

In der Folge erhitzten sich die Gemüter weiter. Kundgebungen, Streitschriften und Aufrufe ließen die Stadt nicht zur Ruhe kommen. In einem poetischen Flugblatt spottete der Dichter Eduard Paulus über die Marktplatzbefürworter:

»Baut in die tiefste Stelle
Das Rathaus in das Thal,
Es würde sonst zu helle
in seinem Sitzungssaal.«

1892 konnte sich der Gemeinderat endlich zu einer Entscheidung zugunsten des Marktplatzstandortes durchringen. Ein Wettbewerb in ganz Deutschland wurde ausgeschrieben, der über 200 Vorschläge einbrachte. Bald war aber klar, daß ein Rathaus am Marktplatz, wenn auch auf erweiterter Fläche, schon nach wenigen Jahren nicht mehr ausreichen würde.

Anfang 1897 entschied sich dann der Gemeinderat doch noch für das Gelände der Legionskaserne. Im Gegenzug war geplant, das alte Rathaus am Marktplatz zur Markthalle umzubauen, damit die Geschäftsinteressen der Anlieger keinen Schaden leiden würden. Der Publikumsverkehr wäre dem-

Der Justizpalast in der Urbanstraße wurde nach 1945 abgerissen.

nach an beiden Plätzen gewährleistet gewesen. Kurze Zeit später begannen die Verhandlungen mit dem württembergischen Staat über den Ankauf der Legionskaserne. Doch dann kam gegen Ende des Jahres 1897 die Gemeinderatswahl, die noch ganz unter der Rathausfrage stand. Das Ergebnis zeigte, daß das Volk anderer Meinung war, denn sämtliche Gemeinderäte, die das Rathaus vom Marktplatz hatten weg haben wollen, wurden nicht wiedergewählt.

Am 17. März 1898 machte der neue Gemeinderat den Kämpfen endgültig ein Ende und entschied sich einstimmig für einen nach hinten verlängerten Rathausneubau am alten Platz. Den Zuschlag für die Bauausführung bekamen die Berliner Architektur-Professoren Johannes Vollmer und Heinrich Jassoy. Im Juli desselben Jahres wurde mit dem Abbruch der Häuser – insgesamt fielen der »großen Rathauslösung« 20 alte Häuser zum Opfer – und mit dem Bau des hinteren Flügels bei der Küferstraße (heute in der Nähe der Nadlerstraße) begonnen.

Am 1. Oktober 1901 zog die Stadtverwaltung vom alten Rathaus am Marktplatz in diesen neuen Flügel um. Nun war das alte Haus leer und konnte innerhalb kurzer Zeit niedergelegt werden. Für das neue Rathaus hatte man zwei Millionen Mark eingeplant.

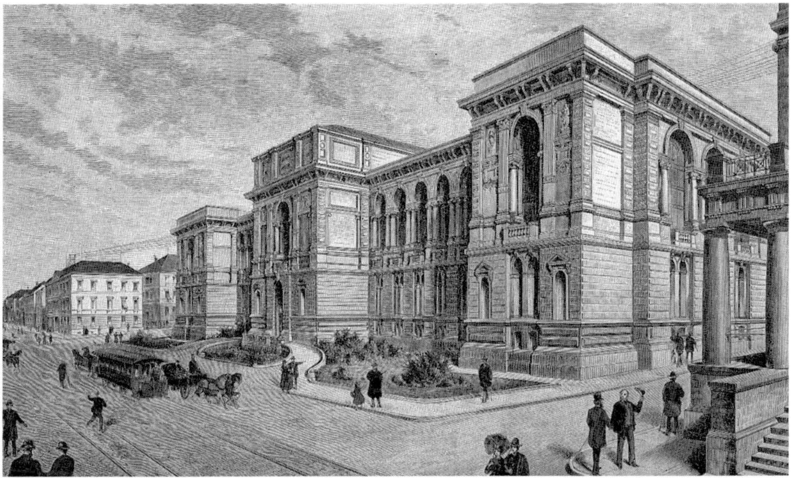

Die Württembergische Landesbibliothek in der Neckarstraße

Im Januar 1902 war der Hauptbau mit dem Turm begonnen worden, der schließlich am 1. April 1905 in Anwesenheit des Königs feierlich eingeweiht wurde.

Nicht nur der Marktplatz erfuhr damals tiefgreifende Veränderungen, auch an anderen Stellen wurden wichtige Neubauten errichtet. Landesbibliothek, Justizpalast und Landesgewerbemuseum (heute Haus der Wirtschaft) sowie wenig später das Lindenmuseum waren öffentliche Repräsentationsbauten. Das historische Landesmuseum, das am Hegelplatz geplant war, sowie die Konzerthalle auf der Karlshöhe hat der Ausbruch des Ersten Weltkrieges verhindert.

Am Schloßplatz wurde das Stadtbild kurz vor 1900 durch ein Gebäude bereichert, das erstmals unterschiedlichste Funktionen unter einem Dach vereinigte.

Als persönliche Erbin der am 30. Oktober 1892 verstorbenen Königin Olga war Herzogin Wera von Württemberg in den Besitz zahlreicher Immobilien und eines stattlichen Barvermögens gekommen. Zu der Erbmasse gehörte auch ein Grundstück am Schloßplatz, auf dem damals zwei ältere, als Caféhäuser genutzte Gebäude standen, von denen eines Johann Heinrich Dannecker als Atelier gedient hatte. Herzogin Wera ließ diese wenig später abbrechen und durch die Stutt-

Das Café im Königin-Olga-Bau setzte Maßstäbe in Stuttgart kurz vor 1900.

garter Architekten André Lambert und Eduard Stahl den Königin-Olga-Bau errichten.

Für das geforderte Raumprogramm gab es keine Vorbilder; es war ein Novum. Unter einem Dach sollten neben einem fürstlichen Appartement auch eine Gaststätte, verschiedene Klubräume und eine Anzahl von Ladengeschäften untergebracht werden. In der Presse bedauerten die Architekten, dies sei »eine etwas kompliziertere Leistung als die seinerzeit dem Herkules auferlegte«. In der zweiten Jahreshälfte 1895 war das Gebäude fertig und die Anerkennung für die beiden Baumeister groß. Der Komplex war üppig in einer Stilmischung von Renaissance und Rokoko dekoriert, was man damals die »Frische eines werdenden Stils« nannte. Nach der Zerstörung im Zweiten Weltkrieg hat Paul Schmitthenner ohne jeden Anklang an die einstige Gestalt für die Dresdner Bank einen Neubau errichtet, der sich aller Kritik zum Trotz hervorragend in die umgebenden Bauten einfügt.

Ein Feuer vernichtet das Hoftheater

Direkt daneben ereignete sich am Abend des 19. Januar 1902 eine Brandkatastrophe, die noch lange in Erinnerung blieb:

In der Nacht vom 19. zum 20. Januar 1902 brannte das Hoftheater völlig nieder. Hier eine zeitgenössische Lithographie auf einer Ansichtskarte

Das Württembergische Hoftheater brannte bis auf die Grundmauern nieder. In letzter Minute war es gelungen, Teile des Inventars – darunter die wertvolle Musikaliensammlung – zu retten, jedoch wurden alle Originalkostüme aus der Rokokozeit, ein bis dahin einzigartiger Schatz des Theaters aus der Glanzzeit des Hoflebens unter Herzog Carl Eugen, vernichtet.

Noch in der Nacht des Brandes gab die »Schwäbische Kronik« Extrablätter heraus, die den Stuttgarter Abonnenten zugestellt wurden. In der Ausgabe von drei Uhr hieß es: »Das Theater selbst wird vollständig ausbrennen.« Die Löschmaßnahmen mußten sich darauf beschränken, ein Übergreifen des Feuers auf die Eberhardskirche, den Königin-Olga-Bau und vor allem auf das Neue Schloß zu verhindern.

Für kurze Zeit wurde der Spielbetrieb ins Wilhelma-Thea-

Schlange vor der Kasse des 1902 errichteten Interimtheaters. Das Provisorium diente bis zur Einweihung des Großen Hauses 1912 als Hoftheater.

ter verlegt, aber schon bald war das aus den Trümmern des Altbaus im Schloßgarten errichtete »Interimtheater« fertiggestellt.

Sieben Jahre später wurde ein dauerhafter Neubau in Angriff genommen, genauer gesagt: derer zwei. Die Pläne hatte Max Littmann gezeichnet. Mit einem Kostenaufwand von 7,5 Millionen Goldmark entstanden zwischen 1909 und 1912 Schauspielhaus und Operngebäude im Schloßgarten. Das Doppeltheater wurde mit der Uraufführung von Richard Strauß' »Salome« eingeweiht. Max Reinhardt bezeichnete die Spielstätte einmal als »schönsten Theaterbau der Welt«. Unter der Intendanz von Joachim Gans Edler Herr zu Putlitz errang die neue Bühne überregionales Ansehen.

In der Ruine des Hoftheaters hat man noch eine interessante Entdeckung gemacht, die bis ins 16. Jahrhundert zurückwies: Plötzlich stand im sich verziehenden Rauch eine komplette Freitreppe des Neuen Lusthauses, die bisher völlig eingebaut und in ihrer Existenz nur wenigen Theaterangestellten bekannt war. Aus dem Neuen Lusthaus hatte sich – wie bereits an anderer Stelle erwähnt – durch immer neue Um-

und Anbauten das Hoftheater entwickelt.

Die Wiederauffindung der Renaissancetreppe ließ bald den Vorschlag aufkommen, das Lusthaus in seiner originalen Gestalt des 16. Jahrhunderts zu rekonstruieren. Außer dem ursprünglichen Platz war als Standort auch das Gelände des Alten Waisenhauses am Charlottenplatz im Gespräch. Vor allem Herzogin Wera setzte sich nachdrücklich für den Aufbau ein. Die erforderlichen Finanzmittel sollten über eine Reichslotterie unter dem Patronat von Kaiser Wilhelm II. zusammengebracht werden. Da jedoch eine sinnvolle Nutzung nicht gefunden werden konnte und die veranschlagten Kosten in immer größere Höhen stiegen, wurde das Wiederaufbauprojekt 1907 endgültig ad acta gelegt; die doppelläufige Treppe hat man in den Mittleren Schloßgartenanlagen aufgestellt, wo sie sich heute noch befindet. Denkt man an die historische Umgestaltung des Hohenlohe-Schlosses Neuenstein oder an den romantischen Ausbau der Hochkönigsburg im Elsaß, die in jener Zeit ins Werk gesetzt wurden, dann lag die Lusthaus-Idee in Stuttgart durchaus im Trend.

Auch die Errichtung eines völkerkundlichen Museums – das 1910/11 dann am Hegelplatz gebaut wurde – oder eines riesigen Nationaldenkmals waren in der Öffentlichkeit diskutierte Projekte. Bereits im April 1902 gab der damalige Inspektor der Gemäldegalerie, Konrad Lange, in der »Schwäbischen Kronik« zu bedenken: »Stuttgart besitzt bisher kein Kunstausstellungsgebäude.«

Im Dezember 1908 kehrte der Architekt Theodor Fischer, der sieben Jahre als Professor an der Technischen Hochschule Stuttgart gewirkt hatte, nach München zurück. Bei seiner Abschiedsaudienz übertrug ihm König Wilhelm II. den Bauauftrag für ein Kunstgebäude auf dem Platz des ehemaligen Hoftheaters. 1913 wurde das Bauwerk mit dem goldenen Hirsch auf der Kuppel eingeweiht.

Nicht nur prächtige öffentliche Bauten wie Bibliotheken und Museen, auch zahlreiche Schulen und Kirchen sind in den letzten Jahrzehnten des 19. Jahrhunderts entstanden. Sogar den Nesenbach, der früher einmal despektierlich »Wälzimdreck« genannt wurde, verbannte man zwischen 1864 und 1882 aus der Stadt in unterirdische Kanäle. Damit waren die großen Überschwemmungen, die dieses kleine Rinnsal anrichten konnte, für die Zukunft abgewendet.

Der 1896 eröffnete Schwabtunnel erleichterte den Verkehr zwischen den westlichen und südlichen Wohngebieten. Das Jugendstilhaus links gehört zu den schönsten in ganz Stuttgart.

Das Stadtbild hatte sich grundlegend verändert. Stuttgart war zu einer der schönsten Großstädte Deutschlands geworden, deren malerische Lage hoch gerühmt wurde.

Verbesserung der Wohnsituation gefordert

Trotz allen architektonischen Glanzes waren die Lebensbedingungen in der Stuttgarter Altstadt, vor allem ihre hygienischen und räumlichen Verhältnisse, schon lange als dringend verbesserungswürdig, ja teilweise sogar als unerträglich empfunden worden. Wesentlichsten Anteil an einer Veränderung der Situation hatte der 1866 auf Initiative Eduard Pfeiffers gegründete »Verein für das Wohl der arbeitenden Klassen«, der von Anfang an neben der Arbeiterbildung »die Herstellung von gesunden und genügenden Arbeiterwohnungen« zu seinem Hauptanliegen machte.

In einer Fragebogenaktion des Vereins wurde die katastrophale Lage offensichtlich: In 1331 untersuchten Wohnungen lebten 5048 Menschen, denen aber nur

3317 Betten zur Verfügung standen. Fast 800 der 1331 Wohnungen bestanden nur aus einem Zimmer, in dem durchschnittlich drei, oft aber auch vier oder fünf Personen hausten.

1891 bis 1903 entstand zunächst die nach modernsten Erkenntnissen entworfene Wohnkolonie »Ostheim« mit 1267 Wohnungen, dann »Südheim« zwischen Heslach und Kaltental sowie in Botnang die aus 93 Wohneinheiten bestehende Gebäudegruppe »Westheim«. Die Ostheim-Siedlung steht heute komplett unter Denkmalschutz und ist ein außerordentlich beliebtes Wohngebiet. Die Lukaskirche, welche die Siedlung überragt, wurde 1899 erbaut.

Auch in der Innenstadt bemühte sich der Verein Eduard Pfeiffers punktuell um Veränderungen. In der Bachstraße und der Kreuzstraße (heute beide vom »Schwabenzentrum« überbaut) sowie in der Weberstraße und der Leonhardstraße wurden alte Häuser abgebrochen; namhafte Architekten ließ man zeitgemäße Neubauten errichten. Erwähnt sei hier das von Theodor Fischer entworfene Gebäude Leonhardstraße 13. Tatsächliche Verbesserungen konnte aber letztlich nur eine Flächensanierung bewirken.

Als vordringlich sanierungsbedürftig wurde allgemein die Gegend zwischen Eberhardstraße, Steinstraße und dem heute verschwundenen Ilgenplatz betrachtet. Im Juni 1905 erhielt daher der Architekt Karl Hengerer den Auftrag, die wirtschaftliche und städtebauliche Durchführbarkeit einer Generalsanierung zu untersuchen. Als besondere Schwierigkeit stellte sich der Grunderwerb heraus, weil das Gebiet unter mehr als 100 Besitzern aufgeteilt war und mit jedem einzelnen verhandelt werden mußte. Die gesamte Kaufsumme betrug schließlich 3,216 Millionen Mark, was einem durchschnittlichen Quadratmeterpreis von 477 Mark entspricht. Der finanzielle Aufwand für Ankauf, Abbruch und Neubebauung wurde auf etwa sieben Millionen Mark berechnet. Neben der Stadt Stuttgart, die vier Millionen Mark zu Verfügung stellte, waren es der Verein und Eduard Pfeiffer selbst, die jeweils gegen eine Verzinsung von drei Prozent 250 000 Mark beziehungsweise eine Million Mark in das Unternehmen einbrachten.

Bald waren sich die Verantwortlichen einig, daß dem neuen Stadtquartier der zentrale Geißplatz als Mittelpunkt erhalten bleiben müsse. Jedoch sollten die auf ihn zulaufenden Straßen auf mindestens elf Meter Breite erweitert oder – wie im Falle der

Der Geißplatz mit dem Hans-im-Glück-Brunnen hat den Zweiten Weltkrieg überstanden und zählt heute zu den malerischsten Winkeln der Innenstadt.

Töpferstraße – völlig neu geschaffen werden. Die Steinstraße war bis dahin nur 5,50 Meter, die Nadlerstraße gar nur 4,25 Meter breit gewesen. Die mit den Entscheidungen betraute Kommission, der unter anderem Theodor Fischer, Robert von Haug, Eduard Pfeiffer, Leo Vetter und Carl Engelhorn angehörten, war der Meinung, daß »das Neue sich tunlichst dem Alten anpassen solle«. Am 1. April 1906 wurde mit dem Abbruch von 26 alten Gebäuden begonnen, an deren Stelle bis 1910 18 Neubauten traten.

Mit den Einzelentwürfen waren verschiedene Architekten beauftragt, so zum Beispiel Paul Bonatz und Richard Dollinger. Fast der gesamte plastische Schmuck stammt vom Bildhauer Josef Zeitler, der auch den hübschen Hans-im-Glück-Brunnen auf dem neuen Geißplatz geschaffen hat. So manches Haus zeigte ferner Fassadenmalereien von der Hand Robert von Haugs und anderen.

Ein wichtiger Bestandteil der Sanierung war die Errichtung des riesigen »Graf-Eberhard-Baus« an der Eberhardstraße, der eine Grundfläche von 1700 Quadratmetern bedeckt. Neben der Hausmeisterwohnung beherbergte der 2,5 Millionen Mark teure Komplex ausschließlich Büros, Läden und sonstige gewerblich genutzte Räume.

Am 1. April 1909 waren die Bauarbeiten im großen und ganzen vollendet, einige Nachbesserungen zogen sich noch bis ins folgende Jahr hin. Insgesamt waren 87 Einzelgebäude abgerissen und statt dessen 34 neue Häuser errichtet worden. Im Zweiten Weltkrieg geringfügiger als andere Viertel beschädigt, ist dieses Ensemble, das zeitweise wegen seiner traditionellen Bauformen als »Meistersingerei« verspottet wurde, heute eine besondere Attraktion und Zierde im ansonsten monoton modernen Stadtkern Stuttgarts.

Während Heslach und Gablenberg schon immer zu Stuttgart gehört haben, waren 1836 Berg und 1901 Gaisburg dazugekommen. Ein entscheidender Schritt nach vorn war 1905 der Zusammenschluß mit der benachbarten Stadt Cannstatt. Ausdrücklich wurde damals von »Vereinigung«, nicht von Eingemeindung gesprochen. Nun griff das Stadtgebiet endlich über den Neckar ins flache Land hinein. Gleichzeitig mit Cannstatt kamen noch Untertürkheim und Wangen hinzu sowie 1908 Degerloch. Damit hatte sich im Verlauf von einem Jahrzehnt das Stadtgebiet von knapp 3000 Hektar auf 6500 Hektar mehr als verdoppelt.

Der »Zeppelin« verbrennt bei Echterdingen

Am 5. August 1908 erschütterte ein Ereignis nicht nur die Stuttgarter, sondern das ganze damalige Deutsche Reich. An jenem Tag war Ferdinand Graf von Zeppelin mit seinem vierten Luftschiff LZ 4 nach überwiegend problemlos verlaufener Fahrt von Friedrichshafen über Straßburg und Mannheim in den frühen Morgenstunden in Stuttgart eingetroffen. Auf der Filderebene bei

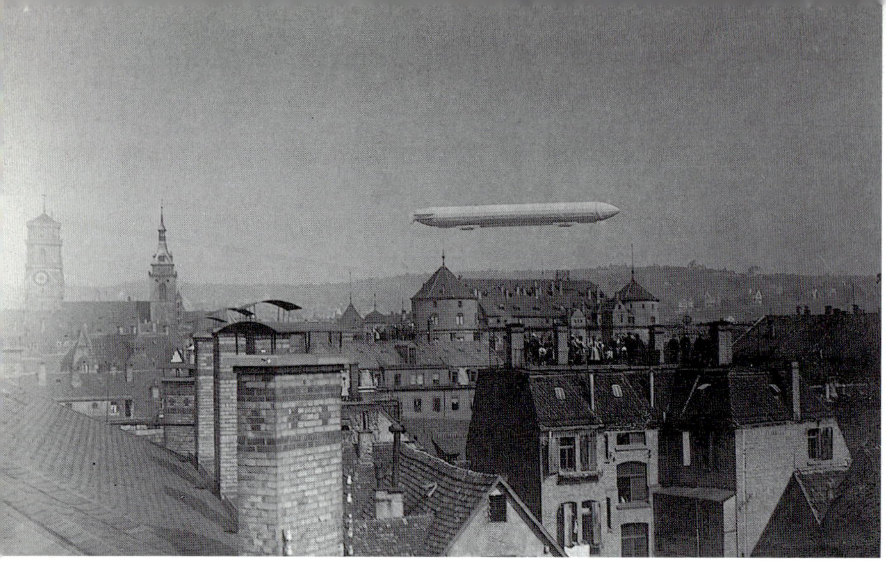

Der »Zeppelin« über den Dächern von Stuttgart war für die Bevölkerung immer ein besonderes Ereignis, so auch im Mai 1909.

Echterdingen war der Graf – erstmals auf festem Boden – gelandet. Obwohl ein Motorschaden diese Notlandung bewirkt hatte, war damit die Bedingung der Reichsregierung erfüllt, die erst nach einem ununterbrochenen 24-Stunden-Flug über einen Ankauf verhandeln wollte.

Zunächst umstanden nur Filderbauern, die von den Feldern herbeigeeilt waren, das wunderliche Luftgefährt. Doch die Kunde von der Landung Zeppelins verbreitete sich wie ein Lauffeuer. Von überall her strömten die Menschen zusammen, die Filderbahnen setzten Sonderzüge ein, und manches Fuhrwerk ließ sich von begeisterten Schaulustigen als »Taxi« anheuern. Die Menschenmenge war bald unübersehbar. Da machte am Nachmittag gegen 14 Uhr ein heftiger Windstoß dem Luftschiff ein Ende: Es wurde von der Halterung losgerissen, eine plötzliche Explosion folgte, und innerhalb weniger Minuten war vom Stolz des Grafen nur noch ein unförmiges Aluminiumgerippe übrig. Zeppelin glaubte, alles sei verloren.

Hermann Lehrenkrauss, der seit 1894 im sogenannten »Kernerhaus« am Kernerplatz ein Café-Restaurant führte, gründete noch am 5. August 1908, dem Tag des Zeppelinunglücks in Echterdingen, ein »Erstes Zeppelin-Museum«. Nach seinen eigenen Angaben waren »Überreste des Luftschiffs, Zeppelin-Büste, -Baum, -Tisch, -Humpen« und vieles mehr ausgestellt. Sogleich wurden

Am 5. August 1908, dem Tag des Unglücks von Echterdingen, eröffnete Hermann Lehrenkrauss am Kernerplatz das »Erste Zeppelin-Museum«.

Postkarten mit Abbildungen und Zeppelin-Gedichten gedruckt, die offenbar reißenden Absatz fanden. In seinem Restaurant schenkte Lehrenkrauss sogar einen »Zeppelin-Wein« aus, der vom Zeppelinschen Gut Giersberg stammte.

Die Verquickung von Begeisterung und Geschäftssinn war in jenen Tagen weit verbreitet. Der vom Unglück heimgesuchte Graf Ferdinand von Zeppelin wurde nun zum Objekt eines geradezu fanatischen, in allen Volksschichten verbreiteten Mitgefühls. 24 Stunden nach der Vernichtung des Luftschiffs waren bereits 13 000 Mark Spenden in der Redaktion des Schwäbischen Merkurs eingegangen.

In den folgenden Tagen druckte die Zeitung zahllose Meldungen von namhaften Einzelspenden. Sofort hatten Geschäfts- und Privatleute Spendenannahmestellen in der Stuttgarter Innenstadt eingerichtet, unter ihnen auch Hermann Lehrenkrauss. König Wilhelm II. überwies nur einen Tag später aus seinem Privatvermögen 20 000 Mark – ein Vorbild für jeden Württemberger. Bereits am 15. August war im Reich die Millionengrenze überschritten, und nach einer weiteren Woche lag die Summe bei zwei Millionen. Ausdrücklich wurde vermerkt, daß von den im ganzen Deutschen Reich gesammelten Spenden mehr als die Hälfte aus Württemberg kam.

Die Tatsache, daß am 12. August ein Zeitungsartikel auf die militärische Bedeutung der Zep-

Am 15. Oktober 1909 landete erstmals auf Stuttgarter Markung ein lenkbares Luftschiff, der Parseval III des Konstrukteurs August von Parseval

pelin-Luftschiffe hinwies und die Reichweite von 750 Kilometern mit der Strecke Metz–Paris und zurück beschrieben wurde sowie die Meldung, daß zum Bau des verbrannten LZ 4 vom preußischen Kriegsministerium 400 000 Mark beigesteuert worden waren, ließen die Begeisterung nur noch wachsen. Schon zehn Tage nach der Echterdinger Katastrophe war die Planung für LZ 5 so gut wie abgeschlossen und Graf Zeppelin voller Zuversicht.

In Konstanz geboren, war der Graf schon früh in persönlichen Kontakt mit König Wilhelm II. gekommen und hatte sich später in Stuttgart niedergelassen. Nur wenige Wochen vor dem Unglück war er zum Ehrenbürger der Stadt ernannt worden. Als er 1917 starb, war seine Beisetzung auf dem Pragfriedhof eine eindrucksvolle Demonstration von Hof und Bevölkerung für das Lebenswerk Zeppelins.

1909 landet erstmals ein Luftschiff in Stuttgart

Obwohl die Landung des LZ 4 nicht auf Stuttgarter Boden erfolgt war, hatte das Geschehen die Stuttgarter aufs heftigste bewegt. Erst ein Jahr später, am 15. Oktober 1909, ankerte erstmals ein lenkbares Luftschiff in Stuttgart. Anläßlich einer von

Augsburg nach Frankfurt am Main veranstalteten Demonstrationsfahrt legte das Luftschiff P III auf dem Cannstatter Wasen eine Zwischenlandung ein. Vom Schloßplatz fuhren Extrawagen der Straßenbahn nach Cannstatt, wo gegen 14.30 Uhr das Luftschiff am Horizont über dem Ailenberg sichtbar wurde.

Da ein Ventilator zum Füllen des Luftschiffs defekt war und in den Daimler-Werken repariert werden mußte, konnte erst am folgenden Tag mit dem Weiterflug gerechnet werden. Nachts war das ungewöhnliche Fahrzeug von Karbidscheinwerfern der Feuerwehr angestrahlt und strengstens abgesperrt, denn noch am Abend des 15. Oktober hatten Tausende von Menschen die Absperrungen durchbrochen und das Luftschiff in ernste Gefahr gebracht. Erst nach schweren Rangeleien und Tumulten konnten Polizei und Soldaten die Ordnung wieder herstellen.

Der Kommentator der »Schwäbischen Kronik« äußerte über das Luftschiff: »Mochte auch dem, der Zeppelins schlanke Zigarren bewundert hat, die Gestalt des Parseval etwas plump erscheinen, die Ruhe seiner Fahrt und die Sicherheit im Niedergehen wekken die größte Bewunderung ...« Das vorne stumpf und hinten spitz zulaufende Himmelsgefährt sei am ehesten den »nahrhaften Knorrschen Erbswürsten« vergleichbar, meinte ein Augenzeuge. Jedoch wurde allgemein die Einfachheit der Konstruktion gelobt.

Gebaut hatte das Luftschiff der aus der Pfalz stammende August von Parseval (1861–1942), der neben Ferdinand Graf von Zeppelin der erfolgreichste Luftschiffkonstrukteur in Deutschland war. Im Gegensatz zu den starren »Zeppelinen« waren die »Parsevale« Prall-Luftschiffe ohne inneres Gerüst und damit einer anderen Erfindung Parsevals, den Fesselballons, nahe verwandt. Bis zum Ende des Ersten Weltkrieges wurden insgesamt 28 Luftschiffe gebaut, dann wurden die Parsevale jedoch von den wirtschaftlicheren »silbernen Zigarren« endgültig verdrängt.

Ähnliche Aufmerksamkeit wie die Landung von Luftschiffen erregte im gleichen Jahr der offizielle Besuch Kaiser Wilhelms II. in Stuttgart. Der Aufenthalt des Kaiserpaares sowie einer großen Zahl weiterer hoher Gäste am 6. und 7. September 1909 war – sowohl für den Hof als auch für die Bevölkerung – ein besonderes Ereignis. Monate vorher hatten die Vorbereitungen begonnen, damit das vorgesehene Programm in der beabsichtigten Reihenfolge ablaufen konnte.

Während eines Besuchs im Rathaus versicherte Oberbürgermeister Heinrich Gauß dem Kaiser, die alte Generation des Partikularismus sei verschwunden und die Reichseinheit »ein unverlierbares Gut geworden, das wir uns von niemand rauben oder verkümmern lassen«. Diese Betonung erschien notwendig, da die Eigenständigkeit der süddeutschen Staaten häufig ein Konfliktmoment in den Beziehungen zu Preußen darstellte. Noch 1871 hatten König Karl und Königin Olga von Württemberg die Gründung des Deutschen Reiches unter preußischer Führung nur schweren Herzens akzeptieren können, weshalb der erste Staatsbesuch Kaiser Wilhelms I. erst 1876 stattgefunden hatte.

Das am 1. Oktober 1898 auf dem Karlsplatz enthüllte Denkmal für Kaiser Wilhelm I. ist bis heute sichtbares Zeugnis dafür, daß sich unter dem seit 1891 regierenden König Wilhelm II. von Württemberg die Einstellung geändert hatte. Der König und die Mehrheit der Stuttgarter hatten sich mit den entstandenen historischen Gegebenheiten abgefunden.

Ein liberaler Monarch

König Wilhelm II. war ein zutiefst moralisch denkender Mensch, der in seinem Auftreten zum Ausdruck brachte, erster Diener seines Staates zu sein. Seine große Popularität, der tiefe Respekt, der ihm entgegengebracht wurde, ist fast sprichwörtlich geworden. Jedes Säbelrasseln war ihm zuwider, weshalb er 1914 nur schweren Herzens die württembergischen Truppen in den Ersten Weltkrieg verabschiedete. Er wußte wohl, daß jeder Krieg Leid, Elend und Opfer mit sich bringt. An ein Ende der Monarchie als Folge dieser ersten großen Auseinandersetzung des 20. Jahrhunderts dachte freilich noch niemand.

Wie offen Stuttgart unter seiner Regierung war, zeigt die Tatsache, daß im August 1907 der erste auf deutschem Boden veranstaltete internationale Sozialistenkongreß hier stattfand. Rosa Luxemburg und Jean Jaurès waren damals Redner, und als Gastgeberin könnte man Clara Zetkin bezeichnen, die seit längerer Zeit in Stuttgart als Redakteurin tätig war. In ihrem Haus in Sillenbuch war mehrmals Lenin zu Gast.

Beim 25jährigen Regierungsjubiläum König Wilhelms, das mitten im Krieg 1916 gefeiert wurde,

König Wilhelm II. und Königin Charlotte von Württemberg

Der Bahnhofsvorplatz (heute Arnulf-Klett-Platz) Anfang der dreißiger Jahre

versicherten ihm die Vertreter der Stadt Stuttgart und weite Teile der Bevölkerung ihre uneingeschränkte Treue und Unterstützung. Daher war es für Wilhelm II. eine besonders tiefe menschliche Enttäuschung, daß sich am 9. November 1918, dem Tag der Revolution in Deutschland, niemand schützend vor ihn stellte, als Demonstranten in seine Privatwohnung im Wilhelmspalais eindrangen. Als verlangt wurde, auf dem Gebäude die rote Fahne zu hissen, wußte der König, daß er »hier nicht mehr her gehörte«. Er fuhr nach Bebenhausen, wo er bis zu seinem Tode 1921 lebte.

Nicht einmal im Tode wollte er nach Stuttgart zurückkehren, weshalb der Trauerzug zum alten Ludwigsburger Friedhof in einem weiten Bogen um die Hauptstadt herumgeführt wurde.

Der Erste Weltkrieg brachte Stuttgart zunächst kaum Einschränkungen. Bis auf die Rekrutierungen und manche Rationierung ging das Leben anfangs seinen gewohnten Gang. Erst als überraschende Luftangriffe erfolgten und insgesamt 22 Tote und 78 Verletzte zu beklagen waren, war das Entsetzen groß. Noch ahnte niemand, was im Zweiten Weltkrieg alles geschehen würde.

Die Politikerin Clara Zetkin

Der Unternehmer Robert Bosch

Robert Bosch stiftete den Kriegsgewinn

Robert Bosch, der 1886 in einem Hinterhof der Rotebühlstraße eine Werkstatt für Feinmechanik und Elektrotechnik gegründet hatte, wurde bis zum Ersten Weltkrieg Chef von mehr als 4700 Beschäftigten. Vor allem mit dem Magnetzünder und einer Vielzahl von Autozubehörteilen besaß Bosch eine Produktionspalette, die bei der zunehmenden Motorisierung genau richtig lag und großen Erfolg versprach. Schon Ende 1916 hatte Bosch den Entschluß gefaßt, seinen kriegsbedingten Gewinn in eine Stiftung zur Erbauung des Neckarkanals einzubringen. 13 Millionen Mark stellte er dafür zur Verfügung. Seine ausgeprägte soziale Haltung mag auch durch die Diskussionen mit seinen unmittelbaren Nachbarn, Clara Zetkin und Karl Kautsky, mit denen er freundschaftlichen Umgang pflegte, gefestigt worden sein.

Die Schiffbarmachung des Neckars war ein alter Traum, den schon Heinrich Schickhardt um 1600 zu verwirklichen gesucht hatte. Besonders seit den achtziger Jahren des 19. Jahrhunderts wurden immer wieder neue Pläne diskutiert, jedoch kam es vor dem Ersten Weltkrieg nicht mehr zu

Die 1911 bis 1914 von Martin Elsässer erbaute Markthalle ist schön und funktional zugleich – bis heute. Aufnahme aus den zwanziger Jahren

einem Baubeginn. Ende 1918 fanden erste Arbeiten am Neckarbett statt. Für den Ausbau wurde 1929 die Cannstatter Wilhelmsbrücke gesprengt und durch einen stählernen Neubau ersetzt. Mit dem Errichten der Hofener Staustufe 1932 bis 1935 war der »Stuttgarter Neckar« auf 17 Kilometer Länge zu einer Schiffahrtsstraße ausgebaut.

Der Anschluß an den zunächst nur bis Heilbronn kanalisierten Fluß erfolgte erst 1958 mit der Inbetriebnahme des Stuttgarter Hafens.

Nach einer langen Planungsphase war im Spätjahr 1914 mit dem Bau eines neuen Hauptbahnhofs nach den Plänen von Paul Bonatz und Eugen Scholer begonnen worden. Schon 1907 hatte König Wilhelm II. den Standort an der Schillerstraße festgelegt. Aber erst im Oktober 1922 konnte der erste Abschnitt eingeweiht werden. Der alte Bahnhof in der Bolzstraße wurde abgerissen, das Gelände neu bebaut. 1927 schließlich war der neue Kopfbahnhof mit allen 16 Gleisen fertiggestellt.

In einem ähnlich modernen, nicht mehr am Historismus orientierten Geist wurden vor dem Ersten Weltkrieg in Stuttgart das Kunstgebäude am Schloßplatz und das Gustav-Siegle-Haus – beide von Theodor Fischer – sowie die bis heute hoch geschätzte Markthalle Martin Elsässers errichtet.

Kapitel 8

Stuttgart während der Weimarer Republik und des »Dritten Reiches«

Nachdem König Wilhelm II. am 30. November 1918 seinen Thronverzicht ausgesprochen hatte, drohte zeitweise das Chaos auszubrechen. Der Chef der provisorischen Regierung, der Historiker Wilhelm Blos, war nicht von allen politischen Gruppierungen anerkannt. Als am 4. Januar 1919 die Spartakisten verlangten, man solle den Arbeiter- und Soldatenräten Waffen aushändigen, schien die Situation zu eskalieren. Am 9. und 10. Januar fand schließlich ein Putschversuch statt, bei dem es zwei Tote und 17 Verletzte gab.

Anfang April wurde über Stuttgart der Belagerungszustand verhängt, und am Wilhelmsbau kam es zu Schießereien. Die Regierung behielt jedoch die Oberhand, und am 11. April konnte der Belagerungszustand wieder aufgehoben werden – die Lage hatte sich beruhigt.

Zu Beginn der Weimarer Republik wich während des Kapp-Putsches von 1920 Reichspräsident Ebert mit der Reichsregierung von Berlin nach Stuttgart aus und berief eine Sitzung des Reichstages ein, die mit 165 Abgeordneten im Kunstgebäude stattfand.

Am 13. März 1920, einem Samstag, meldete der »Schwäbische Merkur« in einem am Vormittag ausgegebenen Extrablatt einen Militärputsch in Berlin. Erst am Abend konnte über die Umstände Genaueres bekanntgegeben werden. Noch am selben Tag war die Reichsregierung nach Dresden geflüchtet – »um ein Blutbad zu verhindern«, da die Regierungsgebäude in Berlin in die Hände der Aufständischen gelangt waren. Offiziell hieß es in Stuttgart: »Der Militärputsch in Berlin hat die Stellung der württembergischen Regierung nicht berührt. Diese ist entschlossen, Weisungen von der angeblichen Regierung Kapp nicht entgegenzunehmen und die republikanische Verfassung auf das Entschie-

Während des Kapp-Putsches tagten der Reichstag und Reichsrat in Stuttgart. Hier Reichspräsident Ebert (Mitte) am 15. März 1920 auf dem Schloßplatz

denste zu verteidigen.« Als am Sonntag auch in Dresden die Lage kritisch wurde und bei einer großen Kundgebung die Teilnehmer den Rücktritt der rechtmäßigen Regierung forderten, beschlossen die Reichstagsabgeordneten ihre Weiterfahrt nach Stuttgart.

Schon am Tag zuvor hatte sich Konstantin Fehrenbach, der Präsident der Nationalversammlung, dazu entschlossen, diese zur Diskussion der neuen Lage nach Stuttgart einzuberufen. Der württembergische Staatspräsident Wilhelm Blos und der Befehlshaber des Wehrbereichs V, von Bergmann, versicherten daraufhin nochmals, daß sie an der Reichsverfassung und an der Reichsregierung festhalten würden. Daraufhin erging an die Bürger Stuttgarts der dringende Aufruf, für die Abgeordneten Privatquartiere bereitzustellen.

Die Reichsregierung tagt in Stuttgart

Als am Montag, 15. März, um 13 Uhr Reichspräsident Ebert und die Regierung in Stuttgart eintrafen, waren Staatspräsident Blos, Oberbürgermeister Lautenschlager sowie Conrad Haußmann, der Vizepräsident der Nationalversammlung, zur Begrüßung am Bahnhof erschienen.

Notgeldschein zu 50 Pfennig aus dem Jahr 1921 mit Stuttgart-Ansicht

Zunächst hatte man beabsichtigt, die Nationalversammlung im Großen Haus der Württembergischen Staatstheater abzuhalten. Wegen des Fehlens geeigneter Nebenräume wurde dieser Gedanke jedoch wieder aufgegeben. Schließlich fand man im Kunstgebäude am Schloßplatz einen geeigneten Tagungsort, der aber noch entsprechend hergerichtet werden mußte. Da sich die Anreise der Abgeordneten verzögerte, mußte die auf Mittwochnachmittag, 16 Uhr, anberaumte Sitzung auf den Donnerstag verlegt werden.

Am Mittwoch fand statt dessen im Alten Schloß eine Versammlung des Reichsrates, also der Ländervertretung, statt. Noch am selben Tag floh der Anführer des Putsches, Wolfgang Kapp, aus Berlin nach Schweden, woraufhin Vizekanzler Eugen Schiffer in Vertretung des in Stuttgart weilenden Reichskanzlers Gustav Bauer in der Reichshauptstadt die Regierungsgeschäfte übernahm. In einer Kabinettssitzung in Stuttgart wurde am Donnerstag die neue Lage erörtert, und am Nachmittag trat endlich die Nationalversammlung im Kuppelsaal des Kunstgebäudes zusammen, auf dem weit sichtbar die schwarz-rot-goldene Flagge wehte.

Nur 165 Abgeordnete hatten den Weg nach Stuttgart gefunden, dennoch verlief die Sitzung stürmisch und kontrovers. Für den Abend lud Oberbürgermeister Lautenschlager die Mitglieder der Reichsregierung und das Präsidium der Nationalversammlung in den Rathauskeller »zu einem gemütlichen Beisammensein« ein, dessen Beginn sich immer wieder verzögerte, da die Versammlung unerwarteterweise fünf Stunden dauerte. Am Freitag wurde schließlich bekanntgegeben, daß keine weiteren Sitzungen in Stuttgart abgehalten würden. Die Parlamentarier und die Regierung kehrten nach Berlin zurück.

Am 15. April wurde in einer Mansardenwohnung im Neuen Schloß der spätere Bundespräsident Richard von Weizsäcker geboren.

OB Karl Lautenschlager

Ein Schulheft kostet 200 Millionen

Schon während des Ersten Weltkriegs hatte die Mark gegenüber ausländischen Währungen wie dem US-Dollar beträchtlich an Wert verloren, und spätestens seit Beginn der zwanziger Jahre ging die Geldentwertung in eine galoppierende Inflation über. Vielen ging es wie einem Stuttgarter Mädchen, das von seinem Vater in den Papierwarenladen geschickt worden war, um ein Schulheft zu kaufen. Sie hatte 100 Millionen Mark mitbekommen. Das Heft kostete inzwischen aber schon 150 Millionen, und das Mädchen bekam vom Vater die 50 Millionen dazu. Jedoch auch der zweite Gang zum Laden war vergeblich, denn der Preis war bereits auf 200 Millionen geklettert ...

Der Geldschein mit dem höchsten Wert in Mark, der je gedruckt wurde, war 1923 der 50-Billionen-Schein. Bereits Anfang November 1923 rundete man die Hotelrechnungen in volle Milliarden auf, um die Rechnung zu vereinfachen. Am 16. November endlich wurde die sogenannte Rentenmark offizielles Zahlungsmittel. Eine neue Mark entsprach 1 000 000 000 000 der alten Mark.

Die Inflation und die Umstellung auf die neue Währung hatte sämtliche Sparguthaben vernichtet. Viele Menschen verloren ihr gesamtes Vermögen. Hatte jemand vor dem Ersten Weltkrieg 10 000 Goldmark ausgeliehen, so konnte es sein, daß er später den

Der 1928 erbaute, 61 Meter hohe Tagblatt-Turm von Ernst Otto Oßwald war nicht nur das erste Hochhaus Stuttgarts, sondern auch das erste in Sichtbeton errichtete Hochhaus der Welt.

Betrag in Form einer Briefmarke erstattet bekam. Die Schuldenaufnahme hatte sich als die einzig vorteilhafte Methode erwiesen. Denn ebenso wie die Guthaben waren auch die Schulden aus der Welt geschafft.

Die schon unter König Wilhelm II. von Württemberg zu Tage getretene Aufgeschlossenheit für moderne Bestrebungen in der Kunst setzte sich nach dem Ende der Monarchie, trotz der anfänglichen Not, in der Weimarer Republik fort. Nicht vergessen darf man in diesem Zusammenhang, daß es vor allem der Stuttgarter Oberbürgermeister Karl Lautenschlager war, der über alle Veränderungen hinweg Kontinuität garantierte. Noch in der Friedenszeit vor dem Ersten Weltkrieg im Jahre 1911 zum Oberbürgermeister gewählt, behielt er dieses Amt bis zur Machtergreifung der Nationalsozialisten 1933.

Mit 22 Jahren dauerte seine Amtszeit genauso lange wie diejenige von Manfred Rommel am Ende des 20. Jahrhunderts. Doch um wieviel tiefgreifender waren die politischen Veränderungen unter Oberbürgermeister Lautenschlager: Kaiserreich, Weimarer Republik, Nationalsozialismus.

Das Breuninger-Hochhaus wurde 1930 eingeweiht und zeigt eine neue städtebauliche Dimension. Vergleiche auch die Bilder auf Seite 227 und 234.

Ein einzigartiges Denkmal: die Weißenhof-Siedlung

Die 1927 veranstaltete Werkbund-Ausstellung schuf mit der Errichtung der Weißenhof-Siedlung eine richtungsweisende Anlage für modernes Bauen und Wohnen. Namhafte Architekten des In- und Auslandes wie Gropius, Le Corbusier, Mies van der Rohe, Scharoun und andere erstellten die neue, beispielhafte Wohnsiedlung über dem Talkessel. Daß die Stadt 1926 beschlossen hatte, die Bauausstellung im Rahmen ihres städtischen Wohnungsbauprogrammes durchzuführen, zeigt die große Aufgeschlossenheit während der damaligen Zeit.

In diesem Zusammenhang seien auch das Kaufhaus »Schocken« von Erich Mendelsohn (1926), die Oberpostdirektion (1927) und das erste Stuttgarter Hochhaus, der Tagblatt-Turm (1928), erwähnt. Große Projekte waren noch um 1930 geplant, so zum Beispiel am Alten Postplatz, an der Breiten Straße und auf dem Marstallgelände. Jedoch wurde

Die Weißenhofsiedlung während der Werkbund-Ausstellung 1927. Das Feld links

…inten ist Teil der Ausstellung. Rechts sieht man das Hotel Schönblick im Rohbau.

Weihnachten 1931: Das Alte Schloß brennt.

nur das Breuninger-Hochhaus verwirklicht und 1930 eingeweiht.

Doch schon bald kamen Leute an die Macht, die die Weißenhof-Siedlung als »Araberdorf« und »undeutsch entartet« einstuften. Nur der Krieg verhinderte den in den dreißiger Jahren bereits angeordneten Abriß.

Nicht nur spektakuläre Baumaßnahmen prägten das Stuttgart der zwanziger Jahre. Ausstellungen in privaten und öffentlichen Galerien lockten viel Publikum an, und in der Villa Berg eröffnete die Stadt 1925 eine »Städtische Gemäldesammlung«. Bei vielen Stuttgartern sind ferner die Varietéveranstaltungen im Friedrichsbau unvergessen. Namen wie Oscar Heiler, Willy Reichert, Catharina Valente oder Grock und Kalanag zeugen vom Glanz des Hauses.

Der älteste Teil des Alten Schlosses brennt ab

Ein für alle Stuttgarter bewegendes Ereignis war der Brand des Alten Schlosses kurz vor Weihnachten 1931. Am Montag, dem 21. Dezember, gegen elf Uhr war ein Löschzug der Feuerwache 1 der Stuttgarter Berufsfeuerwehr alarmiert worden, da im Polizeibüro in der Dürnitz Rauchwölkchen durch die Fußbodenritzen ausgetreten waren. Später berichteten die Polizeibeamten, es habe schon den ganzen Vormittag »gebrandelt«.

Verhängnisvollerweise hielten die Feuerwehrleute das noch unsichtbare Feuer für einen harmlosen Kaminbrand. Nach einigem Zögern schlugen sie mit einer Axt eine Stuckdecke ein, aber der so entstandene Durchzug fachte das Feuer erst richtig an, und innerhalb kürzester Zeit schlugen die Flammen aus den Fenstern am Karlsplatz. Bis 14.30 Uhr war der Dachstuhl der Dürnitz und des Turmes an der Planie abgebrannt. Den ganzen folgenden Tag über loderte das Feuer weiter und vernichtete den Dürnitz-Flügel fast bis auf die Grundmauern.

Löschwasser-Eiszapfen am Alten Schloß. Beim Einsturz der Mauer starben zwei Feuerwehrleute.

Erst am Mittwoch, dem 23. Dezember, war das Feuer so weit unter Kontrolle, daß keine unmittelbare Gefahr für die bisher verschonten Flügel bestand. Trotzdem loderten noch tagelang immer wieder Flammen auf. Eine große Zahl von Feuerwehrleuten hatte Rauchvergiftungen erlitten, drei von ihnen waren beim Einsturz des Dachstuhls zu Tode gekommen. An den Weihnachtsfeiertagen reisten Leute von weither an, um die »schauerlich-schöne romantische Ruine« zu bestaunen. Alles wirkte unwirklich, bizarr, da das Löschwasser in langen Eiszapfen über die rußigen Mauern und verkohlten Balken herunterhing. Bald ging man daran, Gelder für einen Wiederaufbau zu sammeln, aber erst mitten im Zweiten Weltkrieg war das Werk im Geschmack der damaligen Zeit vollendet. Kurz darauf wurde der Bau im Bombenhagel ein weiteres Mal fast völlig vernichtet.

Das Unheil kündigt sich an

In Stuttgart wohnten zu Beginn des Jahres 1933 ungefähr 407 600 Einwohner. Davon waren 46 092 arbeitslos, von denen nur 26 000 Arbeitslosenunterstützung erhielten. Not und Hoffnungslosigkeit fielen zusammen mit den Versprechungen der NSDAP und machten viele Menschen blind für das, was sich täglich an Unterdrückung in den Straßen Stuttgarts ereignete.

Über die Feiertage und den Jahreswechsel hatten die Parteien einen »Burgfrieden« vereinbart, der in der Nacht vom 2. auf den 3. Januar 1933 zu Ende ging. Gleich riefen Kommunisten und Nationalsozialisten zu Demonstrationen auf. Während die einen den Marktplatz für ihre Kundgebung wählten, zogen die anderen vom Feuersee zum Karlsplatz und versuchten durch flammende Reden ihre Anhänger zu noch mehr Kampfbereitschaft zu ermuntern.

In den ersten Wochen des Jahres 1933 waren in den Straßen noch alle politischen Gruppierungen vertreten, die sich jedoch immer schärfere und blutigere Auseinandersetzungen lieferten. Alle paar Tage fand irgendeine Demonstration statt, so am 9. Januar von der SA und am 15. Januar von der Eisernen Front. Am 19. Januar wurde jedoch ein von der KPD geplanter »Hungermarsch« der Arbeitslosen polizeilich verboten. Und zwei Tage untersagte man sämtliche Kundgebungen und Umzüge im Zusammenhang mit dem in Stuttgart stattfindenden Landeskongreß der Erwerbslosen »wegen unmittelbarer Gefahr für die öffentliche Sicherheit«.

Bei den Reichstagswahlen im November 1932 hatten die Nationalsozialisten mit 23,2 Prozent nur knapp vor den Sozialdemokraten, die 22,6 Prozent, und den Kommunisten, die 20,5 Prozent erreichten, gelegen. Von einer Mehrheit der NSDAP konnte überhaupt keine Rede sein.

Am Nachmittag des 30. Januar wurde bekannt, daß Adolf Hitler von Reichspräsident Hindenburg zum Reichskanzler ernannt worden war. »Daraufhin«, so wird berichtet, »machte sich ... eine gewisse Unruhe in der Stadt bemerkbar.« Am Wilhelmsplatz kam es zu Zusammenstößen zwischen Kommunisten und Nationalsozialisten, nachdem die KPD zu Streik und Demonstrationen gegen Hitlers neue Funktion aufgerufen hatte. Einen Tag später veranstalteten SA, SS, Hitlerjugend und »Stahlhelm« aus Anlaß der Machtübernahme ihres Führers einen Fackelzug durch die Innenstadt zum Marktplatz, wo unter anderen der Gauleiter des NS-Gaus Württemberg-Hohenzollern, Wilhelm Murr, vor etwa 8000 Zuhörern sprach. Immer wieder kam es in Stuttgart zu Zusammenstößen. Die Folge waren fast tägliche Verhaftungen und Hausdurchsuchungen.

Am 7. März 1933 wurde erstmals Hitlers Hakenkreuz-Fahne am Landtag gehißt.

Viele Stuttgarter wollten abwarten; ihnen war die aufziehende Gefahr keineswegs bewußt, die sich überall ankündigte. Der Protest gegen Hitler hatte vor diesem Hintergrund wenig Chancen. Noch am 2. Februar hielt der damalige Reichstagsabgeordnete Dr. Kurt Schumacher (SPD) auf dem Marktplatz eine ermutigende Wahlrede und forderte seine Anhänger zu Geschlossenheit und Widerstand auf.

Der Terror beginnt

An einzelnen Gebäuden der Innenstadt konnte man Farbaufschriften wie »Nieder mit Hitler« oder »Wir wollen Freiheit« lesen. Bald aber galt bereits dieser Ausdruck des Protestes als Hochverrat. Obwohl noch alle demokratisch gewählten Volksvertreter in den Ämtern waren, wurde der Druck der machthungrigen NSDAP und ihrer gewalttätigen Organisationen immer unerträglicher. Ab Mitte Februar häuften sich Zeitungsverbote, die, auch wenn sie vorläufig nur für wenige Tage ausgesprochen wurden, bald endgültig waren und die öffentliche Meinung einseitig beeinflußten. Am 28. Februar unterstellte die Polizei der KPD nach dem Berliner Reichstagsbrand, ein Attentat auf den Stuttgarter Landtag geplant zu haben. Sie nahm diesen bloßen Verdacht als Vorwand, das Parteibüro und das Fraktionszimmer zu durchsuchen, jedoch ohne Erfolg. Dennoch wurden am folgenden Tag mehrere Angehörige der KPD für kurze Zeit verhaftet.

Die Angst um die persönliche Freiheit, ja sogar um das Leben war täglich gegenwärtig. So mußte der Kunstmaler Manfred Henninger, der öffentlich gegen die NSDAP Stellung genommen hatte, nach einer vorausgegangenen Warnung über die Schweiz nach Spanien fliehen.

Boykott jüdischer Geschäfte

Am selben Tag begannen auch die ersten Unterdrückungsmaßnahmen gegen Stuttgarter Juden. Den jüdischen Mitarbeitern des Rundfunks wurde der Zutritt zum Sendehaus verwehrt. Nur zwei Tage später postierten sich SA- und SS-Männer vor den Kaufhäusern Schocken, Tietz und Kadep und versperrten eine Stunde lang den Zutritt zu den Verkaufsräumen. Danach blieben sie vor den Eingängen stehen und verteilten Zettel mit der Aufschrift »Deutsche, kauft nur in deutschen Geschäften!« – als ob die deutschen Juden weniger deutsch gewesen wären als die deutschen Christen oder Atheisten.

Zu dieser Zeit war nur noch eine Minderheit der Juden orthodox. 1926 gab es im Bereich des Stadtrabbinats Stuttgart 50 Eheschließungen, darunter 20 Mischehen. 1931 waren es nur noch 39 Prozent rein jüdische Eheschließungen, 61 Prozent Mischehen zwischen Juden und Christen oder Atheisten. Doch die Antisemiten definierten Judentum nicht nach Glaubenszugehörigkeit, sondern nach Abstammung. »Blut« war ohnehin eines der Nazi-Lieblingsworte, und so widersprachen nur die wenigsten Deutschen, als plötzlich immer häufiger von einer »jüdischen Rasse« die Rede war.

Am 1. April 1933 formierten sich SA- und SS-Männer vor jüdischen Banken und Geschäften, vor Häusern von Ärzten und

Rechtsanwälten und forderten zum Boykott auf.

Oberbürgermeister Dr. Karl Strölin hatte in seiner Eigenschaft als Staatskommissar das Gesuch für einen Erweiterungsbau des Kaufhauses Schocken ebenso abgelehnt wie dasjenige auf Eröffnung einer Stuttgarter Filiale des Berliner Textilhauses Etarn, und zwar mit der fadenscheinigen Begründung, dieser »jüdische Zuzug« könne beträchtliche Unruhe in die Bevölkerung bringen. Nach und nach wurde jüdischen Ärzten und Rechtsanwälten die freie Praxis verboten, es sei denn, sie standen ausschließlich anderen Juden zur Verfügung. Diese »Arisierung« machte auch vor der Technischen Hochschule nicht halt. Im Laufe des Monats April legte man zahlreichen Professoren und Assistenten die Kündigung nahe oder entließ sie einfach.

Von 1933 bis 1945 war Karl Strölin Oberbürgermeister von Stuttgart.

4876 Juden lebten bei Hitlers »Machtantritt« in Stuttgart. Sie und einige andere Bevölkerungsgruppen – etwa Homosexuelle oder Sinti und Roma – gaben das Feindbild ab für die infame Nazi-Propaganda. Den Repressionen gegen politisch Andersdenkende folgten bald auch solche gegen pietistische Kreise. Träger von Erbkrankheiten, etwa Gehörlose, aber auch Sittlichkeitsverbrecher, chronische Alkoholiker und Prostituierte wurden im Zuge sogenannter »rassehygienischer Maßnahmen« zunächst zwangssterilisiert und nach Beginn des Zweiten Weltkriegs zusammen mit Körper- und geistig Behinderten ermordet. Als Massenvernichtungsanstalt diente Schloß Grafeneck (Kreis Reutlingen), wo 10 651 Menschen den Tod fanden, ab Dezember 1940 Hadamar bei Limburg.

Auch die Kunst bekam die Ideologie der Nationalsozialisten zu spüren. Eine für Mitte März 1933 im Kunstgebäude vorgesehene Ausstellung des Malers Oskar Schlemmer mußte kurzfristig abgesagt werden. Moderne Kunst galt als »entartet«. Die private Galerie Valentien zeigte später einzelne Werke des Künstlers. Auch der Generalintendant der Württembergischen Landestheater mußte seinen Sessel für einen linientreuen Herrn aus Berlin räumen.

Immer häufiger hörte man von Sondergerichten, die kritische Leute verurteilten. So wurde am 9. Mai von einem 18jährigen Bauschlosser aus Hedelfingen berichtet, der wegen kritischer Äußerungen über die NSDAP für drei Monate ins Gefängnis mußte.

Bereits zwei Monate früher hatte die Polizei an einem Abend 200 Mitglieder der KPD in Schutzhaft genommen und später auf den Heuberg ins KZ gebracht. Auch wurden die Waldheime der SPD und KPD besetzt und nach Waffen durchsucht. Im Juli hatte der Botnanger Arbeitergesangsverein »Freiheit« einen Familienausflug ins Grüne mit Bussen geplant, der jedoch im Hof der Stuttgarter Polizeiwache endete und nur den Gästen, Frauen und Kindern die Freiheit ließ. Die aktiven Mitglieder wurden umgehend ins KZ gebracht.

Neben diesen noch nicht für die ganze Bevölkerung erkennbaren Umwälzungen machte sich auch im Straßenbild eine gewisse Veränderung bemerkbar. Eine ganze Anzahl von Straßen erhielt neue Namen. Es begann mit der neuen Bezeichnung »Adolf-Hitler-Straße« für die ehrwürdige Planie. Ende Mai erließ Karl Strölin eine Anordnung, durch die gleich über 80 Straßen neu benannt wurden. Namen wie Friedrich Ebert, Rathenau, Wilhelm Blos und Heine wurden ersetzt; die Straßen hießen jetzt nach Schlageter, Yorck, Scharnhorst oder Horst Wessel.

In Obertürkheim veränderte man zehn Straßennamen, indem man Bezeichnungen ehemaliger deutscher Kolonien einführte. In Mühlhausen kam das baltische Auslandsdeutschtum zu mehrfacher Erwähnung; noch heute ist dort ein ganzes Viertel nach Memel, Riga, Wilna, Reval, Dorpat und anderen Städten benannt.

Die Umbenennungsaktionen machten auch vor Schulen nicht halt. So hieß die Neckar-Mittelschule seit 1. April 1933 Adolf-Hitler-Schule, und am 22. April stand im Amtsblatt: »Aus Anlaß des Geburtstages des Herrn Reichskanzlers hat Staatskommissar Dr. Strölin die Umbenennung der Hohensteinschule im Stadtteil Zuffenhausen in Horst-Wessel-Schule verfügt.«

Fast unmerklich, aber jeden Tag ein wenig mehr, wurde der Rechtsstaat demontiert. Neben

Verhaftungen wurde am 9. August erstmals auch die Schußwaffe in einer Anordnung erwähnt. An diesem Tag kündigte man an, daß die Politische Polizei ab sofort auf jeden fliehenden Flugblattverteiler schießen werde.

Wohin dieser mit dem 30. Januar 1933 eingeschlagene Weg führen würde, ließ sich schon erahnen, als am 12. September beim städtischen Baupolizeiamt in der Markthalle eine Beratungsstelle für Luftschutzbauten eingerichtet wurde. Aber die wenigsten dachten damals an die Folgen.

Als Adolf Hitler im Februar 1933 im Hof des Neuen Schlosses eine Wahlrede halten wollte, untersagte dies der württembergische Staatspräsident Dr. Eugen Bolz, obwohl Hitler damals bereits Reichskanzler war. Bolz wies Hitler statt dessen die Stadthalle zu, wo für den 15. Februar die Kundgebung angesetzt wurde. Es sollte die erste Rede Hitlers als Reichskanzler sein, die über den Rundfunk im damaligen Deutschen Reich zu hören sein sollte.

Ein Axthieb unterbricht Hitlers Rede

Da in der Stadthalle Ecke Neckarstraße und Werderstraße – wo sich heute der Süddeutsche Rundfunk befindet – nicht alle erwarteten Besucher Platz fanden, wurde die Rede über Lautsprecher auf den Marktplatz übertragen. Dort hatten sich aus diesem Grunde mehrere tausend Menschen versammelt. Die Opposition hatten die Nazis nicht zu Wort kommen lassen. Sie verboten eine von der KPD unter dem Motto »Gemeinsam gegen Hitler« vorbereitete Gegenkundgebung und beschlagnahmten Flugblätter der SPD zur Vorbereitung des Wahlkampfes.

Mitglieder der KPD, Kurt Hager und Eduard Weinzierl, vereinbarten, während der Rede Hitlers das Übertragungskabel in der Werderstraße mit einer Axt zu durchschlagen. Während die Wachmänner am Kabel in ein Handgemenge verwickelt und abgelenkt wurden, ließ Hermann Medingen seinen Freund Alfred Däuble auf seine Schultern steigen, der mit zwei kräftigen Axthieben die Übertragungsleitung durchtrennte. Ohne zu ahnen, was passiert war, verscheuchten die Wachleute die vermeintlichen Randalierer.

Hans Ruess und Willi Bohn, der Verfasser des Buches »Stuttgart: Geheim!«, hatten das Geschehen beobachtet und darüber ein Flugblatt verfaßt. In der Stadthalle hatte Hitler gerade die

Die vollbesetzte Stadthalle während einer NS-Veranstaltung

Worte »Ich habe den Vertretern dieser Welt zu sagen: Unser Kampf gegen den Marxismus ...« ausgesprochen, als ein Knacks zu hören war, dem Stille folgte. Da Pannen zu jener Zeit bei Übertragungen noch öfters vorkamen, dachte niemand an etwas Ernstes. SA-Kapellen spielten flotte Marschmusik, die Leitung blieb aber stumm. Hitler mußte seine Ansprache abbrechen und verließ wütend den Saal.

Offiziell wurde folgende Mitteilung verbreitet: »Bei der Übertragung der Rede aus der Stadthalle kam es etwa um 9.15 Uhr zu einer Störung, die bis zum Ende der Veranstaltung nicht behoben war. Das Kabel, durch das die Stadthalle mit dem Telegraphenbauamt verbunden ist, wurde in der Nähe der Stadthalle in einem Hofe in der Werderstraße an einer Stelle, an der es oberirdisch an einer Hauswand entlangläuft, mit einer Axt durchschlagen, so daß die Übertragung über den Rundfunk unterbrochen wurde. Die Polizei hat noch am Abend zahlreiche Personen festgenommen, die im Verdacht stehen, das von der Stadthalle zum Telegraphenbauamt führende Kabel zerschnitten zu haben.«

Wenige Tage später drohte Reichsinnenminister Dr. Wilhelm Frick als Konsequenz für diesen

Vorfall mit der Einsetzung eines Reichskommissars für Württemberg. In der Nacht nach der Aktion war es in der Esslinger Straße zwischen Nationalsozialisten und Kommunisten zu blutigen Zusammenstößen gekommen. Die Polizei nahm elf Personen fest und durchsuchte zahlreiche Häuser.

Die wirklichen Täter blieben unerkannt, jedoch wurden die Verantwortlichen des Technischen Rundfunkbetriebes vom Reichspostminister unverzüglich außer Dienst gesetzt. Die politische Gleichschaltung war damit angelaufen.

Demontage der demokratischen Institutionen

Zu Beginn des Jahres 1933 hatten die Nationalsozialisten von den 64 Gemeinderatssitzen nur sieben inne. Auch wenn nun häufiger ihre Anträge von den Fraktionen der Deutschnationalen und des Christlichen Volksdienstes unterstützt wurden, so hatten diese drei Parteien zusammen doch nur 16 Sitze im Stuttgarter Rathaus. Allein die SPD hatte schon eine Stimme mehr.

In dieser Zusammensetzung hatten der Gemeinderat und seine Ausschüsse im Jahr 1932 insgesamt 515 Sitzungen und Besichtigungen von 1499 Stunden Dauer gehalten und dabei 16 678 Tagesordnungspunkte behandelt. In den ersten Wochen des Jahres 1933 konnten die Gemeinderatsmitglieder noch konstruktive Arbeit leisten, auch wenn im Angesicht des Vorwahlkampfes manche Diskussionen unsachlich wurden. Themen wie die Aufhebung der Wohnungszwangswirtschaft, die Schaffung eines sozialen Mietrechts oder der Kampf gegen die hohe Arbeitslosigkeit standen im Vordergrund.

Am 9. Februar trat die Vollversammlung des Gemeinderates wieder zusammen. Zunächst diskutierte er längere Zeit über ein Rauchverbot in der Stadthalle, doch wurde das Gremium beschlußunfähig, als die Sozialdemokraten, das Zentrum und die Kommunisten den Saal unter Protest verließen. Den Anlaß dazu hatte eine Auseinandersetzung über einen Antrag der NSDAP gegeben, dem ihr nahestehenden Deutschen Sportklub eine städtische Turnhalle zu überlassen. Sicher war damals keinem der Gemeinderatsmitglieder bewußt, daß dies die letzte Sitzung des frei gewählten Stadtparlaments war.

Am 5. März 1933 fanden Reichstagswahlen statt, bei denen die NSDAP in Stuttgart 33,8 Prozent, die Deutschnationalen 9,8, die SPD 23,6, die KPD 14,8, das Zentrum 9,7, die Liberalen 4,4 und der Christliche Volksdienst 3,2 Prozent der Stimmen erhielten. Das war für die Nationalsozialisten kein überwältigendes Ergebnis. Im ganzen Reich hatte die Berliner Koalition aus NSDAP und Deutschnationalen mit 51,9 Prozent knapp die absolute Mehrheit errungen. Ihr Ziel war es nun, so schnell wie möglich die ganze Macht, auch in den Kommunen, zu bekommen.

So verlangten sie kurz nach der Wahl vom württembergischen Staatspräsidenten Dr. Eugen Bolz das Hissen der Hakenkreuzfahne für 24 Stunden auf öffentlichen Gebäuden. Er konnte zwar zunächst widerstehen, mußte aber am 7. März seine Genehmigung geben, um Blutvergießen zu verhindern, da der Landtagspräsident und NSDAP-Genosse Christian Mergenthaler auf dem Landtagsgebäude die Hakenkreuzfahne hatte aufziehen lassen. Nur einen Tag später war der Widerstand der Regierung ausgeschaltet, die Reichsregierung hatte den SA-Führer Dietrich von Jagow zum Reichskommissar für Württemberg ernannt und damit die vollziehende Gewalt übernommen.

Ebenfalls am 7. März erschien die SA vor dem Rathaus, angeführt von den NSDAP-Stadträten Sauer und Dempel, und forderte das Hissen der Hakenkreuzflagge auf den Gebäuden. Der seit 1911 amtierende Oberbürgermeister Dr. Karl Lautenschlager war zu diesem Zeitpunkt in Friedrichshafen. Sein Stellvertreter, Bürgermeister Dr. Klein, lehnte die Forderung entschieden ab, mußte aber nach Eingreifen des SA-Gruppenführers von Jagow der Gewalt weichen. Die Angriffe auf Dr. Klein gingen hinterher so weit, daß Dr. Lautenschlager seinen langjährigen Kollegen entlassen mußte. Die SA hielt das Rathaus noch einige Tage besetzt, weshalb eine auf den 9. März festgesetzte Gemeinderatssitzung abgesagt wurde.

Nachdem am 15. März als Nachfolger des zurückgetretenen württembergischen Staatspräsidenten Dr. Eugen Bolz der Gauleiter der NSDAP, Wilhelm Murr, gewählt worden war, setzte dieser einen Tag später den Stuttgarter NSDAP-Stadtrat Dr. Karl Strölin als sogenannten Staatskommissar an die Spitze der Stuttgarter Stadtverwaltung. Im Amtsblatt vom 18. März heißt es:

»Der Herr Innenminister hat das Bürgermeisteramt Stuttgart am 16. März 1933 benachrichtigt, daß die Zeitverhältnisse ihn zwingen, die Verwaltung der Landeshauptstadt in die eigene Hand zu nehmen. Er hat als Staatskommissar beim Bürgermeisteramt den Stadtrat Dr. Karl Strölin bestellt. Das Innenministerium hat die Einsetzung eines Staatskommissars deshalb für notwendig gehalten, weil der Gemeinderat in seiner derzeitigen Gestalt der politischen Zusammensetzung der Bevölkerung in keiner Weise mehr entspricht. Der Herr Staatskommissar hat mit dem Herrn Oberbürgermeister die Art der Ausübung der beiderseitigen Tätigkeit vereinbart. Sämtliche städtischen Beamten und Angestellten sind angewiesen, ihre Geschäfte wie bisher zu erledigen, solange keine anderen Anordnungen getroffen werden.«

Oberbürgermeister Lautenschlager blieb zwar im Amt, sein Einfluß kam nun aber dem eines privilegierten Sachbearbeiters gleich, der das Büro des Staatskommissars führen und dessen Post, soweit sie über den Dienstweg lief, einsehen durfte. Eine für den 16. März vorgesehene Sitzung des Gemeinderats fand nicht mehr statt, und schon zwei Tage später erließ Strölin seine erste Anordnung. Er gab bekannt, die Befugnisse des Gemeinderats seien auf ihn übergegangen.

Bereits am 20. März erteilte er dem Fraktionsvorsitzenden der SPD im Gemeinderat, Franz Engelhardt, sowie den SPD-Stadträten Beer, Großhans, Oechsle und Miller im Rathaus Hausverbot. Engelhardt wurde sogar kurzzeitig in Schutzhaft genommen.

Einen Tag später feierte die NSDAP in einer großen Kundgebung auf dem Marktplatz ihre ersten Erfolge auf dem Wege zur Macht. Neben Stadtrat Hugo Kroll und Stadtpfarrer Ettwein sprach auch Strölin und ging auf seine ersten Maßnahmen ein: »Ich habe ferner den ausgeprägtesten Vertretern des Marxismus den Eintritt in dieses deutsche Rathaus verwehrt. Wenn ich das getan habe, so waren das nur selbstverständliche Akte ausgleichender Gerechtigkeit und politischer Notwendigkeit.«

Kein Zweifel, die Nationalsozialisten waren die Herren der Stadt, aber noch immer tagten verschiedene Abteilungen (Ausschüsse) des Gemeinderats. Am 28. März hatte allerdings auch das ein Ende. Die Innere Abteilung veranstaltete die letzte Sitzung eines Gremiums des frei gewählten Stadtparlaments. Die SPD-Stadträte Engelhardt und Bayh waren verhaftet, Stadtrat Schwarz war aus der Deutschen Demokratischen Partei ausgetreten und hatte nach 14 Jahren den Gemeinderat verlassen.

Der Gemeinderat wird aufgelöst

Das am 31. März 1933 als Folge des Ermächtigungsgesetzes verkündete »Vorläufige Gesetz zur Gleichschaltung der Länder mit dem Reich« löste die Selbstverwaltungskörperschaften der Gemeinden auf und ordnete ihre Neubildung nach dem jeweiligen örtlichen Wahlergebnis der vorausgegangenen Reichstagswahl an. Einen Tag später gab Dr. Strölin die Auflösung des Gemeinderats bekannt: »Sitzungen finden daher nicht mehr statt. Ihre sämtlichen Obliegenheiten gehen damit auf mich über.« Oberbürgermeister Dr. Lautenschlager trat bei Anordnungen nicht mehr in Erscheinung.

Ende April prüfte der Wahlvorstand unter Vorsitz von Dr. Strölin die Wahlvorschläge der einzelnen Parteien für den ohne Volkswahl neu zu bildenden Gemeinderat. Die KPD blieb von dem Gremium ausgeschlossen und durfte keine Vorschläge einreichen. Die Anzahl der Sitze war von 64 auf 44 verringert worden. Insgesamt kehrten 21 Stadträte in den neuen Gemeinderat zurück. Auf die NSDAP entfielen 20 Sitze, auf die SPD zwölf, die Deutschnationalen und das Zentrum fünf, auf den Christlich-Sozialen Volksdienst und die Deutsche Staatspartei je einer.

Der so zusammengesetzte Gemeinderat kam am 9. Mai zu seiner ersten öffentlichen Sitzung im Großen Sitzungssaal des Rathauses zusammen. Es sollte auch die letzte sein. Auf der Tagesordnung standen die Einführung und Vereidigung der neuen Stadträte. Staatskommissar Dr. Strölin beurteilte in seiner Ansprache die demokratischen Strukturen so:

»Das demokratisch-parlamentarische System hat in ganz Deutschland versagt. Auch der Stuttgarter Gemeinderat hat in den vergangenen Jahren, insbesondere im letzten Jahr, das Bild völliger Zerrissenheit und engstirniger Parteipolitik gezeigt. Namentlich dieser letzte Gemeinderat hat keinesfalls die Erwartungen erfüllt, die die Wählerschaft auf ihn setzen konnte. Das Ansehen des Gemeinderats ist auch in Stuttgart schwer geschädigt. Ihre Aufgabe, meine Damen und Herren, ist es, den Gemeinderat als die Vertretung der Bürgerschaft wieder zu Ehren zu bringen, indem Sie ihn zu einer Stätte fachlicher Verwaltungsarbeit machen, indem Sie alle, ohne Rücksicht auf die Partei, sich unterstellen dem obersten Grundsatz: ›Gemeinnutz vor Eigennutz‹.«

Karl Strölin wird neuer Oberbürgermeister

Als Höhepunkt dieser Sitzung ergriff Oberbürgermeister Dr. Lautenschlager das Wort. Er gab einen Rechenschaftsbericht seiner Arbeit in den zurückliegenden 22 Jahren: »Da ich am 15. des Monats mein 65. Lebensjahr vollende, scheide ich mit diesem Tag kraft Gesetzes aus dem Amt.« Lautenschlager hatte sein Ausscheiden aus dem Amt eigenmächtig festgelegt. Staatlicherseits war die Pensionierung von Beamten durch die elfte Notverordnung genau festgelegt: ein Vierteljahr nach dem Monat, in dem das 65. Lebensjahr vollendet wurde. Lautenschlager wollte so rasch wie möglich in den Ruhestand, was freilich den Nazis nur recht war.

So stellte Stadtrat Kroll auch gleich am Ende der Sitzung den Antrag, Dr. Strölin zum Nachfolger im Amt des Oberbürgermeisters zu wählen. Nach lebhaftem Beifall sagte Dr. Lautenschlager: »Ich stelle fest, daß sich kein Widerspruch erhebt. Damit ist der Antrag des Herrn Kroll angenommen.« So einfach, nur durch Zuruf und Beifall, ging das damals.

Wie sehr diese Gemeinderatssitzung eine Farce gewesen war, zeigte sich bald, denn das Gremium wurde nie mehr einberufen. Am 24. Juni entzog Strölin der SPD alle Gemeinderatsmandate und erließ ein generelles Betätigungsverbot für diese Partei. Wenige Tage später trat der Vorsitzende der Zentrumsfraktion des Gemeinderats, Alois Nuding, als Stadtrat zurück.

Bereits am 30. Juni schränkte Dr. Strölin die Befugnisse des Gemeinderats noch mehr ein und wies einzelne Aufgaben, für die nach der Gemeindeordnung bisher die Abteilungen des Gemeinderats zuständig waren, den Berichterstattern des Bürgermeisteramts oder den Amtsvorständen zu. An diesem Tag ernannte das Staatsministerium mit Wirkung vom 1. Juli 1933 Dr. Strölin zum Oberbürgermeister auf Lebenszeit. Auch äußerlich änderte sich der Umgang in der Stadtverwaltung, denn Mitte Juli machte der neue Oberbürgermeister durch einen Erlaß den »deutschen Gruß« für alle städtischen Bediensteten verbindlich.

Die Todesstunde des Stuttgarter Gemeinderats war schließlich am 10. August gekommen, als Dr. Strölin die Verordnung herausgab, Abstimmungen in den Abteilungen des Gemeinderats grundsätzlich zu unterlassen, da er diese nicht für zeitgemäß halte.

»Es muß genügen, eine übereinstimmende Auffassung des Vortragenden und der Abteilung festzustellen. Kommt ein solches Einverständnis nicht ohne weiteres zustande, so ist der Gegenstand zur weiteren Behandlung zurückzustellen und dem Oberbürgermeister darüber zu berichten. Die Sitzungen selbst sollten Ausdruck einer straffen Führung der Gemeindeverwaltung sein.«

Damit war die Gleichschaltung im Stuttgarter Rathaus vollzogen. Alle demokratischen Einrichtungen waren innerhalb nur eines halben Jahres ausgeschaltet.

Auch auf Landesebene fand im März 1933 die »Machtergreifung« statt. Obwohl Staatspräsident Bolz einer Rücktrittsforderung der nationalsozialistischen Führung am 8. März 1933 nicht nachkam, mußte er eine Woche später sein Amt an Gauleiter Wilhelm Murr abgeben.

Staatspräsident Eugen Bolz von der Gestapo verhaftet

Als der württembergische Staatspräsident Eugen Bolz am 1. April 1933 von der Gestapo vernommen wurde, versammelte sich vor dem Haus in der Dorotheenstraße eine Menschenmenge. Immer wieder waren Rufe zu hören: »Heraus mit Bolz!« und »Nieder mit dem Verräter!« Als er das Gebäude verlassen wollte, beschimpfte ihn die Menge und warf mit Unrat und faulen Eiern nach ihm. Die Polizei griff ein und brachte Bolz für vier Wochen auf den Hohenasperg in »Schutzhaft«.

In der folgenden Zeit war Bolz zum Schweigen in der Öffentlichkeit verurteilt. Nur im Freundeskreis konnte er frei über seine Sorgen um die Zukunft sprechen. 1942 bekam er Kontakt mit der Widerstandsbewegung um Goerdeler und Beck. In einem Kabinett nach dem erhofften Putsch gegen Hitler war er als Kultusminister vorgesehen. Von dem am 20. Juli 1944 gescheiterten Attentat Graf Schenk von Stauffenbergs, der seine Kindheit im Stuttgarter Alten Schloß verbracht hatte, wußte er vorab nichts. Daß sein Leben auf dem Spiel stand, das jedoch war ihm bewußt.

Am 12. August 1944 wurde Bolz verhaftet und zwei Wochen später nach Berlin gebracht. Seine Verhandlung vor Freislers Volksgerichtshof fand kurz vor Weihnachten am 21. Dezember statt, das Urteil stand schon vorher fest: Todesstrafe. Zusammen mit neun anderen Männern aus dem Widerstand, unter ihnen Helmuth James Graf Moltke, wurde Eugen Bolz

Der ehemalige württembergische Staatspräsident Eugen Bolz wird nach einem Verhör von fanatischen Nationalsozialisten beschimpft.

am 23. Januar 1945 zur Richtstätte in Berlin-Plötzensee geführt. Die anderen wurden gehenkt, er wurde als einziger enthauptet.

Stuttgart wird »Stadt der Auslandsdeutschen«

Die größte deutsche Sportveranstaltung neben den Olympischen Spielen 1936 fand vom 22. bis 30. Juli 1933 als »Fünfzehntes Deutsches Turnfest« in Stuttgart statt. Die Vorbereitungen hatten Jahre gedauert. Ein Stadion nach den Plänen von Paul Bonatz und Friedrich Scholer war gebaut und der Festplatz auf dem Wasen neu gestaltet worden. Die ganze Stadt lebte in Vorbereitung des großen Ereignisses.

Die Machtergreifung Hitlers veränderte den Charakter der Veranstaltung. Statt der in den Einladungen erwähnten Verantwortlichen von Stadt und Land herrschten nun andere Herren, die das Turnfest meisterlich für ihre politische Propaganda benutzten. Die SA marschierte, die Wehrmacht bildete bei der Fah-

1933 fand auf dem Cannstatter Wasen das Deutsche Turnfest statt.

oft in die württembergische Hauptstadt. 1936 erklärte Hitler Stuttgart zur »Stadt der Auslandsdeutschen«, welche diesen Titel allerdings schon seit 1933 inoffiziell in der Werbung eingesetzt hatte. Das im Jahr 1917 noch von König Wilhelm II. gegründete Deutsche Auslandsinstitut fungierte als Zentralstelle für die im Ausland lebenden 30 Millionen Deutschen und Deutschstämmigen. Im Wilhelmspalais wurde ein Museum eingerichtet, wo in 37 Schauräumen die Kultur der Deutschstämmigen im Ausland präsentiert wurde. Es hieß nun offiziell »Ehrenmal der deutschen Leistung im Ausland«. Schließlich war sogar ein kompletter Neubau als »Nationalmuseum des Deutschtums in aller Welt« im Bereich Neckarstraße/Schillerstraße vorgesehen.

nenweihe Spalier, und das Stadion wurde sofort in »Adolf-Hitler-Kampfbahn« umbenannt. Trotzdem kamen etwa drei Millionen Festbesucher sowie 42 000 Turner und 17 000 Turnerinnen.

Adolf Hitler hatte den »Axthieb« bei der Stadthalle nie vergessen. Deshalb kam er nicht allzu

1939, unmittelbar vor Ausbruch des Zweiten Weltkrieges, fand in Stuttgart die Reichsgar-

Das Wilhelmspalais funktionierten die Nationalsozialisten zum »Haus des Deutschtums« um. Hier ein Blick in einen der Ausstellungsräume

tenschau statt. Ein bis dahin als »Pflichtarbeitsstelle für arbeitsscheue und charakterlich defekte Elemente« betriebenes Steinbruch-Gelände auf dem Killesberg war in eine prachtvolle Gartenlandschaft verwandelt worden, die viele Besucher anzog. Man hätte meinen können, das Leben gehe seinen gewohnten Gang.

Die am 9. November 1938 angezündete Synagoge und die »Maßnahmen« gegen die jüdische Bevölkerung seit 1933 konnte niemand übersehen. Jeden Tag hetzte die gleichgeschaltete Presse. Hunderte von teilweise grotesken Gesetzen und Erlassen schrankten das Leben der Juden in ganz Deutschland mehr und mehr ein – vom Verbot, Kanarienvögel zu halten oder Telefonzellen zu benützen, bis zur Pflicht, einen jüdischen Vornamen zu benutzen und – seit dem 19. September 1941 – den Judenstern zu tragen. Jeder war über den Ernst der Lage im Bilde.

Lebten bei Hitlers »Machtergreifung« in Stuttgart noch 4876 Juden, so waren es 1941 noch 845, am Ende des Krieges nur mehr 150. Glücklicherweise war mehr als 3000 Stuttgarter Juden die Flucht ins sichere Ausland gelungen.

Zwischen November 1941 und Februar 1945 fanden zwölf Deportationen von Juden aus Württemberg in KZs und Vernichtungslager im Osten statt. Der Hauptsammelplatz lag beim Killesberg, der endgültige Abtransport erfolgte von der Eisenbahnrampe neben dem Pragfriedhof. Etwa 2500 jüdische Bürger aus Württemberg und Hohenzollern wurden dabei zwangsverschleppt, von denen nur 180 überlebt haben.

Die Weißenhofsiedlung soll verschwinden

Die Weißenhofsiedlung war den Nationalsozialisten von Anfang an ein Dorn im Auge gewesen. Ab Mai 1933 wurde auf einer Fläche von 133 Hektar vom »Verein Deutsches Holz für Hausbau und Wohnung« die Kochenhof-Siedlung errichtet. Die von namhaften Architekten – unter ihnen waren Paul Bonatz, Paul Schmitthenner und Wilhelm Tiedje – geplanten Einfamilienhäuser waren als Alternative zur Weißenhofsiedlung zu verstehen, da sie die »nationalsozialistische Baugesinnung« zum Ausdruck brachten.

1938 wurde schließlich den Mietern der Weißenhofsiedlung gekündigt, da die Mustersiedlung abgerissen und dafür ein riesiger Komplex des Wehrbereichskommandos gebaut werden sollte. Nur die Verlegung dieser Dienststelle in das 1940 annektierte Straßburg hat die Weißenhofsiedlung vor dem Abbruch gerettet.

Die noch 1933 ganz im Stil dieser Werkbundsiedlung gebaute Brenzkirche wurde unmittelbar vor dem Zweiten Weltkrieg mit einem Satteldach und neuen Fensterformen der »nationalsozialistischen Baugesinnung« angepaßt. Bis heute ist sie in dieser Gestalt erhalten.

Obwohl 1934 von der Zentralregierung in Berlin eine Neubausperre in den deutschen Ländern verhängt worden war, verfolgten die Nationalsozialisten weitreichende Planungen zur Neugestaltung des Stuttgarter Talkessels. Einer der damals errichteten Bauten war das TWS-Haus in der Lautenschlagerstraße, das im wesentlichen erhalten blieb (heute Neckarwerke Stuttgart). Ab 1937 gab es sogenannte »Umgestaltungserlasse« für deutsche Großstädte, die bereits im Gang befindliche Bauvorhaben konsequent fortschrieben.

Ebenfalls 1937 begann man mit dem Bau des Flughafens in Echterdingen, und auf dem Wasen entstand eine provisorische »Schwabenhalle« für 25 000 Zuschauer. Später war sogar an die Errichtung einer Halle für 60 000 Besucher gedacht. Am 1. April 1938 wurden Hitler die Pläne für den »Umbau Stuttgarts« gezeigt. Sie sahen neben einem großzügigen Ringstraßensystem unter anderem den Neubau eines Rathauses im Bereich des Bohnenviertels, die Aufstockung der Hohen Carlsschule sowie den Ausbau der Kuranlagen in Bad Cannstatt vor. Hitler war sehr angetan, nur die Idee eines Rhein-Neckar-Donau-Kanals als Großschiffahrtsstraße lehnte er strikt ab. Statt dessen favorisierte er den Bau des Rhein-Main-Donau-Kanals.

Stuttgart wird »umgestaltet«

Bereits am 2. Mai 1938 wurde daraufhin mit dem Abbruch von 19 Gebäuden an der Holzstraße begonnen, um so eine auf das Dreifache verbreiterte Straßenverbindung zwischen Hauptstätter Straße und Charlottenplatz herzustellen. Schon 1936 hatte die Reichsrundfunkgesellschaft das beliebte Ausflugslokal Silberburg zu Füßen der Karlshöhe gekauft und es 1938 abbrechen lassen, um ein neues Rundfunkhaus errichten zu lassen. Hitler bevorzugte jedoch einen Standort auf dem höchsten Punkt des Reinsburg-Hügels. 1940 waren schließlich die Planungen für das 160 Meter lange und 120 Meter breite »Propaganda-Schloß« fertig. Der Kriegsverlauf verhinderte die Ausführung.

In den folgenden Jahren wurden die Bauvorhaben immer gigantischer. Zuletzt sollten neben Gauforen und Aufmarschplätzen auch das Staatstheater und das Staatsarchiv monumentalen Neubauten weichen. Auch die recht schmale Rote Straße (heute Theodor-Heuss-Straße) hätte letztlich bis zur Calwer Straße auf insgesamt 90 Meter verbreitert und zur Paradestraße zwischen Friedrichsbau und Postplatz (heute Rotebühlplatz) ausgebaut werden sollen.

Die 1941 von Oberbürgermeister Strölin vorgelegte Denkschrift zur »Neugestaltung der Stadt der Auslandsdeutschen Stuttgart« faßte die Überlegungen zusammen, die Ausführung der Pläne wurde allerdings auf die Zeit nach dem »Endsieg« verschoben. Die gesamte Umgestaltungsdiskussion ging im Endeffekt auf den persönlichen Ehrgeiz

Strölins zurück, der Stuttgart unter den deutschen Städten einen der vorderen Ränge verschaffen wollte. Interessant ist, daß wesentliche Züge der nationalsozialistischen Planung nach dem Ende des Krieges tatsächlich verwirklicht wurden. Dazu gehört das System der Ringstraßen mit ihren Durchbrüchen am Wilhelmsplatz, am Bahnhof und an der Planie. Bereits 1941 hatte man das später tatsächlich geopferte Kronprinzenpalais als störend für eine verkehrsgerechte Straßenführung am Schloßplatz befunden.

Bunker sollen vor Bomben schützen

Der Ausbruch des Zweiten Weltkriegs am 1. September 1939 veränderte auf einen Schlag auch das Leben der Zivilbevölkerung. Daß dieser Krieg ungezählte Menschenleben kosten und verheerende Verwüstungen mit sich bringen würde, ahnte zu diesem Zeitpunkt niemand.

Noch am Tag des Kriegsbeginns ordnete der Stuttgarter Polizeipräsident an: »Alle Maßnahmen zur Bereitmachung des zivilen Luftschutzes sind sofort zu treffen.« Alle öffentlichen Bauarbeiten, die nicht dem Luftschutz dienten, wurden sofort eingestellt. Nachts herrschte Verdunkelung.

Nach einem Erlaß Adolf Hitlers vom 10. Oktober 1940 mußten Luftschutzräume in großer Zahl gebaut werden. In Stuttgart begann man daraufhin am 19. November 1940 mit den Arbeiten an zehn unterirdischen Bunkeranlagen. Bei den Ausschachtungsarbeiten am Marktplatz kamen immer wieder Fundamente der im 15. Jahrhundert bei der Vergrößerung des Platzes abgebrochenen Häuser ans Tageslicht. Wegen der kriegsbedingten Eile fand jedoch keine Dokumentation der Funde statt. Neben den großen Bunkern wurden zahlreiche Keller als Luftschutzräume ausgewiesen, und an den Hängen des Talkessels buddelten Nachbarschaftsgemeinschaften Stollen in die Erde.

Auch mit dem Bau des Wagenburgtunnels wurde damals begonnen. Er diente bald als Sicherheitsstollen für Kunstwerke, so unter anderem für das Schillerdenkmal von Thorwaldsen. Schon 14 Tage nach Kriegsbeginn waren die Grafenstandbilder und anderer figürlicher Schmuck in der Stiftskirche sowie die Kreuzigungsgruppe von Hans Seyffer in der Leonhardskirche »bombensicher« verkleidet beziehungsweise eingemauert worden. Museums-

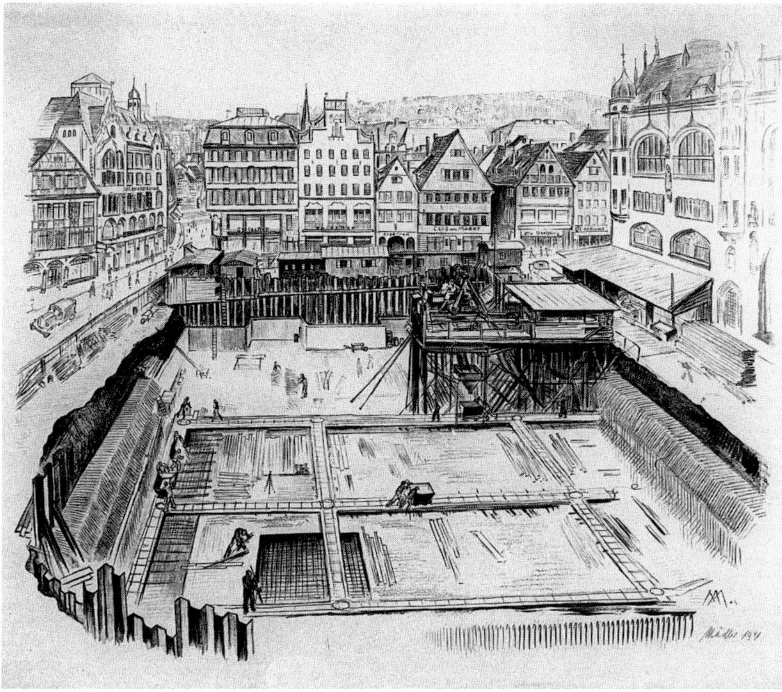

Unter dem Marktplatz wurde ein Luftschutzbunker gebaut.

und Archivgut, wie zum Beispiel die Kunstschätze der Staatsgalerie und zahlreiche private Sammlungen, fanden in den Salzbergwerken von Heilbronn und Kochendorf sichere Verwahrung.

Ein erster Luftangriff fand bereits am 25. August 1940 statt. Bis Kriegsende sollten es insgesamt 53 werden. Besonders die Bombardements im Juli 1944 legten die Innenstadt ein erstes Mal in Schutt und Asche. Etwa 1000 Menschen kamen dabei ums Leben, etwa 100 000 wurden obdachlos. Was noch stand, wurde dann in der Nacht vom 12. zum 13. September des gleichen Jahres vernichtet. Bis auf den Rathausturm, das Große Haus der Staatstheater sowie einige Straßenzüge im Bereich Leonhardsviertel, Wilhelmsplatz, Torstraße und Tübinger Straße war die Innenstadt völlig zerstört. Die Menschen glaubten angesichts des Ausmaßes der Schäden an eine Aufbauzeit von mindestens 50 Jahren.

Paulusstraße und Pauluskirche unmittelbar nach einem Bombenangriff

Noch mitten im Krieg, am 1. April 1942, hatte die Stadt Stuttgart die bis dahin selbständigen Orte Birkach, Riedenberg, Sonnenberg, Plieningen, Hohenheim, Stammheim, Vaihingen und Rohr mit zusammen über 40 000 Einwohnern eingemeindet. Für die Zeit nach dem Ende des Krieges war vorgesehen, die gesamte Filderebene dem Stuttgarter Stadtgebiet anzuschließen. Die damals geplante Eingemeindung von Fellbach ist ebenso gescheitert wie alle späteren Versuche, weitere Ortschaften an Stuttgart anzugliedern. Bereits 1922 waren Obertürkheim, Hedelfingen, Kaltental und Botnang, 1929 Hofen, 1931 Münster, Rotenberg und Uhlbach, 1932 Zuffenhausen, 1935 Feuerbach, Weilimdorf, Zazenhausen und Mühlhausen sowie 1937 Rohracker, Sillenbuch und Heumaden dazugekommen. Mit der Vergrößerung von 1942 hatte Stuttgart seine bis heute größte Flächenausdehnung erreicht. Seit 1900 hatte sich die Fläche von 30 auf 207 Quadratkilometer fast versiebenfacht.

Gegen Ende des Krieges hatte die Bevölkerung nach wie vor un-

Vorhergehende Doppelseite:

Die Stuttgarter Innenstadt vor der Zerstörung

ter den Luftangriffen zu leiden, aber nun wurde zudem noch die Versorgung mit Lebensmitteln zunehmend knapper. Obwohl offiziell jedem Einwohner mehr als 1300 Kalorien täglich zustanden, erreichte man gerade noch etwa 800. Um Getreide zu sparen, wurde in der Stadt sogar die Geflügelhaltung verboten. Transporte über Land waren kaum mehr möglich, da alliierte Tiefflieger alles angriffen, was sich bewegte. Aus diesem Grunde wurde auch der Schulunterricht eingeschränkt, da jeder Aufenthalt im Freien ein lebensgefährliches Wagnis war.

Das sogenannte Volksopfer veranlaßte die Bevölkerung zu noch größerer Einschränkung: Jeder mußte seine nicht unbedingt benötigte Kleidung an Sammelstellen abgeben, die dem Volkssturm und den Frontsoldaten zugeführt werden sollten. Das alles hatte jedoch keine Auswirkung mehr auf den Kriegsverlauf, und beinahe jeder war sich im klaren darüber, daß der Krieg verloren war und nicht mehr lange dauern konnte. Die Menschen hofften auf ein rasches Vordringen der alliierten Truppen und damit auf ein baldiges Ende des nationalsozialistischen Schreckensregimes. Gleichzeitig fürchteten sich vor allem Mädchen und Frauen vor den vermeintlichen Barbaren.

Amerikaner und Franzosen vor Stuttgart

Am 31. März 1945 hatten die Amerikaner die nördlichen Grenzen Württembergs erreicht, und im Westen standen die Franzosen. Die unmittelbare Feindbedrohung hatte die damaligen Machthaber veranlaßt, Pläne zur Evakuierung der Bevölkerung und zur Zerstörung noch intakter Versorgungseinrichtungen zu machen. Die Menschen erfuhren gerüchteweise von den unter den Decknamen »Caesar«, »Nero« und »Schwabentreue« verborgenen Vorhaben und reagierten verängstigt. Als am 3. April die Nachricht vom Einbruch feindlicher Panzer in deutsche Verteidigungslinien bekannt wurde, rief der württembergische Reichsstatthalter und Reichsverteidigungskommissar Wilhelm Murr die »Schwabentreue« aus. Das hieß: Alle Betriebe sollten geräumt und zerstört werden; Vorratslager wurden geöffnet, die Waren frei verkauft. Nur mit Mühe konnte er von der Stadt Stuttgart zur Rücknahme des verhängnisvollen Befehls bewogen werden.

Einen Tag später suchte Oberbürgermeister Karl Strölin zusammen mit dem Wehrmachtskommandanten Oberst von

Scholley und Kreisleiter Fischer Murr auf und beschwor ihn vergeblich, Stuttgart nicht zu verteidigen und statt dessen zur »offenen Stadt« zu erklären. Am 10. April, als der NS-Kurier einen Aufruf des Reichsstatthalters mit massiven Durchhalteparolen veröffentlichte, konnte Strölin durch einen elsässischen Mittelsmann mit den französischen Truppen Verbindung aufnehmen und ihnen in einer Botschaft mitteilen: »Die Bevölkerung und der Oberbürgermeister sind zur Übergabe der Stadt bereit.«

Das Reichssicherheitshauptamt in Berlin, das von Strölins Vorstoß Kenntnis erhalten hatte, befahl dessen Verhaftung am 19. April. Sie erfolgte jedoch nicht mehr, da der Mann, der den Funkspruch entgegennahm, die Nachricht nicht weiterleitete. Am darauffolgenden Tag war Stuttgart im Norden, Westen und Süden von der 1. Französischen Armee und von Osten her von der 100. US-Division eingeschlossen. Obwohl Oberbürgermeister Strölin alles daransetzte, die Stadt kampflos zu übergeben und jede weitere sinnlose Zerstörung zu verhindern, wurden die Neckarbrücken am Morgen des 21. April von fanatischen Hitleranhängern gesprengt. Glücklicherweise blieb als einziger Flußübergang der Berger Steg erhalten, da über diesen die Landeswasserversorgung nach Stuttgart führte. Gleichzeitig verließen auf Befehl von General Kurt Hofmann die letzten deutschen Truppen Stuttgart. Nun war der Weg zur Übergabe der Stadt frei.

Die Franzosen, die einen Tag zuvor mit Plieningen den ersten Stadtteil besetzt hatten, drangen nun über die Neue Weinsteige und die Gerokstraße in die Innenstadt vor. In den Morgenstunden des 22. April fand die erste Kontaktaufnahme zwischen dem Leiter der Notverwaltung, Stadtrechtsrat Waidelich, und einem französischen Offizier statt. Waidelich sah sich außerstande, die Forderungen der Franzosen zu erfüllen, und verwies auf den Oberbürgermeister als oberste Instanz. Beide fuhren zu Strölins Wohnung in der Schönleinstraße, wo die Forderungen erneut vorgebracht wurden: Straßensperren beseitigen, Fahrzeuge bereitstellen, eine größere Fleischmenge organisieren, eine Liste aller Parteigenossen vorlegen und so weiter.

Strölin übergibt die Stadt den Franzosen

Karl Strölin lag nun sehr daran, die Stadt so schnell wie möglich zu übergeben. Zu diesem

Blick über Trümmerlandschaften vom Leonhardsplatz zum Rathaus, 1945. Vergleiche die Fotos auf Seite 197 und 234.

Zweck wurde er ins Hauptquartier des französischen Kommandanten bestellt, das sich damals im »Ritter« in Degerloch befand. Strölin berichtet darüber:

»Wir hielten vor dem ›Gasthof zum Ritter‹, dessen Umgebung in ein Heerlager verwandelt schien. Panzerwagen und Lastautos versperrten die Straße, Trupps gefangener deutscher Soldaten und Volkssturmleute wurden vorübergeführt. Auf den Tischen im großen Zimmer des Gasthofs, an denen sonst friedliche Bürger gesessen hatten, standen Schreibmaschinen, auf denen von französischen Soldaten eifrig geschrieben wurde. Ordonnanzen gingen ein und aus. Ich mußte kurze Zeit warten. Dann wurde ich zum Kommandierenden General geführt. In einem Hotelzimmer erwartete mich der französische General hinter einem Schreibtisch stehend. Als ich ihm gegenüberstand, erklärte ich: ›Oberbürgermeister von Stuttgart. Ich übergebe die Stadt.‹ Es war Sonntag, der 22. April 1945, elf Uhr vormittags. Die Tatsache der Übergabe der Stadt wurde um zwölf Uhr mittags durch Rundfunk bekannt gegeben.«

Zunächst wurde Karl Strölin beauftragt, die Stadt weiterhin als

Oberbürgermeister zu leiten. Als Zeichen der Übergabe sollten an allen Häusern weiße Fahnen gehißt werden. Strölin rief noch am gleichen Nachmittag alle erreichbaren Mitarbeiter zusammen, um die neue Lage und die weitere Vorgehensweise zu besprechen.

Am folgenden Tag kam um die Mittagszeit ein französischer Verbindungsoffizier zu Oberbürgermeister Strölin und teilte ihm mit, daß er ihn seines Postens entheben müsse, da nach einer Verordnung keiner der bisherigen Oberbürgermeister im Amt bleiben dürfe. Jedoch könne er bis 14 Uhr einen geeigneten Nachfolger benennen. Nach mehreren anderen Überlegungen entschied sich Strölin für den parteilosen Rechtsanwalt Dr. Arnulf Klett. Da dieser jedoch nicht zu finden war, schlug er den Franzosen den Notar Franz Lau vor. Als dieser wenig später zufällig Klett begegnete und ihm von Strölins Überlegung berichtete, eilte Klett zu Strölin, der nun endgültig Arnulf Klett als seinen Nachfolger vorschlug.

Sogleich wurde Klett zum späteren französischen Stadtkommandanten Mercadier in die Villa Reitzenstein gebracht. Klett schildert die Ereignisse wie folgt: »In dem Verhör war es allen Beteiligten klar geworden, daß ich politisch unbelastet war. Auf die Frage der französischen Offiziere, ob ich bereit sei, Oberbürgermeister in Stuttgart zu werden, sagte ich erneut ja. Die französischen Offiziere entfernten sich mit der Erklärung, sie würden in einiger Zeit wiederkommen. ... Die französischen Offiziere überreichten mir mit wenigen Worten einen Zettel, auf dem zu lesen stand, daß ich Oberbürgermeister von Stuttgart sei. Am nächsten Morgen in der Frühe begann ich im Entbindungsheim Sophie Mayer in der Schönleinstraße 11 mit meiner Arbeit. An meiner sogenannten Amtszimmertür stand geschrieben: ›1 Kind, 1 Bett‹. Im Zimmer war auch noch die Wickelkommode vorhanden.«

Karl Strölin wurde am 24. April von den Amerikanern, die die Stadtteile rechts des Neckars besetzt hatten, gefangen genommen und in ein Internierungslager gebracht. 1963 starb er in Stuttgart.

Kapitel 9

Stuttgart nach dem Zweiten Weltkrieg

Arnulf Klett hatte am 8. April 1945 erstmals Kontakt mit Karl Strölin aufgenommen und diesem seine Mithilfe angeboten, zudem war er Sachbearbeiter im Kriegsschadenamt und damit Mitglied der Stadtverwaltung. Obwohl sie von erdrückendem Ausmaß waren, ging der neue Oberbürgermeister sofort mit großer Tatkraft an seine Aufgaben heran.

Nach dem Abzug der Franzosen am 8. Juli 1945 wurde Arnulf Klett auch von den als Besatzungsmacht nachrückenden Amerikanern anerkannt. Er blieb bis zu seinem Tode am 14. August 1974 Oberbürgermeister von Stuttgart und hat das neue Gesicht der Stadt maßgeblich mitgeprägt.

Der Krieg ist zu Ende

Am 8. Mai 1945 um 23.01 Uhr mitteleuropäischer Zeit schwiegen in Deutschland die Waffen; der Zweite Weltkrieg war zu Ende. Die deutsche Wehrmacht hatte in Karlshorst bei Berlin die bedingungslose Kapitulation unterzeichnet. Die fünfeinhalb Jahre Krieg hatten die Welt verändert wie kein von Menschen ausgelöstes Ereignis zuvor. Auch Stuttgart war nicht wiederzuerkennen. Was in Jahrhunderten in dieser Stadt gewachsen war, hatte der Krieg einfach hinweggeblasen. Über die Hälfte aller Gebäude war völlig zerstört oder wies zumindest starke Beschädigungen auf.

Von den ursprünglich 150 000 Wohnungen gab es mehr als ein Drittel überhaupt nicht mehr, fast ein weiteres Drittel war mehr oder weniger schwer beschädigt. Und trotzdem lebten in der Steinwüste bei Kriegsende noch 266 067 gezählte Einwohner. Dieser Bevölkerungsstand entspricht in etwa dem von 1910.

Überall Trümmer – doch das Leben geht weiter

Die meisten ausgebombten Familien und fast alle Schulklassen waren evakuiert. Viele Männer befanden sich in Kriegsgefangenschaft. Von den Einwohnern, die vor dem Krieg in Stuttgart gelebt hatten, waren mehr als 4500 dem Luftkrieg zum Opfer gefallen, über 15 000 waren an den Fronten oder in Gefangenschaft gestorben und etwa 1500 im Widerstand umgekommen. Mindestens 1000 jüdische Bürger waren verschleppt oder ermordet worden.

Nahezu das gesamte historische Erbe war vernichtet, nicht nur die Baudenkmäler, sondern auch viele Dokumente. Da Schloß Löwenstein bei Heilbronn als sicherer Ort gegolten hatte, war das gesamte historische Archiv der Stadt Stuttgart mit allen Urkunden dorthin ausgelagert worden. Doch beim Einmarsch der Alliierten, als diese auf Gegenwehr des Volkssturmns stießen, ging das Schloß in Flammen auf. In den Trümmern von Heilbronn – in einer Entfernung von mehr als zehn Kilometern Luftlinie – fand man danach verkohlte Blätter des Stuttgarter Stadtarchivs.

Trotz der heute kaum mehr vorstellbaren Zustände in der Stadt, dem unbeschreiblichen persönlichen Leid und der vermeintlichen Ausweglosigkeit ging das Leben weiter. Da im Augenblick des Zusammenbruchs die Stadtverwaltung als einzige öffentliche Stelle handlungsfähig geblieben war, konnte der neue Oberbürgermeister Klett sofort mit dem Ordnen der Verhältnisse beginnen, soweit es in seiner Macht stand.

Die Kapitulation der deutschen Wehrmacht wurde von den Stuttgartern kaum zur Kenntnis genommen, da für sie der Krieg schon mit dem Einmarsch der Franzosen mehr als zwei Wochen vorher zu Ende gegangen war. Dennoch erfuhren sie aus erster Hand davon, als nachts vom 8. auf den 9. Mai plötzlich ein wildes Freudenschießen der Besatzungstruppen einsetzte.

Nun wußte man: Es ist vorbei! Am folgenden Tag vollendeten amerikanische Pioniere bereits die Rosenstein-Behelfsbrücke, zwei Tage später fuhren wieder mehrere Straßenbahnlinien und die Zahnradbahn, auch die Läden und Geschäfte konnten wieder öffnen.

Ganz langsam ging es wieder aufwärts. Nicht unwesentlich hat damals das schöne Frühlingswetter zur Hoffnungsstimmung der Menschen beigetragen. Alle Bäume und Sträucher, die die Bomben verschont hatten, standen in herrlichster Blüte, und die Menschen saßen vor ihren Häusern und genossen die Wärme.

Bei Kriegsende war ein Großteil der Bevölkerung ohne Wasser, Strom und Gas, weshalb die ersten Maßnahmen des neuen

Von 1945 bis 1974 bestimmte Oberbürgermeister Arnulf Klett die Geschicke der Stadt Stuttgart.

Oberbürgermeisters auf die Wiederherstellung der Grundversorgung zielten. Glücklicherweise war der Berger Steg mit der Hauptleitung der Landeswasserversorgung nicht gesprengt worden. Ebenso stand auf der Sorgenliste Kletts ganz oben die Versorgung der Menschen mit Lebensmitteln und Brennstoffen. Bis 1950 waren die Lebensmittel rationiert und deren Vergabe durch Bezugsscheine geregelt. Immer wieder kam es zu Engpässen, so im Mai 1947, als pro Person gerade noch Lebensmittel für täglich 914 Kalorien zur Verfügung standen. Heizung gab es zunächst gar keine. Man war gezwungen, selbst in den Wäldern um Stuttgart Brennholz zu sammeln. In öffentlichen Einrichtungen wie zum Beispiel Schulen, Kinos und Theatern mußte man zwei bis drei Scheite Holz für die Heizung mitbringen. Zeitweilig wurde der Betrieb sogar ganz eingestellt.

Stuttgart kommt in die Hände der Amerikaner

Am 8. Juli 1945 fand die Übergabe der Stadt von den Franzosen an die Amerikaner statt, wie es bei der Einteilung der Besatzungszonen vereinbart worden war. Bald konnten lokale Parteien und Gewerkschaften gebildet werden, und am 10. Oktober

Inmitten der zerstörten Innenstadt: die ausgebrannte Ruine des Rathauses

wurde Dr. Klett ein zweites Mal als Oberbürgermeister vereidigt, diesmal von den Amerikanern. Vier Tage später trat der Gemeindebeirat zu seiner ersten Sitzung zusammen. Mit den Gemeinderatswahlen vom 26. Mai 1946 und vom 7. Dezember 1947 war das politische Leben in der Stadt wiederhergestellt.

Drei wichtige Erklärungen

Von Stuttgart gingen in den ersten Jahren nach dem Krieg wichtige Impulse für Frieden, Versöhnung und Wiederaufbau aus. Bereits wenige Monate nach Kriegsende formulierte der soeben gegründete Rat der Evangelischen Kirche Deutschlands am 18. Oktober 1945 in der unversehrt gebliebenen Markuskirche das »Stuttgarter Schuldbekenntnis«. Pastor Martin Niemöller hatte während der Zusammenkunft gepredigt und eine Mitschuld der Kirchen am Nationalsozialismus eingestanden. Darauf fußte die berühmt gewordene Erklärung. An dem Stuttgarter Treffen nahmen nicht nur die deutschen Vertreter teil, sondern Kirchenführer aus dem europäischen Ausland und aus Amerika. Damals wurde eine erste wichtige Brücke zu den früheren Feinden gebaut.

Wenigstens die Fassaden blieben am Schillerplatz erhalten.

Ein knappes Jahr später, am 6. September 1946, diente das Große Haus der Württembergischen Staatstheater als Ort für eine programmatische Rede zur amerikanischen Deutschlandpolitik. US-Außenminister James F. Byrnes sagte damals vor amerikanischen Offizieren und deutschen Politikern unter anderem, es sei nun an der Zeit, daß die Deutschen eine eigene Regierung erhielten. Zum Schluß sprach er die häufig zitierten Worte: »Das amerikanische Volk will dem deutschen Volk helfen, seinen Weg zu einem ehrenvollen Platz unter den freien und friedliebenden Völkern der Welt wiederzugewinnen.« Die Rede erregte damals größte Aufmerksamkeit und wurde im Rundfunk mit deutscher Übersetzung übertragen. Ihre weltpolitische Bedeutung war unumstritten.

In die Reihe dieser versöhnlichen Erklärungen, die von Stuttgart ausgingen, gehört auch die am 5. August 1950 im Kursaal in Bad Cannstatt beschlossene »Charta der deutschen Heimatvertriebenen«. Die gewählten Vertriebenenvertreter erklärten darin feierlich, daß sie auf Rache und Vergeltung verzichten wollten. Gleichzeitig versicherten sie, alles zu unterstützen, was auf die Schaffung eines geeinten Europas gerichtet sei, in dem die Völker ohne Furcht und Zwang leben könnten, sowie sich am Wiederaufbau Deutschlands und Europas mit aller Kraft zu beteiligen. Diese Erklärung war eine entscheidende Voraussetzung nicht nur für die gelungene Eingliederung von Millionen von Heimatvertriebenen, sondern auch für die Vertrauensbildung des Auslands gegenüber Deutschland insgesamt.

Vom Chor der Leonhardskirche geht der Blick über Ladenprovisorien an der Hauptstätter Straße bis zum völlig unversehrten Rathausturm. Vergleiche die Fotos auf Seite 197 und 227.

Der Wiederaufbau wird geplant

Eine ungeheure Aufgabe war die Trümmerbeseitigung. Zunächst mußten die Hauptverkehrsstraßen geräumt werden, was bis 1946 erfolgte. An mehreren Stellen der Stadt gab es Einrichtungen zur Trümmerverwertung, so in der Ruine der Gewerbehalle am Hegelplatz und bei der Fritz-Elsas-Straße. Ziegelsteine wurden vom Mörtel befreit und dann für Behelfsbauten wiederverwendet. Zum Trümmertransport hatte man eigens Trümmerbahnen eingerichtet, die an unzähligen Stellen der Stadt zum

Bis 1949 stand die Ruine des Königin-Olga-Baus am Schloßplatz, teilweise bis ins erste Obergeschoß provisorisch ausgebaut.

Einsatz kamen. Von 1950 bis 1953 wurden insgesamt 4,6 Millionen Kubikmeter Schutt auf dem Birkenkopf abgeladen, so daß sich dieser um 40 Meter auf 511 Meter erhöht hat. Vom Volksmund wurde der neue Berg, der eine grandiose Rundumsicht zuläßt, aber auch eine mahnende Warte gegen den Krieg ist, schnell »Monte Scherbelino« genannt.

Die Trümmer wurden jedoch nicht nur abtransportiert, eine kleine Auswahl kulturhistorisch bedeutsamer Trümmerstücke, Epitaphien aus den zerstörten Kirchen, abgeräumte Denkmäler sowie Fassadenteile von wichtigen Gebäuden konnten gesammelt und im Städtischen Lapidarium aufgestellt werden. Diese Stätte der Erinnerung an das untergegangene Stuttgart wurde am 8. Juli 1950 im Garten der Villa Ostertag-Siegle in der Mörikestraße 24 eröffnet. Am Zustandekommen dieses stimmungsvollen Freilichtmuseums hatte der Historiker Gustav Wais den größten Anteil.

Von entscheidender Bedeutung für den Wiederaufbau Stuttgarts war die ZAS, die »Zentrale für den Aufbau der Stadt Stuttgart«.

Gottesdienst auf dem Stuttgarter Trümmerberg, dem »Monte Scherbelino«, 1964

Sie nahm Anfang Mai 1946 ihre Arbeit auf und war zuständig »für alle mit dem Aufbau der Stadt zusammenhängenden städtebaulichen und bautechnischen Aufgaben, insbesondere für die Beseitigung der Kriegsschäden.« Die Verantwortlichkeit der ZAS war sehr weitreichend. Ihr oblag auch die Erstellung von Aufbauplänen, die Beurteilung von Baugesuchen, die Gestaltung des Bau- und Bodenrechts, der Wohnungsbau und vieles andere mehr.

Der Einfluß der ZAS auf die künftige Gestalt Stuttgarts war umfassend, und rückblickend ist ihr Wirken in Einzelfällen sicher kritisch zu bewerten, besonders was die Beseitigung der historischen Bausubstanz in Zusammenhang mit den Aufbaumaßnahmen angeht. Mitte 1947 legte die ZAS einen Verkehrswegeplan vor, der am 29. Juli vom Gemeinderat einstimmig gutgeheißen wurde. Darin war eine Untergrundschnellbahn vom Hauptbahnhof über den Marienplatz nach Vaihingen sowie die Verlegung des Hauptbahnhofes als Durchgangsbahnhof ans Südende des Rosensteinparks vorgesehen. Auch das innerstädtische Straßennetz sollte durchgreifend umgeplant werden, so daß zwei große Verkehrsachsen im Zuge von Heilbronner Straße, Friedrichstraße, Rote Straße (jetzt

Im Höhenpark Killesberg fanden 1950 und 1961 Gartenschauen statt.

Theodor-Heuss-Straße) und Paulinenstraße sowie von Cannstatter Straße, Neckarstraße und Hauptstätter Straße zur Aufnahme des Durchgangsverkehrs durchgebrochen werden sollten. Diese schon von der nationalsozialistischen Stadtplanung beabsichtigten »Verkehrsschneisen« wurden schließlich tatsächlich gebaut. Sie beherrschen heute das Stadtbild und teilen gewachsene Viertel in unnatürlicher Weise.

Ebenso sollten Tunnel die umständlichen Bergstrecken überflüssig machen. Der zwischen Feuerbach und dem Stuttgarter Tal geplante Azenbergtunnel wurde jedoch nicht gebaut. Die Fertigstellung von zumindest einer Röhre des 824 Meter langen Wagenburgtunnels, der bereits während des Zweiten Weltkrieges als Luftschutzstollen begonnen worden war, trug dagegen wesentlich zu einer schnelleren Verbindung mit Gablenberg, Gaisburg und den Neckarvororten bei.

Leiter der ZAS war seit 1947 Professor Walter Hoss, der zielstrebig seine Vorstellungen einer modernen Großstadt umzusetzen versuchte. Die Kritik an seinen Ideen war schon in den späten vierziger Jahren nicht zu überhören.

In den ersten Nachkriegsjahren war jede bauliche Unterneh-

mung vom Baustoffmangel geprägt. Nach der Währungsreform 1948 fehlte dann oft das erforderliche Geld, um Architektenträume Realität werden zu lassen.

So etwas wie Normalität

Trotz allen Mangels wurde 1949 das erste nach dem Krieg abgehaltene Volksfest dankbar begrüßt, auch das Württembergische Landesmuseum im Alten Schloß öffnete wieder seine Pforten. Der Höhenpark Killesberg war seit dem 30. Juli 1949 für das Publikum zugänglich, und ein Jahr später fand dort die »Deutsche Gartenschau« statt. Ganz allmählich kehrte wieder so etwas wie Normalität im Leben der Menschen ein.

Eine Lösung der Trinkwasserproblematik erreichte man mit der seit 1953 gebauten, 150 Kilometer langen Bodenseewasserversorgung.

Linke Seite:

Das »Alte Steinhaus« zwischen der Schul- und der Stiftstraße, mit 700 Jahren das älteste Wohngebäude der Stadt, war für den Wiederaufbau gesichert. 1953 wurde es dennoch abgerissen, damit man Parkplätze für vier Autos planieren konnte.

Nach fünf Jahren, am 16. Oktober 1958, kam erstmals kalkarmes und praktisch keimfreies Trinkwasser aus dem »Schwäbischen Meer« in die Stuttgarter Haushalte. Als 1971 eine zweite Leitung in Betrieb genommen werden konnte, wurden weite Teile Nordwürttembergs und Nordbadens an die Pipeline angeschlossen.

Das Neue Schloß soll abgerissen werden

In den fünfziger und sechziger Jahren veränderte sich die Stadt rasend schnell. Überall entstanden neue Gebäude, Ruinen wurden ausgebaut, und manches erhalten Gebliebene wurde abgerissen. Schulen, Krankenhäuser, Kindergärten und ähnliche Einrichtungen standen auf der Bedürfnisliste neben Wohnraum ganz oben.

1953 fiel das älteste Haus der Stadt, das »Alte Steinhaus« aus dem 13. Jahrhundert, weil an dieser Stelle ein paar Parkplätze entstehen sollten. Am 20. Dezember 1958 sprengte man die vollständig wiederhergestellte Salucci-Reithalle von 1839 wegen Sichtbehinderung auf das zu bauende neue Landtagsgebäude. 1959 fiel der letzte Rest der ehrwürdigen Hohen Carlsschule hinter dem Neuen Schloß für den Bau der Stadtautobahn. Anfang Mai 1960 wurde ein weltberühmtes Architekturdenkmal, das 1928 von Erich Mendelssohn erbaute Kaufhaus Schocken, zur später überflüssigen Verbreiterung der Eberhardstraße und zum Neubau des Kaufhauses »Merkur« (später »Horten«) abgerissen. Die Liste ließe sich noch endlos fortsetzen.

Schon bald ging man aber auch daran, wichtige, das Stadtbild prägende Gebäude in die Wiederaufbauplanung einzubeziehen. Dabei kam es zum Teil zu erbitterten Kämpfen um Erhaltung, Abbruch oder tiefgreifende Umgestaltung. Rückblickend muß man bedauern, daß manch wertvolle historische Bausubstanz in diesen Jahren dem Aufbaueifer zum Opfer gefallen ist. Nach der Beseitigung der drängendsten Alltagsprobleme der Menschen beschäftigten sich auch weitere Kreise mit dem Schicksal markanter Gebäude. Die Diskussion um das Neue Schloß ist bis heute im Bewußtsein geblieben.

Im Frühjahr 1944 war das Neue Schloß nach Bombentreffern restlos ausgebrannt, da die damaligen Machthaber eine Brandbekämpfung verhindert hatten. Offenbar war die NS-Regierung daran interessiert, den Platz des Neuen Schlosses für ihre Zwecke neu zu gestalten.

Vor dem Zweiten Weltkrieg als Museum der Öffentlichkeit zugänglich, wußte man nach Kriegsende etwa ein Jahrzehnt lang mit der Ruine nichts anzufangen. Besonders in den späten vierziger und frühen fünfziger Jahren wurden zahlreiche Ideen geboren und kurze Zeit später wieder verworfen. Zunächst sollte nach der Auffassung des Stadtplaners Eugen Mertz das Neue Schloß zu einem Kurhotel ausgebaut werden. Dann wollten einige das Neue Schloß für die Hauptverwaltung eines amerikanischen Automobilkonzerns abreißen, und als sich 1949 die Stadt Stuttgart als provisorische Bundeshauptstadt ins Gespräch brachte, war man der Meinung, Bundespräsident, Bundeskanzler und Parlament seien in dem riesigen Komplex bequem unterzubringen. Obwohl die Ruine im Besitz des Landes war, schlug die Stadt vor, man solle den Mittelteil für einen Bundestagsneubau niederreißen und mit den dadurch gewonnenen Steinen die Seitenflügel für Kanzler- und Präsidialbüro wiederherstellen. Die eigens zur Prüfung der Vorschläge angereiste Kommission des Parlamentarischen Rates nahm die Phantasiespiele der Stadtverwaltung und des Oberbürgermeisters Klett nicht ernst; die Landesregierung hatte sich schon im Vorfeld

Abbruch oder Wiederaufbau? Das Neue Schloß Anfang der fünfziger Jahre

solchen Überlegungen verweigert.

Über Jahre hinweg tat sich nichts am Neuen Schloß. Es stand als leere Hülle inmitten einer Ruinenlandschaft, in die erst allmählich Ordnung einkehrte. Nur der Hof war damals als zentrale Freifläche unverzichtbar: Er diente als Forum für Großkundgebungen, so bei Gewerkschaftsprotesten, am 1. Mai und bei Kirchentagen, aber auch als Platz für Verkaufsausstellungen und als Zirkusfläche.

1953 schließlich trat der Kampf um Abriß oder Wiederaufbau der Ruine in eine heiße Phase. Es galt, einen Platz für den Landtag des gerade erst gegründeten Bundes-

Das Kronprinzenpalais wurde nach dem Zweiten Weltkrieg nicht wiederhergestellt; die Ruine hat man später für den Planiedurchbruch abgerissen. Aufnahme von 1927

landes Baden-Württemberg zu finden. Zur Auswahl standen der zwischen Schloß und Staatstheater gelegene sogenannte »Interimtheaterplatz«, der Platz des dann abzureißenden Neuen Schlosses oder im Falle von dessen Wiederherstellung ein Anbau an seiner Rückseite.

Obwohl nur eine kleine Minderheit den Abbruch des Neuen Schlosses befürwortete, hatte sie in dem Architekten Richard Döcker doch einen prominenten und sachkundigen Fürsprecher, der auch eine größere Anzahl von Abgeordneten zu überzeugen wußte. Sein Argument war, das Schloß sei aufgrund »der Laune eines Fürsten« entstanden und eigne sich daher auf keinen Fall zur Unterbringung einer demokratisch gewählten Volksvertretung. Döckers Antipode war Paul Bonatz, der Erbauer des Stuttgarter Hauptbahnhofs. Er sprach sich vehement für den Anbau des Landtages auf der Rückseite des Neuen Schlosses aus und machte weitgehende Nutzungsvorschläge. Im Stadtflügel an der Planie wollte er die Landesbibliothek unterbringen, dahinter im Akademiegarten das Staatsarchiv und im

Rosengartenflügel neben der Landtagsverwaltung ein Restaurant. In der Diskussion tauchte auch die Idee eines Schloßmuseums oder die Nutzung als Gästehaus mit Festsälen auf.

Als Döcker in der Stuttgarter Presse angeblich zu wenig Gehör fand, verteilte er ein Flugblatt mit dem Titel »Meine städtebauliche Studie und ihre Reaktion«. Die Kulturtraditionalisten machten nun massiv Front gegen jedes Ansinnen, das Neue Schloß ganz oder teilweise verschwinden zu lassen. Wie selten in der Stuttgarter Geschichte standen Bürgerschaft, Presse und zahlreiche private Institutionen Seite an Seite im Kampf um eine wichtige Sache. Der Schwäbische Heimatbund lud im Frühjahr 1954 namhafte Denkmalpfleger aus dem ganzen Bundesgebiet zur Diskussion über die Erhaltungswürdigkeit der Schloßruine ein. Dabei fielen Äußerungen wie »eines der herausragendsten Zeugnisse des 18. Jahrhunderts in Deutschland«, »deutscher Kulturbesitz ersten Ranges« und »einziges Bauwerk von europäischer Bedeutung in Stuttgart«. Der Vertreter aus Nordrhein-Westfalen bemerkte kopfschüttelnd zur Abrißüberlegung, in seinem Land wäre »die Erwägung einer solchen Barbarei gar nicht möglich«.

Etwa gleichzeitig erging in den beiden Stuttgarter Tageszeitungen »Ein Aufruf an alle Freunde Stuttgarts: Rettet das Neue Schloß« mit der Bitte um Beteiligung an einer Bürgerspende. Insgesamt kamen knapp 90 000 Mark zusammen.

Am 26. April 1954 sprach sich der Ministerrat von Baden-Württemberg grundsätzlich gegen den Abbruch des Neuen Schlosses aus. Bei den Abgeordneten im Parlament war die Aufgeschlossenheit gegenüber Neuem jedoch größer. Vier Monate später schrieb der Landtagspräsident einen Wettbewerb zum Landtagsneubau aus: entweder als Einbau ins unveränderte Neue Schloß oder als Neubau im Akademiegarten dahinter. Im April 1955 entschied das Preisgericht, daß der Neubau im Akademiegarten errichtet werden solle, obwohl das Kabinett immer noch eine Unterbringung im Schloß bevorzugte. Mit der denkbar knappsten Mehrheit von einer Stimme sprach sich der Landtag am 21. Juli 1955 gegen den Wiederaufbau des Schlosses als Landesparlament aus. Er befürwortete vielmehr einen völligen Neubau im Rosensteinpark. Damit schien das Schicksal des Neuen Schlosses auf lange Zeit hinaus ungewiß.

Zur Bundesgartenschau 1961 wurde der Obere Schloßgarten völlig neu gestaltet und der »Eckensee« angelegt.

Nun trat noch einmal Paul Bonatz auf den Plan, und die »Stuttgarter Nachrichten« begannen Ende Juli mit einer Bürgerumfrage, wo der Landtag unterzubringen sei. Nach nur einem Monat hatten sich 82 777 Bürger für den Landtagsneubau im Neuen Schloß und gerade mal 47 für den Standort Rosensteinpark ausgesprochen.

Mehr als ein Jahr später, am 5. Dezember 1956, fiel schließlich die endgültige Entscheidung auf höchster Ebene: Mit 56 zu 56 Stimmen bei einer Enthaltung fand der Antrag, den Landtag im Neuen Schloß einzurichten, bei den baden-württembergischen Abgeordneten keine Mehrheit – der Landtag wurde nun als eigenständiger Bau im Akademiegarten geplant.

Trotz dieser Entscheidung war das Neue Schloß in seiner Existenz nun nicht mehr gefährdet. Mitte 1957 wurde der Aufbaubeschluß gefaßt, nachdem man schon im Januar mit Aufräumarbeiten in der Ruine begonnen hatte. Am 6. November 1959 konnte bereits das Richtfest gefeiert werden, und mit der Einweihung des aus Bürgerspenden wiederhergestellten Weißen Saales am 15. Januar 1965 hatte Stuttgart seine architektonische Mitte endlich wie-

Die Liederhalle von Adolf Abel und Rolf Gutbrod gehört zu den wichtigsten Architekturdenkmälern der Nachkriegszeit. Sie wurde 1956 eingeweiht.

dererhalten. Der teilweise erbittert geführte Kampf hatte sich gelohnt!

Stadtbild in Bewegung

Beim Kronprinzenpalais am Schloßplatz ging die Sache anders aus. Trotz engagiertem Einsatz von Bevölkerung und Landesregierung für Erhaltung und Wiederaufbau wurde das platzbeherrschende Gebäude 1965 für den Planiedurchbruch der Bundesstraße 27 abgerissen. An seiner Stelle entstand bis 1969 auf einem Betondeckel der sogenannte »Kleine Schloßplatz«. Zunächst als Beispiel moderner Stadtgestaltung hoch gepriesen, wurde er von der Bevölkerung nicht angenommen, und schon bald machte man sich Gedanken über eine Umgestaltung. Zu Beginn der neunziger Jahre wurde schließlich die Fassade zur Königstraße hin durch eine breite Treppenanlage provisorisch attraktiver gestaltet. Sie ist bei schönem Wetter ein beliebter Treffpunkt von Jung und Alt. In den ersten Jahren des neuen Jahrtausends soll als Ersatz für den »Kleinen Schloßplatz« die neue Städtische Galerie in Kombination mit einem Bank-

Karikatur auf den Stuttgarter Fernsehturm. 1956 wurde er von Fritz Leonhardt als der weltweit erste seiner Art errichtet.

und Geschäftsgebäude entstehen, wozu der Architektenwettbewerb 1999 stattgefunden hat.

Trotz der vielen Verluste an historisch wertvoller und stadtbildprägender Bausubstanz kann doch gesagt werden, daß ein Teil der neu errichteten Gebäude höchsten Qualitätsansprüchen genügt. Bauten wie die bis 1956 von Adolf Abel und Rolf Gutbrod konzipierte Liederhalle, der von Horst Linde errichtete Landtagsneubau 1961 sowie der 1956 eingeweihte, von Fritz Leonhardt erdachte Prototyp aller Fernsehtürme sind international bedeutsame Architekturbeispiele, die das Stadtbild bereichert haben.

Auch beim Wiederaufbau des Rathauses waren die Meinungsverschiedenheiten über die Art und Weise der Gestaltung groß. Da der Bau nur ausgebrannt, alle Geschoßdecken und der Dachstuhl jedoch erhalten, der Turm sogar völlig unversehrt geblieben war, wäre eine komplette Wiederherstellung durchaus möglich gewesen.

Zunächst war man darangegangen, wenigstens die drei rückwärtigen Rathausflügel wiederherzurichten, wo im Sommer 1949 die Arbeiten abgeschlossen werden konnten. Nun standen wieder 165 Arbeitsräume am alten

Vor dem Baubeginn am neuen Rathaus standen der Turm und die hinteren Flügel des Altbaus isoliert. Aufnahme aus dem Jahr 1954

Platz zur Verfügung. Noch im selben Jahr entschloß sich der Gemeinderat, den Marktplatzflügel auf dem alten Grundriß, aber in neuen Formen wiedererstehen zu lassen. Nach einem Wettbewerb erhielten die Architekten Hans Paul Schmohl und Paul Stohrer aus Stuttgart den Auftrag für die künstlerische Bearbeitung des Aufbaus. Der Gemeinderat gab ihnen folgende Richtlinien mit auf den Weg: »Der neu gestaltete Marktplatzflügel soll Zeugnis ablegen von der fortschrittlichen, gediegenen Baugesinnung unserer Zeit und unserer Stadt.«

Den Turm wollte man als Wahrzeichen der Stadt erhalten, nachdem in einem Gutachten seine Silhouette als für das Stadtbild unverzichtbar bezeichnet worden war. Der Hauptstreitpunkt blieb aber bis zuletzt seine Gestalt. Als 1953 der endgültige Entwurf für das Rathaus vom Gemeinderat beschlossen wurde, zeigte sich, daß die Mehrheit aufgrund der herrschenden modernistischen Gesinnung nicht gewillt war, den Turm als ein Denkmal der Vergangenheit zu erhalten. Dieser stand noch unversehrt, als sich die Rohbauarbeiten an den Marktplatzflügeln Mitte 1954 dem Abschluß näherten. Wenig später wurde der Turm bis zum Umgang unterhalb der Uhr abgetragen. Nur wenige Bürger wissen wohl, daß sich bis in einer Höhe von 48 Metern hinter der einheitlich modernen Fassade noch der alte Rathausturm verbirgt.

Endlich konnte am 1. April 1955, auf den Tag genau 50 Jahre nach der Einweihung des 1944 zerstörten Rathauses, am Neubau Richtfest gefeiert werden. In Anwesenheit von Bundespräsident Theodor Heuss wurde das neue Rathaus am 4. Mai 1956 offiziell seiner Bestimmung übergeben.

Diskussionen um die Stiftskirche

Nicht nur die meisten Profanbauten, auch fast alle Kirchen waren in Schutt und Asche gesunken. Von den mittelalterlichen Kirchen der Innenstadt wurde keine einzige originalgetreu wiederhergestellt. Als erste wurde die Leonhardskirche durch Rudolf Lempp mit bescheidenen, aber um so ausdrucksstärkeren Mitteln aufgebaut. Durch die Gestalt der Holzdecke ist die ehemalige Dreischiffigkeit erkennbar. Der Turm wurde um ein Geschoß aufgestockt.

Bei der Stiftskirche stand zunächst ein Wiederaufbau überhaupt in Frage, da beide Türme äußerst einsturzgefährdet waren. In einem ersten Schritt sicherten die Arbeiter unter Lebensgefahr die im Feuersturm ausgeglühten Mauern, um größeres Unheil für die Passanten zu verhindern. Erst danach begann man mit der eigentlichen Aufbauplanung.

Während führende deutsche Architekten und Kunsthistoriker einen eindringlichen Aufruf an alle Beteiligten richteten, die Kirche in ihren alten Formen als dreischiffige gotische Hallenkirche wiedererstehen zu lassen, waren die Verantwortlichen in Stuttgart anderer Auffassung. Nach ihrer Ansicht war eine Rekonstruktion nicht zu verantworten, vielmehr sei es notwendig, aus den Trümmern mit den verfügbaren Mitteln und im Geist der Zeit unter Bewahrung des Übriggebliebenen

Die wiederaufgebaute Schulstraße vor ihrer Umgestaltung zur Fußgängerzone

etwas Neues und Gleichwertiges zu schaffen.

Als nach der Währungsreform die erforderlichen Gelder ausblieben, gründete Professor Gustav Wais das »Aufbaukomitee Stiftskirche« zusammen mit Reinhold Maier, Arnulf Klett und Martin Haug. Bald war entschieden, daß die Stiftskirche in ihrer äußeren Form als stadtbildprägendes Element in jedem Fall erhalten wer-

Bis 1978 fuhr die Straßenbahn oberirdisch durch die Planie. Foto von 1969

den, im Inneren jedoch statt der früheren drei Kirchenschiffe eine große Halle entstehen sollte, die sich sowohl als Gottesdienstraum wie auch als Konzertsaal für geistliche Musik eignen würde.

Zunächst wurden die Türme fertiggestellt, und in der Nacht zum 1. Mai 1951 läutete erstmals wieder das »Silberglöckle« vom großen Turm. Zweieinhalb Jahre später war auch der Chor vollendet. Für diesen Teil des Gotteshauses hatten die Architekten Klaus Ehrlich und Professor Hans Seytter verantwortlich gezeichnet. Sie hatten den Chor in den ursprünglichen Formen mit frühgotischen Rippengewölben wieder aufgebaut.

Als letzter und umstrittenster Gebäudeteil wurde schließlich das Kirchenschiff in Angriff genommen. Da nur die nördliche Außenwand erhalten geblieben war, muß man fast von einem Neubau sprechen. Mit der Planung und Ausführung wurde wieder Professor Seytter sowie diesmal Gottfried Wendschuh beauftragt. Der erste Gottesdienst im noch leeren Schiff fand zum Erntedankfest 1957 statt. Ein gutes halbes Jahr später war es dann endlich soweit: Die älteste Stuttgarter Kirchengemeinde konnte ihr angestammtes Gotteshaus wieder in Besitz nehmen.

Die Stuttgarter Synagoge war in der Reichspogromnacht am 9. November 1938 in Brand gesteckt und später abgerissen worden; die Steine hatte man zum Bau von Weinbergmauern verwendet. Beinahe hastig wurde nun an gleicher Stelle in sehr schlichten Formen ein neues jüdisches Gotteshaus errichtet, das schon 1952 wieder eingeweiht werden konnte. Es blieb bis heute die einzige Synagoge in Württemberg, die nach 1945 neu entstand, wenn auch in den achtziger/neunziger Jahren einige Synagogen im Land als Gedenkstätten oder profane Veranstaltungsräume restauriert wurden.

Von der »autogerechten Stadt« zur Stadt der Fußgängerzonen

In der Wiederaufbauzeit sollte Stuttgart als »autogerechte Stadt« konzipiert werden. Wie bereits erwähnt, opferte man zahlreiche Gebäude zugunsten von Verkehrsbauwerken. So war der Bereich Torstraße/Wilhelmsplatz/Hauptstätter Straße fast unversehrt durch den Krieg gekommen. Zwischen 1963 und 1968 fielen hier zahlreiche Gebäude der Spitzhacke zum Opfer, darunter die klassizistische »Uhlandsche Apotheke« und die »Bergersche Schmiede«. Die Straßenverbindung vor dem Wilhelmsbau – einstmals als verkehrswichtige Querspange aufgeweitet – wurde inzwischen für den Individualverkehr geschlossen und als Fußgängerzone ausgewiesen. Mit der Schaffung von Freiräumen für Fußgänger hatte man schon 1955 begonnen, als die wiederaufgebaute Schulstraße zur autofreien Zone erklärt wurde – eine der ersten in Deutschland. Bis in die neunziger Jahre hinein konnten die meisten Straßen der Innenstadt zu Fußgängerzonen umgestaltet werden, zuletzt die Stiftstraße aus Anlaß des Deutschen Evangelischen Kirchentages 1999. Die dem Autoverkehr verbliebenen Straßen sind zumeist unverzichtbare Zufahrtswege zu Tiefgaragen.

Die Straßenbahn wird in den Untergrund verlegt

Neben dem Straßenbau war der Ausbau der öffentlichen Verkehrsmittel für die Entwicklung der Stadt von größter Bedeutung. Wurden anfangs gerade mal die vorhandenen Gleisstrecken wiederhergestellt, so kamen nach und nach auch neue Strecken hinzu. Im 1956 verabschiedeten Generalbebauungsplan war Stuttgart noch vom Ideal der autogerechten Stadt geprägt. Ein Jahr später jedoch wurden die Professoren Lambert und Feuchtinger mit der Ausarbeitung eines integrierten Verkehrsplanes für den Öffentlichen Personennahverkehr beauftragt. Sie kamen zu dem Schluß, daß wegen der schwierigen topographischen Gegebenheiten in Stuttgart nur ein vom Individualverkehr unabhängiges Bahnsystem verwirklicht werden könne. Eine richtige U-Bahn kam nicht in Frage, weil die Baumaßnahmen in einem Zug hätten ausgeführt werden müssen. Die Stuttgarter Topographie ließ jedoch nur abschnittsweise unter Aufrechterhaltung des Verkehrs durchgeführte Tiefbauarbeiten zu.

Deshalb beschloß der Gemeinderat am 20. April 1961 den Ausbau des bisherigen Straßenbahnnetzes zu einem U-Straßenbahn-System. 1962 wurde am Charlottenplatz mit der sogenannten Tallängslinie begonnen und vier Jahre später der erste, 750 Meter lange Tunnel in Betrieb genommen. Parallel dazu entstand im Zuge der Hauptstätter Straße/ Konrad-Adenauer-Straße die autobahnähnlich ausgebaute Bundesstraße 14 als unüberwindliche Verkehrsader. Bis 1972 schließlich war der Straßenbahntunnel vom Neckartor bis zum Marienplatz fertiggestellt und in Betrieb.

Der Tunnelbau bewirkte in den sechziger Jahren aber auch die Einstellung einer ganzen Anzahl von Straßenbahnstrecken, welche fortan von Buslinien bedient wurden. So verschwanden die Gleise in der Schwabstraße, der Rosenbergstraße, der Silberburgstraße sowie in der Birkenwaldstraße und im Herdweg, um nur einige wenige zu nennen.

1975 faßte der Gemeinderat den Beschluß, die Stadtbahn einzuführen, das heißt, die bisherige Meterspur auf Normalspur zu erweitern und damit einen größeren Fahrkomfort zu gewährleisten. Mit der Linie U 3 konnte 1985 zwischen Plieningen und Vaihingen die erste Strecke mit Normalspur-Stadtbahnfahrzeugen in Betrieb genommen werden. Nach und nach wurde das Netz beträchtlich erweitert, wurden in zum Teil schwierigem Gelände neue Trassen gebaut. Der Tunnel nach Degerloch blieb lange in der Diskussion, schließlich einigte man sich auf die sogenannte »Fenstertrasse«, die wenigstens noch für einige Augenblicke die Aussicht auf den Stuttgarter Talkessel ermöglicht. Die Linien U 7 und U 14 nach Ostfildern-Nellingen und Remseck-Neckargröningen

Straßenbahnen in der oberen Königstraße, um 1975

fahren erstmals wieder über die Stadtgrenzen hinaus. Insgesamt wurden über drei Milliarden Mark für den öffentlichen Personennahverkehr aufgewandt.

Der Bau der Tunnelstrecken in der Innenstadt verwandelte zahlreiche Straßen und Plätze in den sechziger und siebziger Jahren in Baustellen. Mit der Einweihung der unterirdischen Stadtbahn-Haltestelle »Stadtmitte/Wilhelmsbau« am 31. Oktober 1983 war die Straßenbahn nach 115 Jahren aus dem Straßenbild des Stuttgarter Zentrums verschwunden.

Der am 1. Oktober 1978 aufgenommene S-Bahn-Betrieb mit der Tunnelstrecke zwischen Hauptbahnhof und Schwabstraße war ein wichtiger Schritt zur Verzahnung von Region und Kernstadt. Bundesbahn und Stuttgarter Straßenbahn AG hatten hierzu den Verkehrsverbund Stuttgart gegründet, der die Benützung der verschiedenen Verkehrsmittel mit ein und demselben Fahrschein ermöglichte und dem bald zahlreiche Busunternehmer aus dem gesamten Umland beitraten. 1985 wurde die S-Bahn-Strecke nach Böblingen eröffnet, deren Kernstück der 5,5 Kilometer lange Tunnel unter dem Hasenberg ist. Zwischen den Stationen »Schwab-

Zum Bau der S-Bahn war die Rotebühlstraße von 1973 bis 1978 für den Fahrzeugverkehr gesperrt.

straße« und »Universität« überwindet die Bahn damit einen Höhenunterschied von 154 Metern bei 3,8 Prozent Steigung. Kurze Zeit später wurde deshalb der Westbahnhof für den Personenverkehr geschlossen, die Gäubahntrasse war für den Nahverkehr entbehrlich geworden. Inzwischen sind sowohl S-Bahn wie U-Stadtbahn aus Stuttgarts Verkehrssystem nicht mehr wegzudenken.

Stuttgart leert sich

Die Bevölkerungsentwicklung erreichte Anfang Oktober 1962 mit 640 560 Einwohnern einen absoluten Höchststand. Es entstanden unter anderem Trabantenstädte in Rot (bis 1959), am Fasanenhof (1960 bis 1965), in Freiberg (1964 bis 1970) und in Neugereut (ab 1971). Der Ausbau von Straßen- und öffentlichem Schienennetz machte die Menschen mobiler, so daß eine Stadtflucht in die Umlandgemeinden einsetzte. Gleichzeitig stieg der Anspruch an die Größe des Wohnraums, und die durchschnittliche Zahl der Menschen, die in einer Wohnung lebten, nahm drastisch ab. Bis 1999 sank daher die Einwohnerzahl Stuttgarts trotz der vielen Neubauten auf etwa 555 000.

In Anbetracht der Tatsache, daß immer mehr Menschen die Kernstadt Stuttgart verließen und Stadtgrenzen mehr und mehr an Bedeutung verloren, mußte man nach einer Möglichkeit suchen, wodurch die damit zusammenhängenden Strukturprobleme regional diskutiert und entschieden werden konnten. Zu diesem Zweck wurde 1994 die »Region Stuttgart« als neue politische Organisation mit eigenem, auf fünf Jahre gewählten Parlament geschaffen. Dies ist die erste regionale Volksvertretung in Deutschland, welche vom Bürger direkt gewählt wird.

Die 87 Abgeordneten des Regionalparlaments sind für die Bereiche Siedlung/Infrastruktur (Regionalplanung), Umwelt (Landschaftsplanung und Abfallwirtschaft), Verkehr (Regionalverkehrsplanung und Trägerschaft für die S-Bahn in der Region) und Wirtschaft (Wirtschaftsförderung und Tourismusmarketing) zuständig. Das Regionalparlament repräsentiert rund ein Viertel der Bevölkerung Baden-Württembergs. Die Gesamtfläche der zur Region zusammengeschlossenen Gemeinden beträgt etwa ein Zehntel der Fläche unseres Bundeslandes.

In den Jahren 1972/73 ist unter dem Schillerplatz eine zweistöckige Tiefgarage gebaut worden. Dabei wurden wichtige archäologische Schichten ausgeräumt. Man hat sie weder untersucht noch wissenschaftlich dokumentiert.

Historische Strukturen werden vernichtet

Nicht nur Gebäude, auch Parkanlagen wurden seit Ende des Zweiten Weltkriegs bedenkenlos einer durchgreifenden Modernisierung unterzogen. Zur Bundesgartenschau 1961 ebnete man den historischen Rosengarten beim Neuen Schloß ein und schuf eine Waschbetonfläche mit quadratischen Wassertrögen und Blumenbeeten. Der ovale Theatersee, dessen Uferrundung einst Max Littmann in der Schaufassade des Großen Hauses wiederaufgenommen hatte, wurde dem Zeitstil angepaßt und in einen asymmetrischen »Eckensee« verwandelt. Überlegungen unter Ministerpräsident Lothar Späth, diesen Bereich in seine historische Struktur zurückzuführen, blieben Gedankenspiele. Auch ehemalige Privatgärten, die nun der Öffentlichkeit zugänglich gemacht waren, verloren nicht nur ihre alte Struktur, sondern mit dem Abbruch intakter Gebäude wie der

Villa Weißenburg oder des Sieglesehen Teehauses auf der Karlshöhe wichtige Bezugspunkte.

1972 und 1973 fand im historischen Herzen von Stuttgart eine Baumaßnahme statt, die höchst umstritten war, bei der jedoch »Sachzwänge« höher bewertet wurden als das Interesse der Öffentlichkeit an der Erhaltung einer archäologischen Fundlage. Der Schillerplatz, an dessen Stelle die Keimzelle des Gestütshofes vermutet wurde, der einst der Stadt den Namen gab, wurde für eine zweigeschossige Tiefgarage bis in den gewachsenen Talgrund hinein ausgeschachtet. Eine von zahlreichen Wissenschaftlern aus ganz Deutschland geforderte archäologische Grabung wurde aus Zeitmangel und Interesselosigkeit nicht durchgeführt. Unter anderem fand man eine mächtige Brunnenstube aus dem frühen 17. Jahrhundert, das Kellergeschoß vom Wohnhaus des Humanisten Johannes Reuchlin sowie längst verschwundene Straßenverläufe und Gebäudegrundrisse aus der Frühzeit der Stadt. Nachdem das historische Archiv von Stuttgart 1945 in Schloß Löwenstein restlos vernichtet wurde, ist es um so bedauerlicher, daß man es versäumt hat, das im Boden verborgene »Geschichtsbuch« von Archäologen entschlüsseln zu lassen.

Ein Umdenkungsprozeß kommt in Gang

Vor allem das Europäische Denkmalschutzjahr 1975, das in Stuttgart mit einer bemerkenswerten Ausstellung unter dem Titel »Inventur – Stuttgarter Wohnbauten 1865–1915« im Kunstgebäude begangen wurde, brachte ein Umdenken in Gang. War noch 1969 vom Gemeinderat entschieden worden, das Bohnenviertel für ein gigantisches Technisches Rathaus zu opfern, so wurde nach zahlreichen Eingaben engagierter Bürgerinitiativen 1976 von der Stadt Stuttgart ein neuer Wettbewerb fürs Bohnenviertel ausgeschrieben, diesmal mit der ausdrücklichen Zielsetzung der erhaltenden Erneuerung mit Rücksicht auf den quartiertypi schen Charakter des Stadtviertels. 1980 wurde mit der Sanierung begonnen.

Nun setzte man sich offen mit den Sünden der Vergangenheit auseinander und war auch bereit, für Gebäude zu kämpfen. 1984 kam es zu einer offenen Kraftprobe zwischen Stadt und Land, als der Stadt und insbesondere Oberbürgermeister Manfred Rommel der Aufwand für die Renovierung des 1890 errichteten Marienhospitals unverhältnismäßig hoch erschien. Trotzdem konnte der hi-

Nach Plänen des Stuttgarter Architekten Martin Kilpper entstand 1978 bis 1985 direkt über dem Nesenbach das »Schwabenzentrum«. In der Nachkriegszeit hatte sich hier in Baracken und Behelfsbauten das Rotlichtviertel breitgemacht, das bald im Volksmund »Vereinigte Hüttenwerke« hieß.

storistische Bau erhalten und mustergültig wiederhergestellt werden. Eine vergleichbare Auseinandersetzung gab es um die Erhaltung des Marmorsaals im Park der ehemaligen Villa Weißenburg. Nur durch außerordentliches Bürgerengagement unter der Führung von Peter Wetter konnte diese architektonische Besonderheit den Stuttgartern erhalten werden.

Auch an der oberen Calwer Straße läßt sich die Gesinnungsänderung deutlich ablesen. Während 1973 und 1974 auf der einen Straßenseite ein Betonblock ziemlich unsensibel in eine erhaltene Häuserzeile eingefügt wurde, setzte sich auf der anderen Seite 1976 der Denkmalschutz durch. Hierbei wurden sogar nicht mehr zu rettende Giebelhäuser in der Fassade rekonstruiert, um das Ensemble als optische Gesamtheit nicht zu stören. Dahinter entstand eine Passage, und zur Theodor-Heuss-Straße hin wurden moderne Bürogebäude errichtet. Als 1978 das Sanierungsprojekt fertig war, galt es in Deutschland als vorzeigbares Musterbeispiel zeitgemäßer Altbausanierung.

Bis Anfang der siebziger Jahre verfolgte die Stadtverwaltung den im »Dritten Reich« entwickelten Plan, im Bohnenviertel ein gigantisches Technisches Rathaus zu bauen. 1975 entschloß sich der Gemeinderat jedoch zu einer behutsamen Sanierung des Viertels, die heute Modellcharakter hat.

Es mag heute unverständlich sein, daß vor 1971 offen über die Beseitigung der Stuttgarter Markthalle diskutiert wurde und ihr Abbruch mit nur einer Stimme Mehrheit im Gemeinderat verhindert werden konnte.

Auch das ehemalige Landesgewerbemuseum – jetzt »Haus der Wirtschaft« genannt – und der vom Finanzamt genutzte Rotebühlbau standen vorübergehend auf der Abbruchliste. Alle drei Gebäude wurden inzwischen mit hohem Aufwand vorbildlich saniert.

Mit der originalgetreuen Restaurierung des 1840 von Karl Ludwig von Zanth erbauten Wilhelma-Theaters wurde Stuttgart 1987 ein Kleinod zurückgegeben, das von den meisten längst verloren geglaubt war. Als ein ähnliches »Wunder« hatten viele die Rekonstruktion des 1956 »modernisierten« Innenraums des Großen Hauses der Württembergischen Staatstheater 1984 empfunden. Die Wiederherstellung dieser beiden Theaterbauten ist wesentlich Ministerpräsident Lothar Späth, dem Landtagsabge-

Die 1976 bis 1978 durchgeführte Sanierung einer Häuserzeile in der Calwer Straße diente als Vorbild weit über Stuttgart hinaus.

ordneten Peter Wetter sowie zahlreichen Spendern zu verdanken.

Das Große Haus hatte seit den fünfziger Jahren unter dem Generalintendanten Walter Erich Schäfer internationalen Ruf. Die Zusammenarbeit mit dem Regisseur Wieland Wagner brachte hier viele Opern von dessen Großvater Richard Wagner auf die Bühne, und bald wurde Stuttgart als »Winterbayreuth« bezeichnet. Chefdirigent war Ferdinand Leitner. Zum Ensemble gehörten Martha Mödl, Fritz Wunderlich und Wolfgang Windgassen. Die Uraufführung von Carl Orffs Oper »Prometheus« war 1968 ein weithin beachtetes Ereignis. Mit dem »Stuttgarter Ballettwunder« ist in erster Linie der Name John Cranko verbunden, der von 1961 bis zu seinem frühen Tod 1973 Ballettdirektor war.

Staatsoberhäupter besuchen die Landeshauptstadt

Besondere, auch für die Bevölkerung attraktive Ereignisse

Am 24. Mai 1965 besuchte die britische Königin Elizabeth II. Stuttgart. Zehntausende jubelten ihr und Ministerpräsident Kurt Georg Kiesinger zu.

waren die Besuche des französischen Staatspräsidenten Charles de Gaulle 1962 und der englischen Königin Elizabeth II. drei Jahre später. Jener 24. Mai 1965 ist den Stuttgartern noch lange im Gedächtnis geblieben, da die Monarchin im offenen Wagen, von der Bevölkerung umjubelt, durch die Straßen fuhr. Ähnliche Emotionen weckte der Staatsbesuch des sowjetischen Präsidenten Michail Gorbatschow im Sommer 1989 nur wenige Monate vor dem Fall des Eisernen Vorhangs.

Nur selten tauchen in neueren Stadtchroniken Unwetter unserer Zeit auf. Am 15. August 1972 gab es in Stuttgart ein Gewitter, bei dem taubeneigroße Hagelkörner vom Himmel fielen. Die Eis- und Wassermassen stauten sich in der Unterführung am Charlottenplatz 2,20 Meter hoch. In der ganzen Stadt wurde Katastrophenalarm ausgelöst. Die Bilanz war schrecklich: sechs Tote und 40 Verletzte. Der Sachschaden belief sich auf etwa 100 Millionen Mark.

Nachdem Oberbürgermeister Arnulf Klett am 14. August 1974 überraschend nach 29jähriger Amtszeit gestorben war, wurde Manfred Rommel, der Sohn des Generalfeldmarschalls Erwin Rommel, zu seinem Nachfolger gewählt und am 14. Januar 1975 in sein Amt eingeführt.

Seit 1976 gibt es das »Stuttgarter Weindorf« auf dem Markt- und dem Schillerplatz, das von den Stuttgartern und ihren Gästen begeistert angenommen wurde. Inzwischen konnte es sogar schon in andere Städte – zum Beispiel Hamburg – »ausgeliehen« werden. Die Hamburger revanchieren sich mit ihrem »Fischmarkt«, der alljährlich im Sommer auf dem Karlsplatz stattfindet. Immer mehr wurde der öffentliche Raum zu einen Festplatz, wie zahlreiche neugeschaffene »Hocketsen« beweisen.

Das bedeutsame Jahr 1977

Das Jahr 1977 war für die Bürger Stuttgarts besonders wichtig. In den unteren Anlagen fand die Bundesgartenschau statt, wozu das Gelände in weiten Bereichen naturnah belassen wurde. Die »Berger Sprudler« im Bereich des ehemaligen Schwanenplatzes zwischen den Mineralbädern Berg und Leuze zeugen noch von dem damaligen Großereignis. Aus diesem Anlaß hatte man den Schloßplatz nach dem Bau der U-Haltestelle in seinen historischen Formen von 1865 wiederhergestellt und neue Kastanienbäume gepflanzt.

Vom 25. März bis zum 5. Juni 1977 fand im Alten Schloß und im Kunstgebäude aus Anlaß des 25jährigen Bestehens des Landes Baden-Württemberg die Ausstellung »Die Zeit der Staufer« statt. Die erhoffte Besucherzahl von 300 000 wurde weit übertroffen. Insgesamt sahen an 72 Tagen 671 000 Menschen die über 1000 hochwertigen Exponate. Wegen totaler Überfüllung mußten teilweise erhebliche Wartezeiten in Kauf genommen werden, was sich in Warteschlangen auf dem Schillerplatz und auf der Planie bemerkbar machte. Kein anderes Kulturereignis fand je einen solchen Zulauf in Stuttgart. Auch das neue Planetarium im mittleren Schloßgarten konnte in diesem Jahr seiner Bestimmung übergeben werden.

Im gleichen Jahr kam auf Manfred Rommel noch eine große Bewährungsprobe zu, als am frühen Morgen des 17. Oktober 1977 im Stammheimer Gefängnis Andreas Baader, Jan-Carl Raspe und Gudrun Ensslin tot aufgefunden wurden. Sie galten als Köpfe der »Roten Armee Fraktion« (RAF), die den Staat durch Terrorakte in Unsicherheit gestürzt und zu massiven Gegenreaktionen provoziert hatte. In einem Akt von großer Toleranz und Weitsicht stimmte Rommel dem Begräbnis von Ensslin, Baader und Raspe auf dem Dornhaldenfriedhof zu. Zwei Tage vor dieser Beerdigung fand am 25. Oktober in der katholischen Eberhardskirche der Staatsakt für den von der RAF entführten und ermordeten Arbeitgeberpräsidenten Hanns-Martin Schleyer statt, der anschließend ebenfalls in Stuttgart, auf dem Ostfilderfriedhof im Stadtteil Sillenbuch, im engsten Familienkreis zu Grabe getragen wurde. Ihm zu Ehren erhielt die 1983 eingeweihte Großveranstaltungshalle den Namen Hanns-Martin-Schleyer-Halle.

Manfred Rommel war 1975 bis 1996 Oberbürgermeister von Stuttgart.

Eine »Kulturmeile« wird geplant

Zwei unterschiedliche, aber dennoch hochbedeutende Ereignisse fanden im Juni 1983 statt. Auf Einladung der Stadt Stuttgart weilten erstmals seit dem Holocaust 45 ehemalige jüdische Mitbürger für zwei Wochen in der Landeshauptstadt. Diese Geste der Versöhnung aus der einstigen Heimat nahm fortan jedes Jahr eine größere Zahl von im Ausland lebenden Frauen und Männern an. Gleichzeitig erlebte Stuttgart das ranghöchste politische Treffen, das jemals in seinen Mauern abgehalten wurde: vom 17. bis 19. Juni 1983 tagten im Neuen Schloß die Staats- und Regierungschefs der zehn Länder der Europäischen Union mit den Außenministern und zahlreichen Diplomaten.

Die zur »Kulturmeile« erklärte Konrad-Adenauer-Straße erhielt 1984 mit der Neuen Staatsgalerie des Engländers James Stirling ei-

»Porsche vor Staatsgalerie«, Werbeplakat von 1987

nen hochbedeutenden Museumsneubau. In Großbritannien erschien sogar eine Briefmarke mit dem Stuttgarter Werk Stirlings. Das Gesamtkonzept des Architekten bezog die Umgebung mit ein und sah zusätzlich eine neue Musikhochschule und ein Haus der Geschichte vor. Zum 50jährigen Bestehen des Landes Baden-Württemberg soll das Ensemble im Sinne Stirlings bis 2002 vollendet sein.

Da die Konrad-Adenauer-Straße ein Teilstück der vielbefahrenen Bundesstraße 14 ist und von Fußgängern ebenerdig nicht überquert werden kann, gab es Mitte der achtziger Jahre Gedankenspiele, wenigstens zwischen Charlottenplatz und Schillerstraße die Verkehrsstraße im Untergrund zu versenken. Die Kosten waren jedoch nicht finanzierbar, weshalb eine Korrektur der unbefriedigenden Verhältnisse im 20. Jahrhundert nicht mehr in Angriff genommen wurde.

Im Bereich des »Schwabenzentrums« wurden seit 1979 in mehreren Abschnitten Büro- und Geschäftshäuser errichtet, welche die als »Vereinigte Hüttenwerke« bezeichneten Nachkriegsprovisorien ersetzten. Von der Absicht, den Altbaubestand des Blocks V abzureißen, wurde glücklicherweise Abstand genommen, da sonst heute nur noch ein Gedenkstein an das Geburtshaus des Philosophen Georg Wilhelm Friedrich

Hegel erinnern würde. Statt dessen hat man 1991 in dem aus der Zeit um 1500 stammenden Gebäude eine Gedenkstätte für den berühmtesten Sohn Stuttgarts eingerichtet.

Einer der Höhepunkte in der Ära Rommel war die Internationale Gartenbauausstellung IGA 1993, welche neben Teilen des Rosensteinparks das Leibfriedsche Gelände mit den Ruinen der Villa Leibfried und das Gelände beim Wartberg umfaßte. Mit der Erschließung dieser neuen Parkflächen für das Publikum konnte man nun vom Schloßplatz durch Grünanlagen bis zum Killesberg und weiter in den Kräherwald gelangen. Damit war das von Gartenbauarchitekt Hans Luz erdachte »Grüne U« komplett.

Während auf der einen Seite Grünzonen geschaffen wurden, fand an anderen Stellen der Innenstadt eine bauliche Verdichtung statt. Erwähnt werden sollen in diesem Zusammenhang nur der Kuppelbau der Karlspassage des Kaufhauses Breuninger, die Neubauten von L-Bank, Dresdner Bank und Stuttgarter Bank an der Friedrichstraße, der »Treffpunkt Rotebühlplatz« sowie das »Haus der Dienstleistung« der Landesgirokasse am Bollwerk. Draußen in Möhringen entstanden die Hauptverwaltung der Daimler-Benz AG und die beiden Musical-Theater mit Hotel, Kinos, Spielbank, Ladenpassage und den »Schwabenquellen«. Manchen großangelegten Projekten war jedoch keine Zukunft beschieden, so der aus einem internationalen Wettbewerb hervorgegangenen »City Prag«, wo statt dessen 1993 die IGA-Parkplätze eingerichtet wurden und kurz nach der Jahrtausendwende das Theaterhaus in die erhalten gebliebene Rheinstahlhalle umzieht.

Ein neues Stadtviertel entsteht: Stuttgart 21

Die zweite Hälfte der neunziger Jahre des 20. Jahrhunderts war von Diskussionen über eine ganze Reihe von Um- und Neubauvorhaben geprägt. Allen voran gehört dazu die Planung von »Stuttgart 21«. Hinter diesem Schlagwort verbirgt sich die Idee eines unterirdischen Durchgangsbahnhofs mit acht Gleisen unter dem bisherigen Hauptbahnhof sowie die Bebauung der überflüssig werdenden oberirdischen Gleisanlagen mit Büro- und Geschäftshäusern, der »Bibliothek des 21. Jahrhunderts« sowie mit neuen Wohnvierteln. Ein Anfang bei der Umgestaltung der Bahnhofsgegend war schon vorher mit dem Abbruch des unter Denkmalschutz stehenden Güterbahnhofs und dem Neubau der Südwest-LB gemacht worden.

Auch die Renovierung der Stiftskirche erhitzte die Gemüter, besonders die Neugestaltung der Langhausdecke. Zeitweise standen sich die Befürworter der Pläne des Hamburger Architekten Bernhard Hirche und eine Bürgerinitiative, welche für die Rekonstruktion des Vorkriegszustandes eintrat, unversöhnlich gegenüber. Das aus finanziellen Gründen ziemlich »abgespeckte« Renovierungsvorhaben begann im Sommer 1999. Ein weiteres heftig diskutiertes Projekt war die Umgestaltung des »Bosch-Areals« beim Berliner Platz.

Dr. Wolfgang Schuster, der zu Beginn des Jahres 1997 als Nachfolger von Manfred Rommel ins Amt des Oberbürgermeisters eingeführt wurde, bestimmt die Geschicke der Stadt Stuttgart ins 21. Jahrhundert hinein. Das Projekt »Stuttgart 21« wird seine Amtszeit ganz wesentlich prägen, da die damit zusammenhängenden Neubauten das Gesicht Stuttgarts tiefgreifend verändern. So soll zwischen 2002 und 2007 eine Internationale Bauausstellung auf einer Teilfläche des bisherigen Bahngeländes stattfinden, und auf dem ehemaligen Güterbahnhof ist der Neubau der Städtischen Bibliothek vorgesehen. Aber auch in der »alten« Innenstadt wird es Veränderungen geben, so zum Beispiel im Bereich des Kleinen Schloßplatzes, an dessen Stelle die neue Städtische Galerie entstehen soll.

Anstelle eines Nachworts

Literaturhinweise

Da bei der Lektüre dieses Buches möglicherweise Fragen offenbleiben mußten oder darüber hinausgehende Interessen geweckt werden konnten, sollen hier einige Hinweise auf weiterführende Literatur und auskunftbereite Institutionen gegeben werden.

Grundlegende Werke zur Stuttgarter Stadtgeschichte sind die gedruckten Chroniken

- Julius Hartmann: Chronik der Stadt Stuttgart. Sechshundert Jahre nach der ersten denkwürdigen Nennung der Stadt (1286) zusammengestellt. – Stuttgart 1886
- Kurt Leipner: Stuttgart – Daten zur Geschichte. Von den Anfängen bis zum Ausgang des Jahrhunderts. – Stuttgart 1987.

Von 1898 bis 1912 wurden vom Gemeinderat unter dem Titel

- Chronik der Haupt- und Residenzstadt Stuttgart

einzelne Jahresbände herausgegeben, wobei der Band 1898 in einer Zusammenstellung von Julius Hartmann auch die Hauptereignisse 1887 bis 1897 aufführt.

Die Jahre von 1913 bis heute sind unter dem Titel

- Chronik der Stadt Stuttgart, Reihe »Veröffentlichungen des Archivs der Stadt Stuttgart«. – Stuttgart 1964 ff.

abgehandelt. Es erscheinen ständig aktuelle Mehrjahresbände.

Aus der großen Zahl hervorragender Werke zur Stuttgarter Geschichte seien hier nur folgende grundlegende Abhandlungen genannt:

- Oscar Paret: Groß-Stuttgart in vorgeschichtlicher Zeit. – Stuttgart 1949.
- Karl Pfaff: Geschichte der Stadt Stuttgart nach Archival-Unterlagen und anderen bewährten Quellen. 2 Bände. – Stuttgart 1845/46 [Nachdruck Frankfurt am Main 1981].
- Otto Borst: Stuttgart – Die Geschichte der Stadt. – Stuttgart/Aalen 1973.
- Geschichte der Stadt Stuttgart in 3 Bänden. Band 1: Hansmar-

tin Decker-Hauff, Von der Frühzeit bis zur Reformation. – Stuttgart 1966; Band 2: Paul Sauer, Von der Einführung der Reformation bis zum Ende des 17. Jahrhunderts. – Stuttgart 1993; Band 3: Paul Sauer, Vom Beginn des 18. Jahrhunderts bis zum Abschluß des Verfassungsvertrages für das Königreich Württemberg 1819.

- Paul Sauer: Das Werden einer Großstadt – Stuttgart zwischen Reichsgründung und Erstem Weltkrieg 1871 bis 1914. – Stuttgart 1988.
- Gustav Wais: Alt-Stuttgarts Bauten im Bild. – Stuttgart 1951 [Nachdruck Frankfurt am Main 1977]

sowie alle übrigen Veröffentlichungen von Gustav Wais zu Teilaspekten der Stuttgarter Geschichte und Kunst-Topographie.

Ergänzend sei hierbei auch auf die mittlerweile fast 100 Einzelbände umfassende Reihe

- Veröffentlichungen des Archivs der Stadt Stuttgart

hingewiesen, die seit 1936 Aspekte der Stadtgeschichte in Einzeldarstellungen behandeln. Ebenso erwähnenswert sind die seit 1991 erscheinenden

- Stuttgarter Studien,

welche überwiegend bauhistorische Themen zum Gegenstand haben.

Zur raschen Suche von Stuttgart-Literatur sei

- Wilhelm Heyd: Bibliographie der Württembergischen Geschichte (erschienen ab 1895, umfassend die Zeit von den Anfängen bis 1972)

sowie die nachfolgende

- Landesbibliographie von Baden-Württemberg (erschienen seit 1978, umfassend die Jahre 1973 bis heute mit ständig ergänzter Gegenwartsliteratur)

empfohlen.

Spezielle Buchbestände und Periodika zur Stuttgarter Stadtgeschichte findet man im Stadtarchiv, Silberburgstraße 191, in den verschiedenen Zweigstellen der Stadtbücherei, in der Rathausbücherei im Altbau des Rathauses sowie in der Württembergischen Landesbibliothek, Konrad-Adenauer-Straße 8.

Anhang

Die württembergischen Herrscher, Staats- und Ministerpräsidenten

(Zahlen in Klammer bedeuten »unter Vormundschaft«)

Grafen

1238/41–1265	Ulrich I. der Stifter (mit dem Daumen)
(1265) 1270/71–1279	Ulrich II.
1279–1325	Eberhard I. der Erlauchte
1325–1344	Ulrich III.
1344–1392	Eberhard II. der Greiner (1344–1362 gemeinsam mit Ulrich IV.)
1392–1417	Eberhard III. der Milde
1417–1419	Eberhard IV. der Jüngere
(1419) 1426–1450	Ludwig I. ([1419] 1433–1441 gemeinsam mit Ulrich V. dem Vielgeliebten) Vormund: Henriette von Mömpelgard und andere
1441–1480	Ulrich V. der Vielgeliebte*
1480–1482	Eberhard VI.*
1482–1495	Eberhard V. im Bart

* 1441/42 bis 1482 Landesteilung.
Die Angaben beziehen sich auf den Stuttgarter Landesteil.
Im Uracher Landesteil regierten:

bis 1450	Ludwig I.
(1450) 1453–1457	Ludwig II (Vormünder: Ulrich V. der Vielgeliebte, seit 1452 mit Pfalzgraf Friedrich I.
(1457) 1459–1482	Eberhard V. im Bart (Vormund: Ulrich V. der Vielgeliebte)

Herzöge

1495–1496	Eberhard I. im Bart (als Graf: Eberhard V.)
1496–1498	Eberhard II. (als Graf: Eberhard VI.)
(1498) 1503–1519	Ulrich (erste Regierungszeit)
	Vormund: Regimentsrat
1520–1534	unter der Regierung des Hauses Österreich
1534–1550	Ulrich (zweite Regierungszeit)
1550–1568	Christoph
1568–1593	Ludwig
1593–1608	Friedrich I.
1608–1628	Johann Friedrich
(1628) 1633–1674	Eberhard III.
	Vormünder: Herzog Ludwig Friedrich von Württemberg-Mömpelgard, seit 1631 Herzog Julius Friedrich von Württemberg-Weiltingen
1674–1677	Wilhelm Ludwig
(1677) 1693–1733	Eberhard Ludwig
	Vormund: Herzog Friedrich Carl von Württemberg-Winnental
1733–1737	Carl Alexander
(1737) 1744–1793	Carl Eugen
	Vormund: Herzog Carl Rudolph von Württemberg-Neuenstadt, seit 1738 Herzog Karl Friedrich von Württemberg-Oels
1793–1795	Ludwig Eugen
1795–1797	Friedrich Eugen
1797–1806	Friedrich II. (ab 1803 als Kurfürst)

Könige

1806–1816	Friedrich I. (als Herzog: Friedrich II.)
1816–1864	Wilhelm I.
1864–1891	Karl
1891–1918	Wilhelm II.

Staats- und Ministerpräsidenten

1918–1920	Wilhelm Blos (1849–1927), Ministerpräsident bzw. Staatspräsident
1920–1924	Johannes Hieber (1862–1951), Staatspräsident
1924–1928	Wilhelm Bazille (1874–1934), Staatspräsident
1928–1933	Eugen Bolz (1881–1945), Staatspräsident
1933–1945	Wilhelm Murr (1888–1945), »Reichsstatthalter«
1933–1945	Christian Mergenthaler (1884–1980), Ministerpräsident
1946–1952	Reinhold Maier (1889–1971), Ministerpräsident von Württemberg-Baden
1952–1953	Reinhold Maier (1889–1971), Ministerpräsident von Baden-Württemberg
1953–1958	Gebhard Müller (1900–1990), Ministerpräsident
1958–1966	Kurt-Georg Kiesinger (1904–1988), Ministerpräsident
1966–1978	Hans Filbinger (*1913), Ministerpräsident
1978–1991	Lothar Späth (*1937), Ministerpräsident
seit 1991	Erwin Teufel (*1939), Ministerpräsident

Die Stuttgarter Oberbürgermeister

1820–1833	August Willibald Feuerlein (1781–1850)
1833–1861	Georg Gottlob Gutbrod (1791–1861)
1862–1872	Heinrich Sick (1822–1881)
1872–1892	Friedrich Hack (1843–1911)
1892–1899	Emil Rümelin (1846–1899)
1899–1911	Heinrich Gauß (1858–1921)

1911–1933	Karl Lautenschlager (1868–1952)
1933–1945	Karl Strölin (1890–1963)
1945–1974	Arnulf Klett (1905–1974)
1975–1996	Manfred Rommel (* 1928)
seit 1997	Wolfgang Schuster (*1949)

Eine vollständige Aufstellung aller von den Anfängen bis 1820 amtierenden Schultheißen, Bürgermeister und anderer hoher Beamter findet man in: Karl Pfaff, Geschichte der Stadt Stuttgart, 1845 (unveränderter Nachdruck Frankfurt am Main 1981); Band 1: Seite 426 bis 438; Band 2: Seite 558 bis 563.

Die Stuttgarter Ehrenbürger

seit 1801	Christian Heinrich von Günzler (1758–1842), Regierungsrat und Stadtoberamtmann
1801	Carl Freiherr (seit 1810 Graf) von Reischach (1763–1834), Kammerherr und Regierungsrat
1807	Wolfgang von Mögling, (1771–1813), Geheimer Legationsrat
1819	Jakob Friedrich von Weishaar (1775–1834), Präsident der Abgeordnetenkammer
1828	Ludwig August von Gärttner (1790–1870), Stadtdirektor und Präsident
1832	Theodor Plieninger (1756–1840), Medizinalrat
1835	Georg von Jäger (1785–1866), Obermedizinalrat und Paläontologe
1835	Carl Friedrich von Kielmeyer (1765–1844), Staatsrat, Naturforscher
1836	Karl Freiherr von Reichenbach (1788–1869), Chemiker und Industrieller
1837	Karl Ferdinand Heinrich Freiherr von Ludwig (1784–1847), Fabrikant und Bankier
1839	Georg von Reinbeck (1766–1849), Dichter und Ästhetiker
1841	Bertel von Thorvaldsen (1770–1844), Bildhauer
1847	Paul von Pfizer (1801–1867), Staatsrat und politischer Schriftsteller

1848 Friedrich von Römer (1794–1864),
Vorsitzender im Märzministerium 1848
und Präsident der Abgeordnetenkammer
1854 Gustav Adolf Breymann (1807–1859), Architekt
1855 Ludwig von Gaab (1800–1869), Oberbaurat
1857 Ludwig Friedrich Freiherr von Wiesenhütten (1786–1859),
Kammerherr
1857 Dominika Freifrau von Wiesenhütten (1812–1858)
1858 Wilhelm Friedrich von Ludwig (1790–1865),
Staatsrat und Königlicher Leibarzt
1864 Ludwig von Golter (1823–1876),
Kultminister und Präsident
1864 Joseph von Egle (1818–1899), Hofbaudirektor
1866 Karl von Gerok (1815–1890),
Oberhofprediger und Dichter
1871 Hugo Freiherr von Obernitz (1819–1901),
Kommandierender General
1871 Karl Bernhard Freiherr von Reitzenstein (1809–1885),
Generalleutnant
1872 Heinrich von Sick (1822–1881), Oberbürgermeister
von 1862 bis 1872, dann Minister des Inneren
1884 Ludwig von Hofer (1801–1887), Hofbildhauer
1887 Andreas von Renner (1814–1898),
Staatsminister der Finanzen
1890 Otto Fürst von Bismarck (1815–1898), Reichskanzler
1900 Hermann Freiherr von Mittnacht (1825–1909),
Ministerpräsident
1906 Eduard Zeller (1814–1908), Philosoph
1908 Ferdinand Graf von Zeppelin (1838–1917),
General der Kavallerie und Luftschiffbauer
1909 Eduard von Pfeiffer (1835–1921),
Geheimer Hofrat, Schriftsteller und Mitbegründer
des Stuttgarter Spar- und Konsumvereins
1917 Robert Bosch (1861–1942), Industrieller
1927 Julius Carl von Bach (1847–1931), Ingenieur und Staatsrat
1933 Paul von Beneckendorff und von Hindenburg
(1847–1934), Reichspräsident und Generalfeldmarschall
1945 Karl Lautenschlager (1868–1952), Oberbürgermeister

1954	Theodor Heuss (1884–1963), Bundespräsident
1969	Reinhold Maier (1889–1971), Ministerpräsident
1975	Gebhard Müller (1900–1990), Ministerpräsident, Präsident des Bundesverfassungsgerichts
1975	Erwin Schoettle (1899–1976), Bundestagsvizepräsident
1982	Pierre Pflimlin (geb. 1907), Oberbürgermeister von Straßburg in den Jahren 1959 bis 1983
1990	Richard Freiherr von Weizsäcker (geb. 1920), Bundespräsident
1996	Manfred Rommel (geb. 1928), Oberbürgermeister

Die Stuttgarter Städtepartnerschaften

seit 1948	St. Helens (Großbritannien)
1955	Cardiff (Großbritannien)
1960	St. Louis, Missouri (USA)
1962	Straßburg (Frankreich)
1968	Bombay (Indien)
1971	Menzel-Bourguiba (Tunesien)
1979	Kairo (Ägypten)
1988	Lodz (Polen)
1989	Brünn (Tschechien)
1992	Samara (Rußland)

Befreundete Städte

seit 1969	Shavei Zion (Israel)
1988	Ogaki (Japan)
1995	Nanjing (China)

Bildnachweis

Umschlagvorderseite, Seite 22, 86, 95, 98, 140, 184, 190, 195, 203, 205, 208, 215, 216, 217, 221, 224, 245, 249, 256: Stadtarchiv Stuttgart
Umschlagrückseite, Seite 188: Privatsammlung
Seite 13, 15, 16, 21, 24, 31, 37, 38, 41, 42, 44, 52 oben, 52 unten, 54, 63, 70, 74, 76, 82, 85, 105, 106, 117, 118/119, 120, 121, 123, 130/131, 132, 142, 143, 150, 162, 166, 168, 169, 170, 171, 174, 178, 187, 194, 231: Archiv Silberburg-Verlag
Seite 20, 66, 68, 71, 77, 81, 102, 109, 110/111, 115, 122, 129, 135, 138, 141, 147, 151, 153, 155, 156, 159, 163, 172, 173, 175, 180, 182, 183, 196, 197, 200, 201, 227, 232, 246, 253, 254: Sammlung Harald Schukraft
Seite 26, 50, 61, 72, 73, 165, 250, 258, 259: Foto Harald Schukraft
Seite 33: A. Reichle, aus: Gustav Wais, Alt-Stuttgarts Bauten im Bild
Seite 35: Sammlung Heidrun Teuffel, Stuttgart
Seite 48: Württembergisches Landesmuseum, Stuttgart
Seite 78, 145, 193, 222/223, 233, 242: Landesbildstelle Württemberg, Stuttgart
Seite 124: Deutsches Literaturarchiv Marbach a. N.
Seite 126: Aus: Gustav Wais, Alt-Stuttgarts Bauten im Bild
Seite 136: Städtisches Museum Ludwigsburg
Seite 149: Sammlung Heinz Lohss, Stuttgart
Seite 158: Sammlung Titus Häussermann, Tübingen
Seite 160: DaimlerChrysler-Archiv, Stuttgart
Seite 161, 189 rechts: Bosch Pressebild
Seite 164: Wirtschaftsarchiv Baden-Württemberg, Stuttgart
Seite 167: Archiv des Hauses Württemberg, Altshausen
Seite 176: Hauptstaatsarchiv Stuttgart, M 700/5 Nr. 184
Seite 189 links: Landtagsarchiv Baden-Württemberg
Seite 198/199, 247: Bildarchiv Foto Marburg
Seite 234, 236, 238, 241: Walter Laue, Stuttgart
Seite 235: Dr. Helga Wacker, Stuttgart
Seite 237, 244: Brugger/Landeshauptstadt Stuttgart, Gartenbauamt
Seite 260: Horst Rudel, Stuttgart
Seite 261: Walther Pfisterer, Stuttgart
Seite 263: Landeshauptstadt Stuttgart, Presse- und Informationsamt
Seite 264: Stuttgart Marketing GmbH, Stuttgart